U0515816

張家山漢簡文字編

張守中 編撰

文物出版社

書名題簽 張守中
封面設計 周小瑋
责任印製 陸 聯
責任編輯 蔡 敏

圖書在版編目(CIP)數據

張家山漢簡文字編 / 張守中編撰.—北京：文物出版社，2012.11

ISBN 978-7-5010-3588-5

Ⅰ.①張… Ⅱ.①張… Ⅲ.①漢墓-竹簡文-匯編-江陵縣 Ⅳ.①K877.5

中國版本圖書館 CIP 數據核字(2012)第 243134 號

張家山漢簡文字編

張守中 編撰

出版發行 文物出版社
北京市東直門内北小街二號樓
http：//www.wenwu.com
E-mail：web@wenwu.com

印刷 北京聯华宏凱印刷有限公司
經銷 新華書店

二〇一二年十一月 第一版
二〇一二年十一月 第一次印刷

定價：一百六十圓

787×1092 1/16 印張：28.75

ISBN 978-7-5010-3588-5

目録

序

中國古文字是世界上歷史最悠久的文字系統之一，自其萌芽產生，已經過了幾千年的演進變化。這一發展過程可以劃分爲若干大的段落，而由春秋末開始，歷經戰國、秦代以至漢初，是其間一個非常重要的階段，即傳統上説的從「古籀」轉變到「今文」的時期，在古文字學研究中有着特别的意義。然而長久以來，直到上世紀的中葉，大家對該時期的認識瞭解還很有限，這主要是由於材料缺乏的限制，致使研究難於着手，不能取得明顯的突破。

及至七十年代以後，隨着文物考古工作的鋪開進展，屬於該時期的古文字材料有一系列新的發現，這方面的情況於是有根本改觀。許多前所未見的文物出土，在數量和質量上都超出以往人們的想像，使學者的眼界大為開拓，古文字學得到長足進步，並且影響到考古學、歷史學等等有關學科。這在古文字學甚至整個學術史上，都稱得起是值得大書的盛事。

河北省文物研究所研究員張守中先生，在這幾十年間的研究工作中、有非常重要的貢獻。關心古文字學的大家都記得，早在「文革」期間的一九七三、七四年，張守中先生就參加張頷先生主持的《侯馬盟書》的編著、對盟書文字做了精心摹寫，準確且能傳神，成績之卓越為學者交口稱道。隨後一九七七年、平山戰國中山王墓發掘，發現大量有銘文青銅器，守中先生即用硬筆摹寫，輯成《中山王𠱿器文字編》，於一九八一年印行。這部書體例美善，極便讀者，深為學術界所歡迎，最近還出了重訂版。

與此同時，戰國至秦漢的簡牘帛書也有多次重大發現，有的毫不誇張地說，確實震驚了國內外學術界。張守中先生對於其間幾批最關重要者，以積年功力逐一摹寫，纂成文字編，如一九九四年問世的《睡虎地秦簡文字編》，一九九六年出版的《包山楚簡文字編》和二〇〇〇年的《郭店楚簡文字編》，使他在摹寫文字編方面，成為效績最豐的一位學者。

歷數張守中先生這些著作，是為了說明他所涉及古文字的範圍。侯馬盟書的時代是春秋晚期，平山中山王墓青銅器與包山簡、郭店簡的時代是戰國中晚期，睡虎地簡屬於秦代，而張守中先生最新完成的這部《張家山漢簡文字編》所録張家山簡則為漢初。這樣，守中先生已經將春秋晚期到西漢初年這個中國古文字演進中的特定階段覆蓋了。瀏覽上述各書，便能對當時古文字的變遷大勢有概要的瞭解，其重要性不衹是作為工具書提供便利而已。

《張家山漢簡文字編》收録的是一九八三年底在江陵張家山

二四七號漢墓出土的竹簡。關於這批簡的性質和意義，我曾有機會在《江陵張家山漢簡概述》（《文物》一九八五年第一期）和《張家山漢簡研究的幾個問題》（《鄭州大學學報》哲學版二〇〇二年第三期）兩篇小文中作過介紹。這批簡有一個特別珍貴的特點，就是作為簡中最重要部分的《二年律令》的年代明確，如我後一篇小文所説：「這個『二年』，有明顯證據是吕后二年，即公元前一八六年。比如律文中有：『吕宣王内孫，外孫，内耳孫，玄孫，諸侯王子，内孫，耳孫，徹侯子，内孫有罪……』

云云，所謂「呂宣王」是呂后元年所上呂后父呂公的謚號，見《史記·高祖功臣侯者年表》、《惠景間侯者年表》和《漢書·外戚傳》。簡內還再三涉及魯國，是指呂后外孫魯王張偃，其元年即呂后元年。到諸呂被誅，文帝即位，這類優待呂氏的律文自然不會存在下去了。」近時英國著名學者魯惟一先生（Michael Loewe）還在《中國早期帝國》（Michael Nylan and Michael Loewe ed., China's Early Empires, Cambridge, 2010）書專寫一章討論《二年律令》，標題便是《公元前一八六年的法律》。因此，我們要研究漢初文字，這正是一個最好的年代定點。

當然，張家山二四七號墓漢簡還包括《奏讞書》、《蓋廬》、《脉書》、《引書》、《算數書》等内容，關係到政法、軍事、醫學、數學等等方面，對之有興趣的讀者，都可利用張守中先生的文字編，這是我願竭誠推薦的。

在這裏我還想説一下，或許有人以爲今天我們有了發達的電腦技術，容易從照片上提取任何一個古文字，隨之組織成文字編，那麼爲什麼還要用摹寫這種費時費力的方式呢？我認為這衹說到了摹寫工作效能的一個方面。摹寫固然必須像真，在這一點上可能電腦是有優勢，但是我們觀察分析古文字，於辨明形體結構之外，還每每須體會其筆畫的運行走勢，這便衹有通過摹寫纔能充份獲得。對於一些殘泐模糊的文字，情形更是如此。至於摹寫本身也是書法性質的藝術實踐，就不必再說了。

張守中先生二〇一〇年冬為《中山王𰯼器文字編》新版撰一後記，講到《張家山漢簡文字編》業已成書：「我願盡快脫稿，早日奉獻學人。古人留下這許多豐厚的文化遺產，經我輩整理，提煉加工再創作，其工作實踐之機會實屬難得。」這是他的心聲，讀之令人感動，不應忘記他已年過七旬了。

李學勤

二〇一二年二月十四日
於清華大學

凡例

一 本編收録文字選自文物出版社二〇〇一年出版的《張家山漢墓竹簡〔二四七號墓〕》一書，釋文依據文物出版社二〇〇六年出版的《張家山漢墓竹簡》（釋文修訂本）。

二 張家山二四七號墓出土漢簡文字總數計三萬六千五百餘字，本編收録文字選摘典型字例，重複字形酌量删減，入選文字約佔簡文總量的四分之一。

三 入選單字凡一千八百八十二字，重文七千七百八十六字，分别部居略依許慎《說文解字》，凡說文已有之字，書眉首列說文篆文，其次爲隸定釋文及簡文。說文所無之字置說文各部之末，書眉用楷體隸定，簡文之下注明「說文所無」。

四 入選合文凡二十四例，重七十二例，置于單字之後。

五 入選簡文均注字號，字號含簡文篇題代號及簡號，簡號旁注背字者，表明該字出自簡背。各篇題代號如下：

曆——曆譜　二——二年律令　奏——奏讞書

脈——脈書　筭——筭數書　蓋——蓋廬

引——引書　遣——遣策

六　簡文中的殘字一般不作選録、而單字中的孤例有殘缺者則本編照摹、並在該字下注明「孤例字殘」。

七　本編簡文的臨摹較原簡文字略作放大、以方便閲讀。

八　卷後附檢字表、各字按筆畫排序以供檢索。

張家山漢簡文字編

張守中撰集

第一

一

一 曆14
一 曆8
一 二7
一 二55
一 奏58
一 奏63
一 脈41
一 算5
一 算45
一 算35
一 算50
一 引2
一 引16
一 遣8
一 遣29
一 遣34

元

元 奏99

天

天 二363
天 奏82
天 蓋1
天 蓋17
天 引104

引108
引111

吏

吏

二144
二329
奏143
奏189
奏77

二19
二20
二64
奏177
奏193

二2
二5
二6
奏5
奏20

二172
二192
二332

上

上

二12
二28
二62
二132
二157

奏164
奏172
奏183
奏68

脈8
脈29
算184

一・二

三

帝 旁 下

帝

- 帝 二 9
- 帝 二 217
- 帝 二 291
- 帝 二 294
- 帝 二 320
- 帝 二 184
- 帝 二 411
- 帝 蓋 5

旁

- 旁 二 117
- 旁 二 218
- 旁 奏 216
- 旁 脈 37
- 旁 引 21
- 旁 奏 186
- 旁 奏 187
- 旁 奏 195
- 旁 奏 225
- 旁 奏 221

下

- 下 二 28
- 下 二 215
- 下 二 255
- 下 二 284
- 下 二 448
- 下 二 123
- 下 二 261
- 下 奏 110
- 下 奏 114
- 下 奏 134
- 下 奏 176
- 下 算 145

示福祇禮祭祠祀祖

示	福	祇	禮	祭	祠	祀	祖
蓋 37	蓋 3	奏 216	奏 177	二 457	二 462	二 462	引 1
蓋 39	蓋 7	从衣不从示	奏 178		二 467	二 467	
			奏 227		二 479		
					奏 190		

祝　社　禁　禒　三

祝		社	禁			三	
二461	二479	蓋4	二249	奏8	奏11	曆5	奏140
二465	二480	二458	二254	說文所無		曆13	脈30
二474			二501	奏10		二36	脈35
二486			二506	奏11		二97	脈50
				奏14		奏9	算40

王　皇　王

玉		皇			王		
王 脈53	皇 二320 皇 二411	皇 二9 皇 二184 皇 二217 皇 二291 皇 二294	王 蓋50	王 算42 王 算88 王 算119 王 蓋4 王 蓋10	王 二85 王 二221 王 二223 王 二455 王 脈4	二 遣1	三 算43 三 算111 三 蓋52 三 引70 三 引81

璧 環 瑕 理 靈 气

璧	環		瑕	理	靈	气	
璧 遣17	環 二36	環 奏216	瑕 二498	理 引32	靈 二463	气 二114	气 奏99
	環 二482	環 脈58		理 引99		气 二115	气 奏121
	環 奏54	環 蓋5		理 引103		气 二116	
	環 奏183			理 引112		气 二115	
	環 奏202						

士　壯　中

士

士 二144
士 二157
士 二202
士 二354
士 二357

士 二365
士 二369
士 奏8
士 奏45
士 奏61

士 奏183
士 奏214

壯

壯 奏89

中

中 二286
中 二429
中 奏108
中 脈8
中 脈9

中 二24
中 二107
中 二141
中 二279
中 奏81

中 奏139
中 奏162
中 奏163
中 引109
中 遣6

中 蓋52
中 引66

字頭	出處
乇	二454；奏2；奏3；奏4；奏5；奏1；奏2；奏137
毒	二18；二18；二19；二20；二249
每	奏210
薑	遣23
苦	蓋31；引40；引48；引74；引97
莞	奏167；奏167；奏167
蒲	二448

字	出處
茈	遣12
荅	算43、算44、算90、算109
蔞	二259
蘥	二52
荷	奏81
蔓	二458
荆	奏157、奏202
葉	二457

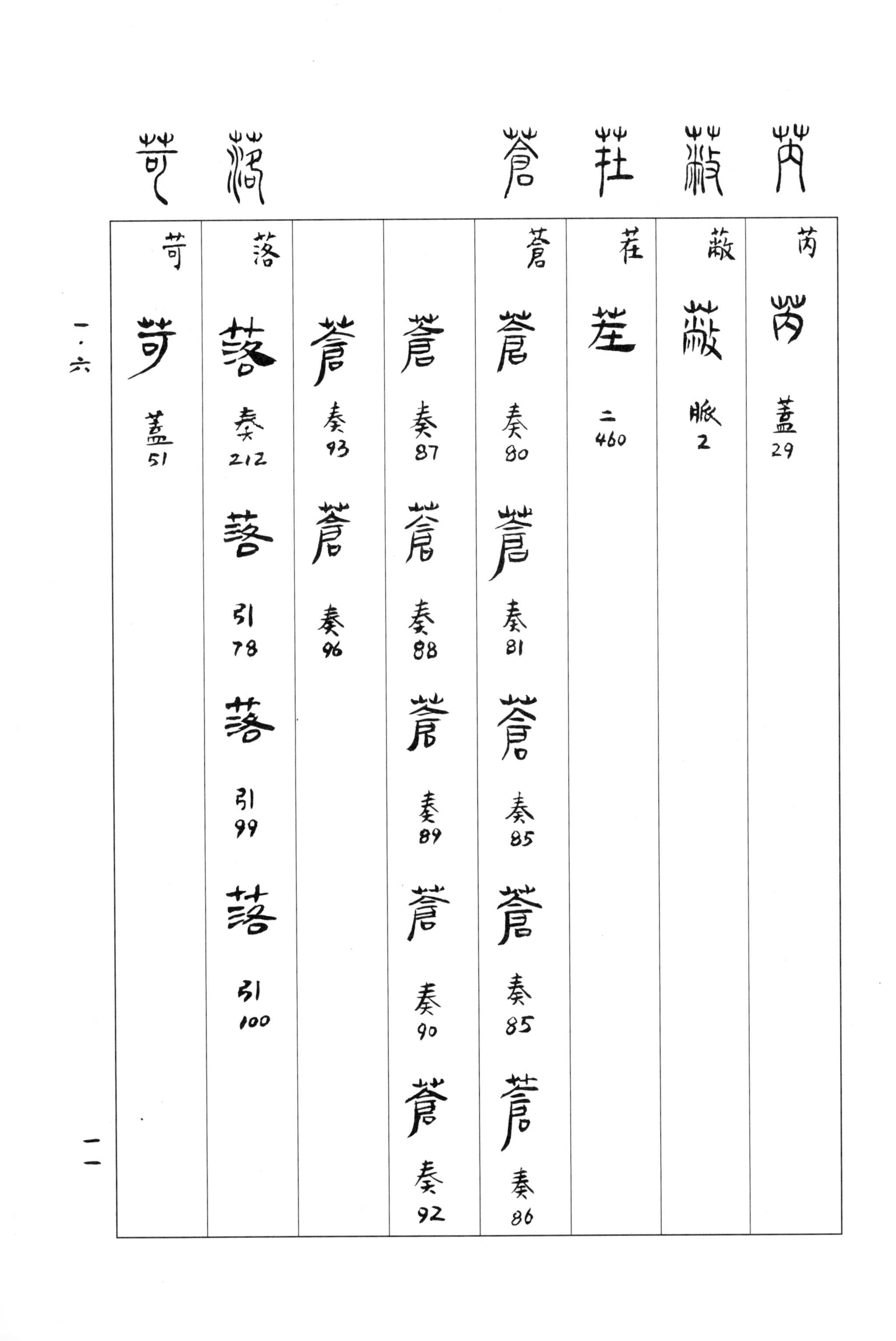

芮	蔽	茌	蒼			落	苛
蓋29	脈2	二460	奏80	奏87	奏93	奏212	蓋51
			奏81	奏88	奏96	引78	
			奏85	奏89		引99	
			奏85	奏90		引100	
			奏86	奏92			

- 藉：藉 二507
- 薄：薄 二459；薄 奏207；薄 引104
- 苑：苑 二413；苑 二458；苑 二470
- 若：若 二1；若 二14；若 二63；若 二188；若 脈40；若 二68；若 二182；若 算17；若 算133；若 二275；若 二361；若 二379；若 二387
- 菌：菌 二436；菌 二451
- 荃：荃 二259

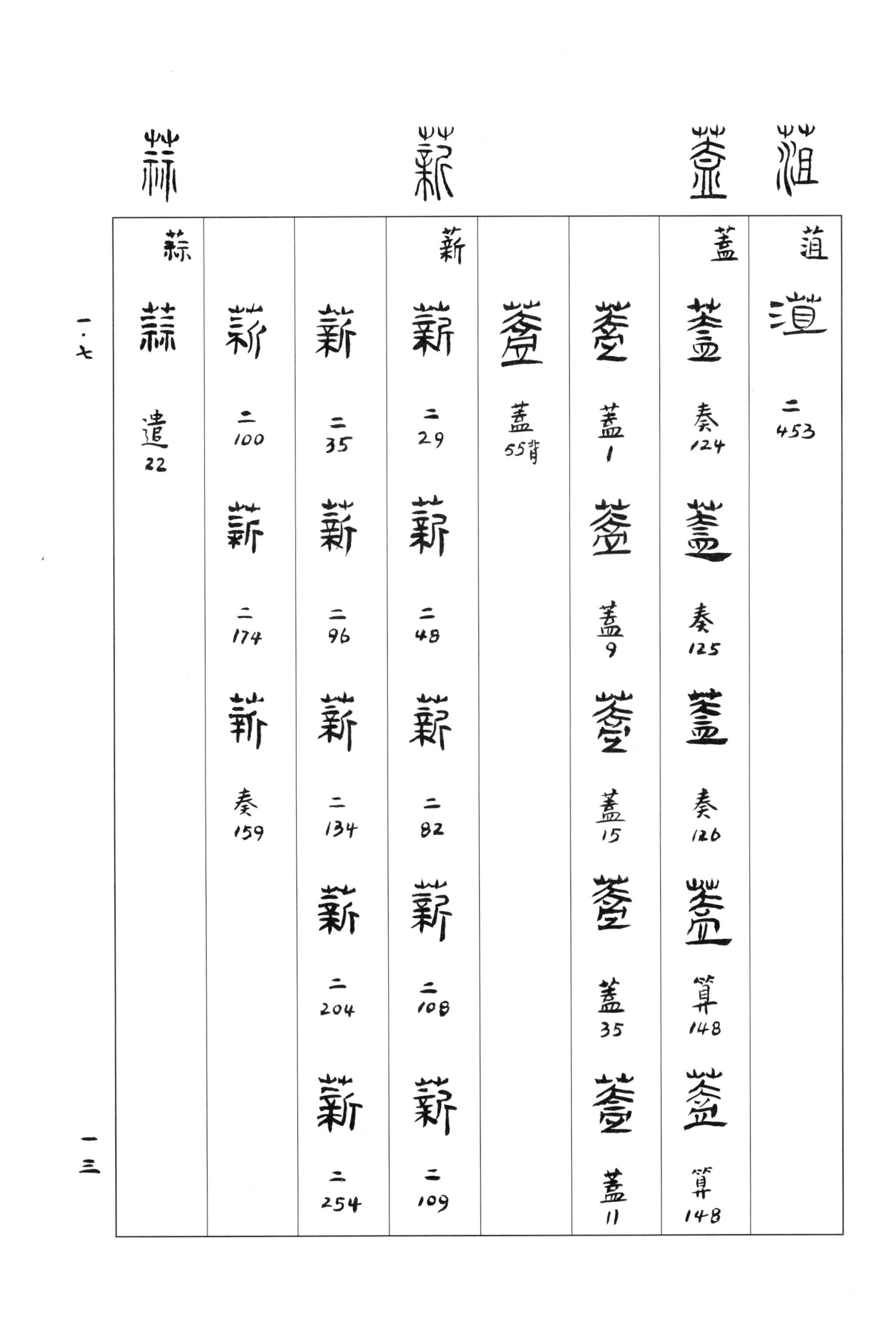

一·七

菹	蓋			薪			蒜
二453	奏124	蓋1	蓋55背	二29	二35	二100	遣22
	奏125	蓋9		二48	二96	二174	
	奏126	蓋15		二82	二134	奏159	
	算148	蓋35		二108	二204		
	算148	蓋11		二109	二254		

萊	蔡	芻			草	葆	范
萊 奏83	蔡 奏163	芻 二240	芻 二268	芻 算144	草 二233	葆 奏201	范 蓋2
	蔡 奏167	芻 二241	芻 算52	芻 算144	草 二246	葆 蓋2	
	蔡 奏168	芻 二242	芻 算52		草 二249		
	蔡 奏169	芻 二255	芻 算52				
	蔡 奏170	芻 二256	芻 算52				

萅 春

- 春 二249
- 春 二414
- 春 引103
- 春 引105
- 春 蓋55
- 春 脈53
- 春 引2
- 春 蓋23
- 春 蓋26
- 春 蓋26
- 春 引1

折 折

- 折 二27
- 折 二65
- 折 脈27
- 折 引53
- 折 引67
- 折 脈16
- 折 脈18
- 折 二197
- 折 引69
- 折 引104
- 折 引16

蔬 蔬

- 蔬 奏171

莆

- 莆 遣16

説文所無

- 莆 遣17

蘩

蘩 二455

說文所無

藿

藿 遣24

說文所無

⿱艹所

⿱艹所 奏28

說文所無

⿱艹所 奏29

菑

菑 奏17

說文所無

菑 奏18

菑 奏19

菑 奏23

著

著 遣24

說文所無

⿱艹亶

⿱艹亶 奏56

說文所無

苔

苔 奏49

說文所無

⿱艹鹽

⿱艹鹽 二448

說文所無

一・九

莫

莫 奏212

莫 奏77

莫 脈55

莫 蓋33

莫 引4

莫 二458

莫 引26

莫 引42

莽

莽 二377

莽 奏183

莽 奏186

文八十四 重二百九十六

張家山漢簡文字編

張守中撰集

第二

小

小 曆3
小 二10
小 二91
小 二412
小 二418
小 奏82
小 脈19
小 脈59
小 奏178
小 算29
小 算166
小 蓋40

少

少 二292
少 二293
少 二314
少 二482
少 奏222
少 奏49
少 算86
少 引35
少 引53
少 蓋31
少 蓋32
少 蓋33

八　分　尚　詹

八			分			尚	詹
曆 11	二 94	算 10	算 1	二 57	二 233	二 36	二 440
曆 14	二 119	算 88	算 4	算 14	算 180	二 124	二 463
奏 70	二 221		算 5	算 20	蓋 9	二 462	二 462
奏 113	二 291		算 15	算 50		引 34	二 464
算 83	二 445		算 36	算 59			二 467

二·二

		必			公	介	
奏182	脈53	二74	二449	二295	二82	二298	二463
	蓋4	二141	奏212	二356	二133	遣17	二519
	蓋19	二349		二364	二157	遣19	
	引7	二380		奏183	奏75		
	引103	奏78		奏211	奏76		

余 審 釋 半

余
- 余 二454
- 余 引29

審
- 審 二93
- 審 二114
- 審 二115
- 審 二132
- 審 二135
- 審 奏23
- 審 奏26
- 審 奏32
- 審 奏41
- 審 奏47
- 審 奏157

釋
- 釋 二229 孤例字殘

半
- 半 二7
- 半 二233
- 半 二141
- 半 二142
- 半 算167
- 半 奏163
- 半 奏202
- 半 算79
- 半 算74
- 半 蓋43
- 半 算136
- 半 算5

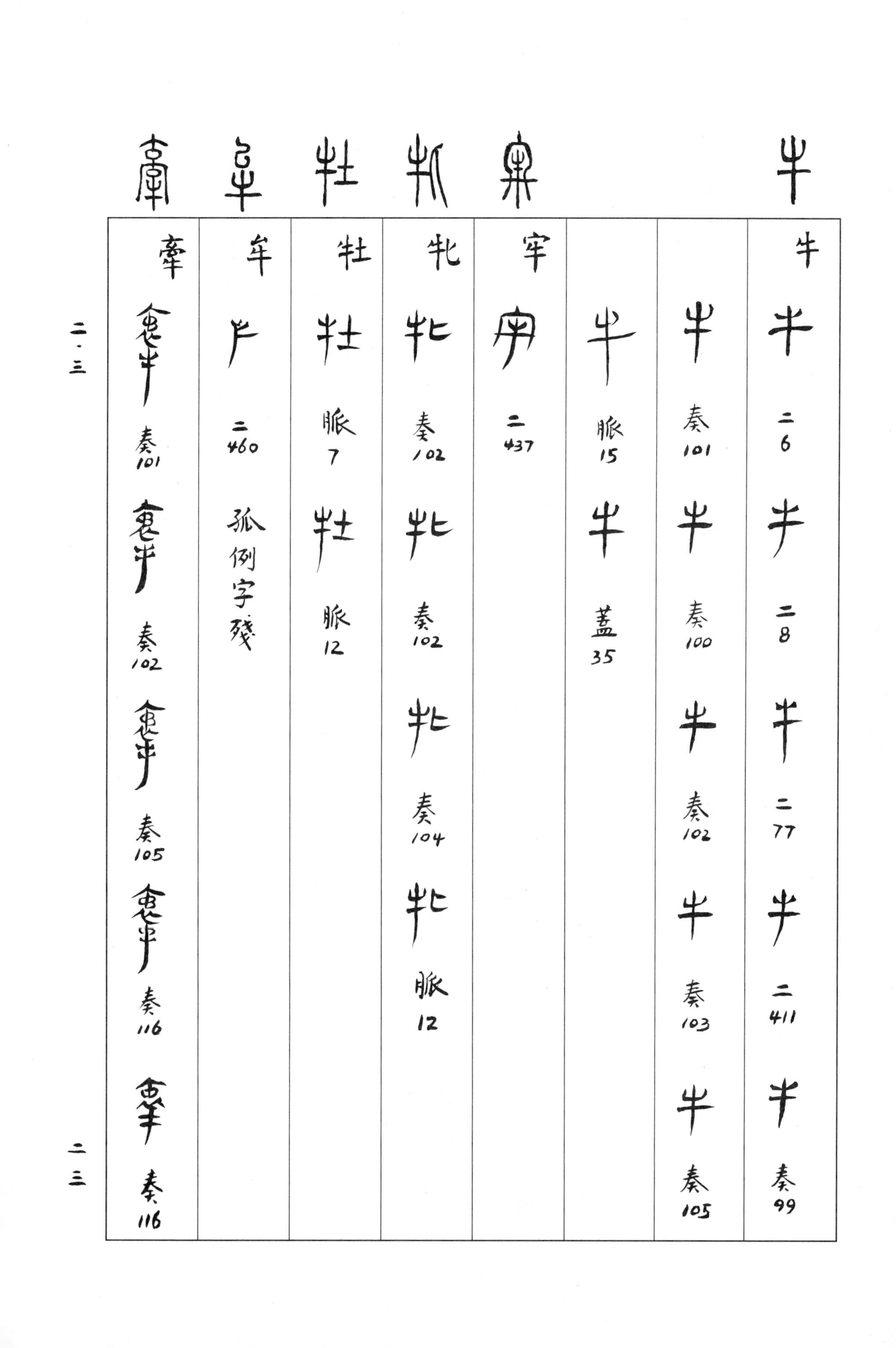

牛			牢	牝	牡	牟	牽
二 6	奏 101	脈 15	二 437	奏 102	脈 7	二 460	奏 101
二 8	奏 100	蓋 35		奏 102	脈 12	孤例字殘	奏 102
二 77	奏 102			奏 104			奏 105
二 411	奏 103			脈 12			奏 116
奏 99	奏 105						奏 116

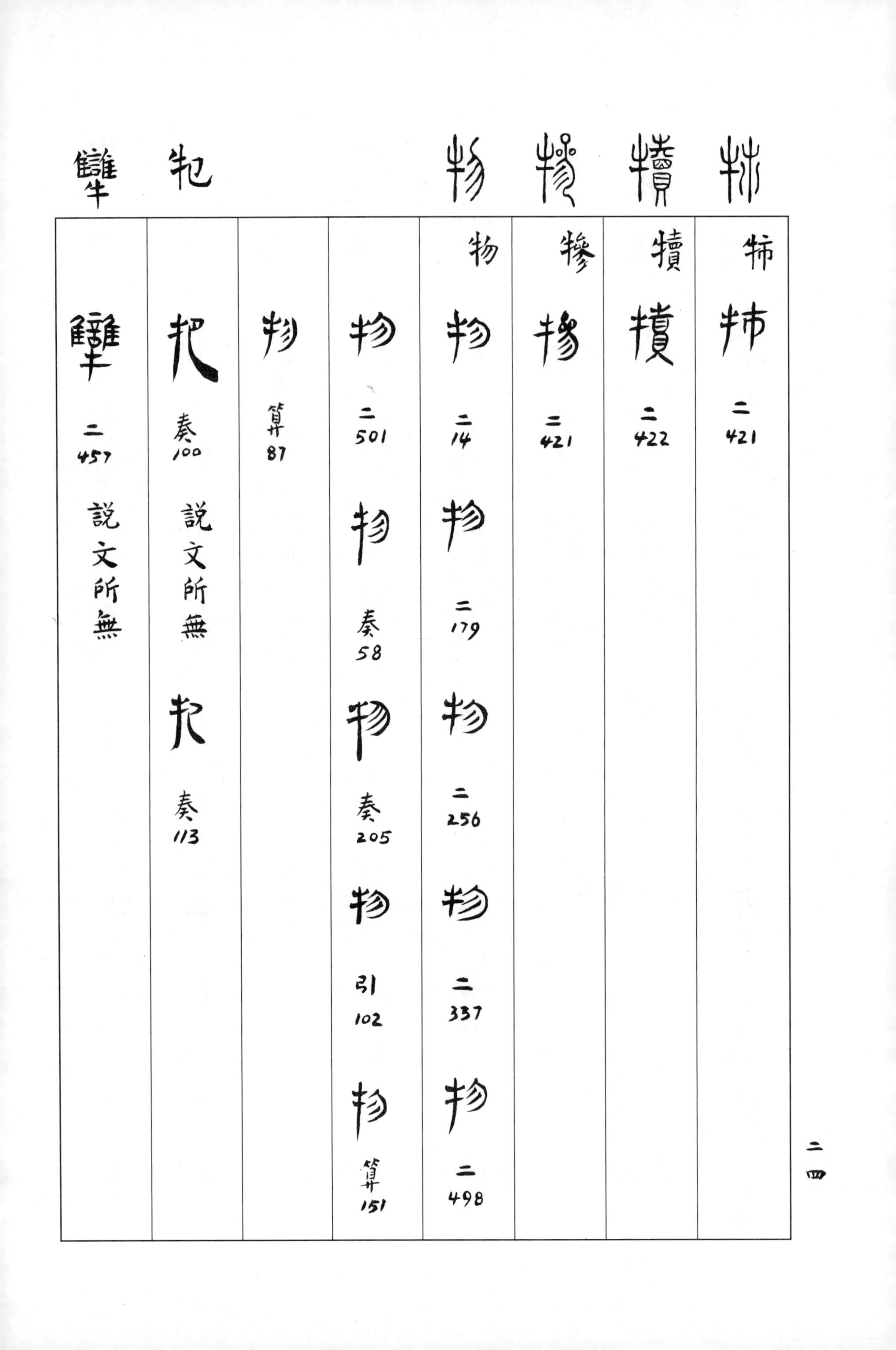

字頭	出處
𤘽	二421
犢	二422
犙	二421
物	二14；二179；二256；二337；二498；二501；秦58；秦205；引102；算151；算87
⿰牛巴	秦100；秦113；說文所無
犨	二457；說文所無

二·四

字	出處
斄	二448
告	二35、二38、二68、二172、二217、二329、奏37、奏77、奏188、二101、二73
口	脈3、脈32、脈41、引34、引53、引86、引97、引100
噲	奏203、奏216
喉	筭57

咽 嗌 吸 名 吾

咽	嗌	吸	名			吾	
咽 引54	嗌 脈37	吸 引53	名 二15	名 奏11	名 蓋4	吾 二454	吾 蓋46
	嗌 脈41	吸 引62	名 二90	名 奏14	名 蓋55	吾 蓋21	
	嗌 脈41	吸 引104	名 二166	名 奏28		吾 蓋36	
	嗌 脈46	吸 引108	名 二216	名 奏29		吾 蓋38	
			名 奏9	名 奏12		吾 蓋39	

二·五

台	君			命			召
蓋36	奏5	奏170	脈55	二18	蓋12	算82	奏153
蓋42	奏89	奏171	蓋50	二123	二153		奏139
引33	奏162	奏172		二162	二153		奏131
	奏163	奏176		算26	算27		二183
	奏162	奏179		蓋11	算58		二183

二七

字頭	出處
唯	二106、奏129、奏134
嘷	蓋36、引74
問	二396、奏130、奏151、奏163、奏202、奏138、算34、算36、算59、算61、算127
和	二18、二192、二302、二461、二467、引103、引107、奏101、奏102、奏103、奏187

吉 咸 周 各

吉	咸		周		各		
吉 奏67	咸 二447	咸 奏116	周 二452	周 算146	各 二8	各 算18	各 遣25
吉 奏74	咸 奏103	咸 奏227	周 二452	周 蓋24	各 二58	各 算26	各 遣31
吉 蓋46	咸 奏106		周 算146	周 引17	各 二93	各 算138	
	咸 奏111		周 算148	周 引99	各 二219	各 引11	
	咸 奏114		周 算149		各 二427	各 引12	

二·六

哀
- 秦187

唐
- 脈8
- 脈35
- 算129
- 算130

嚴
- 二459

哭
- 秦183
- 脈56

喪
- 秦183
- 秦186
- 秦186
- 秦187
- 秦195

走
- 二460
- 秦111
- 二461
- 引32
- 秦223
- 蓋43
- 蓋44
- 秦214
- 秦215
- 脈25
- 脈56

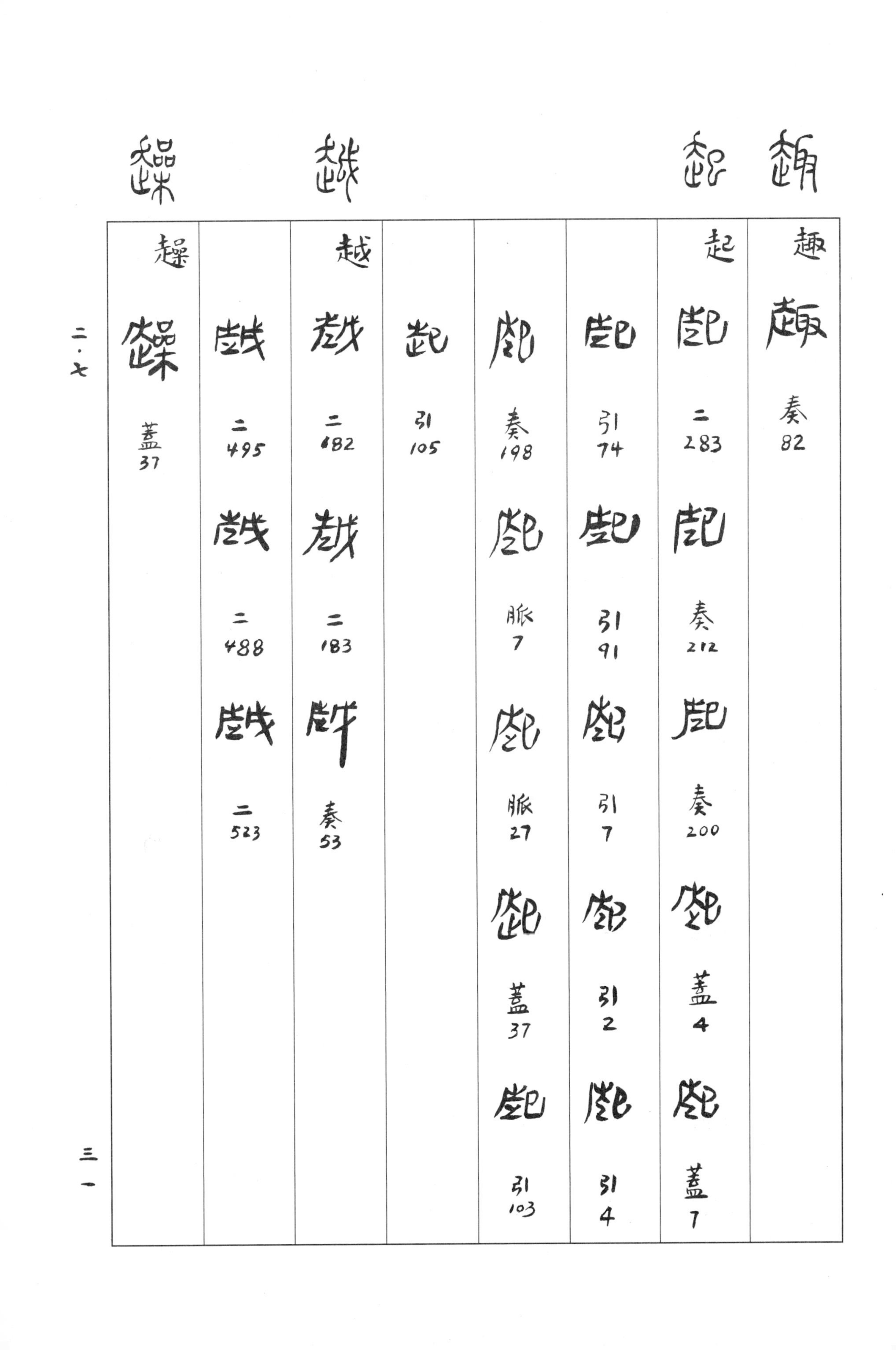

二·七

趣	起				越		趮
奏 82	二 283	引 74	奏 198	引 105	二 182	二 495	蓋 37
	奏 212	引 91	脈 7		二 183	二 488	
	奏 200	引 7	脈 27		奏 53	二 523	
	蓋 4	引 2	蓋 37				
	蓋 7	引 4	引 103				

蹇 趙 趍 止 歬

蹇	趙		止		前		
二65	奏24	奏83	二88	奏34	二235	奏83	蓋29
	奏24	說文所無	二93	蓋7	二313	奏117	蓋13
			二135	引2	引80	奏141	蓋17
			二422	引4	引101	奏152	脈20
			算25		奏111	脈10	引92

歸

歸 引19
歸 引28
歸 二19
歸 二160
歸 二343
歸 二344
歸 二456
歸 奏18
歸 奏19
歸 奏198
歸 奏213
歸 算64
歸 蓋39
歸 蓋41

步

步 蓋13
步 引4
步 引40
步 引101
步 算83
步 算8
步 算69
步 算87
步 算95
步 引33
步 二246
步 二314

歲

歲 二76
歲 二86
歲 二90
歲 二97
歲 蓋25

		此				正	
二 157	二 279	二 18	奏 67	二 493	蓋 13	曆 5	二 215
二 186	蓋 3	二 27	奏 73	脈 20	蓋 22	曆 8	二 329
奏 2	蓋 17	二 153	奏 95	蓋 45		曆 11	奏 184
奏 4		二 259	奏 158	算 87		曆 14	蓋 51
奏 13		奏 215	奏 179	引 1		二 201	引 27

二·九

正　蓋 2
正　蓋 5

乏

乏
二 269
二 269
二 401
二 405
奏 146
奏 158
奏 158

是

是
奏 20
奏 42
奏 163
奏 189
奏 109
脈 17
脈 18
脈 25
脈 27
脈 37
脈 37
蓋 20
引 104
脈 55
蓋 24
引 110

迹

迹
二 183
二 494
奏 77

徒 述 隨 適

徒

徒	徒	徒
二 7	二 76	奏 179
二 254	二 249	
二 472	二 452	
奏 54	奏 174	
奏 56	奏 175	

述

述
蓋 19
算 148
算 140

隨

隨
二 494
奏 172
奏 211

適

適	適	適
二 361	蓋 43	蓋 38
二 361	蓋 41	蓋 43
蓋 37	蓋 39	
蓋 38	蓋 35	
蓋 40	蓋 35	

二·一〇

過			進			造	
二 273	二 235	脈 57	二 249	蓋 15	奏 162	二 314	二 361
二 273	二 153	脈 64	蓋 13	蓋 44		二 312	二 82
二 274	二 230	脈 50	蓋 29	蓋 39		二 354	二 85
二 234	二 234	脈 65	蓋 31	奏 162		二 356	二 314
二 55	奏 164	奏 174	算 16	引 10		二 360	二 368

造：奏58、奏158

還：二180、奏137、奏141、奏142、奏151、奏156、二350、引104

逆：引2、蓋3、蓋10、蓋18

迎：蓋41

遇：二142、奏157

逢：蓋19、奏200、奏200

遞：二465

二·二

運	遷	通	送		遣		逮
脈18	二213	二63	二275	二502	二232	奏2	二152
	二232	二203	二274	奏18	奏4	奏3	二142
		二206	二225	奏20	二347		
		脈8	二412	奏24	二57		
			二412	奏23			

逗	從		避		逋	遺	遂
逗 二142	從 二213	從 奏18	避 二15	避 二14	逋 二157	遺 二63	遂 二107
孤例字殘	從 二328	從 奏24	避 二15	避 二14	逋 二398	遺 二376	遂 二338
	從 二329		避 二15		逋 二399	遺 二376	遂 奏158
	從 二350		避 二25				遂 蓋13
	從 二502						

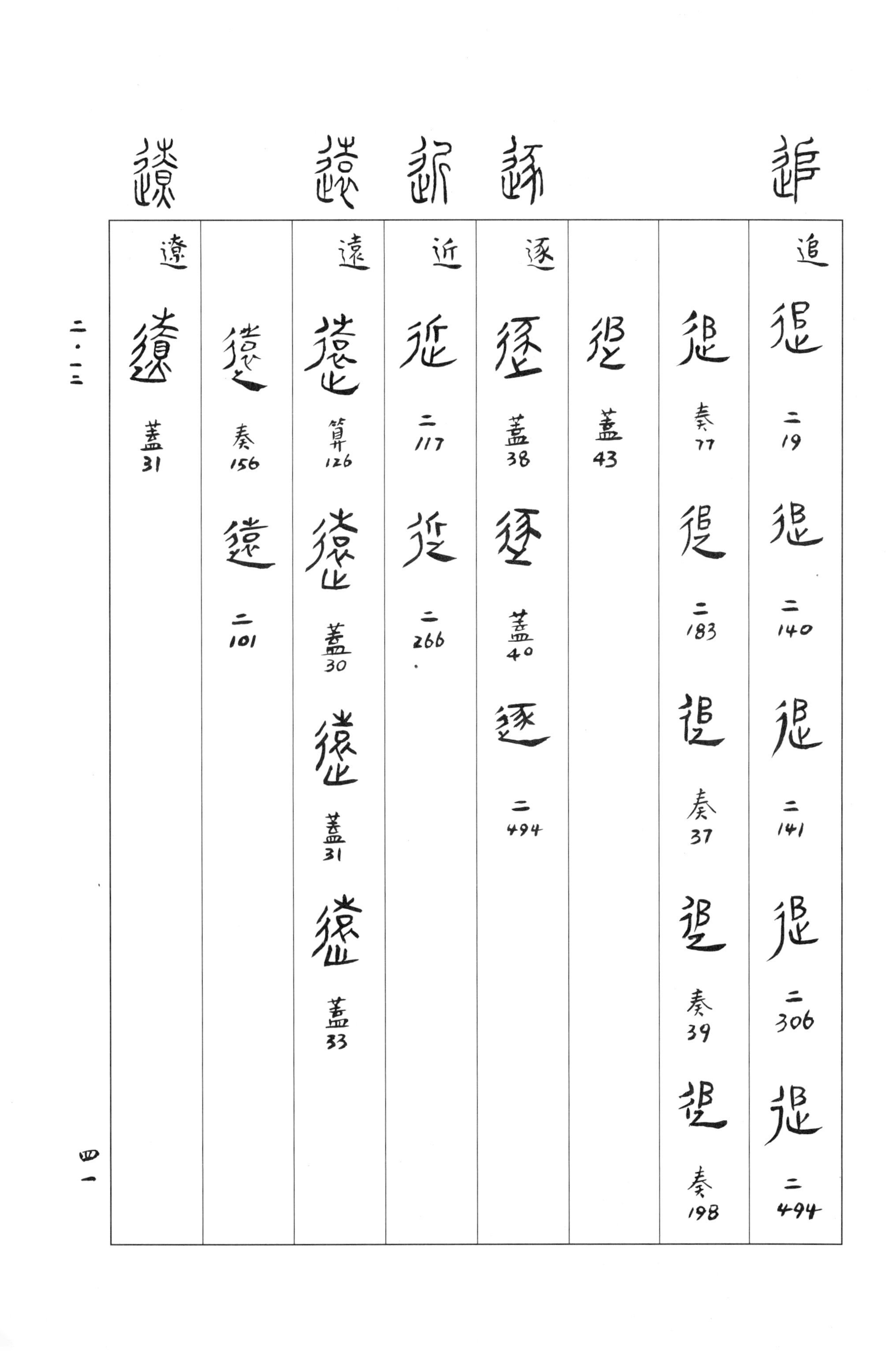

追	追	追	逐	近	遠	遠	遼
二19	奏77	蓋43	蓋38	二117	算126	奏156	蓋31
二140	二183		蓋40	二266	蓋30	二101	
二141	奏37		二494		蓋31		
二306	奏39				蓋33		
二494	奏198						

道　　　　　　　　　邊　　　　遯

道
道 二19
道 二116
道 二105
道 二219
道 二234

道 奏114
道 奏115
道 奏118
道 奏172
道 算126

道 二102
道 二104
道 蓋11
道 蓋15
道 二246

道 蓋49
道 蓋54
道 蓋24
道 二182

道 蓋1
道 蓋28

邊
邊 二19
邊 二76
邊 二76
邊 二144
邊 二210

邊 二141
邊 二266
邊 二74

遯 奏61
說文所無

德	徑	復

- 奏82 說文所無 奏82 奏87
- 奏9 說文所無 奏36 奏100 奏102
- 德 二451 二459 蓋5 蓋16 蓋50
- 蓋3 奏89
- 徑 二219 算26 算155
- 復 二90 二384 二504 算165 算186
- 奏5 奏14 奏46 奏78 奏144
- 二108 奏138 奏117 引64 二279

二·一三

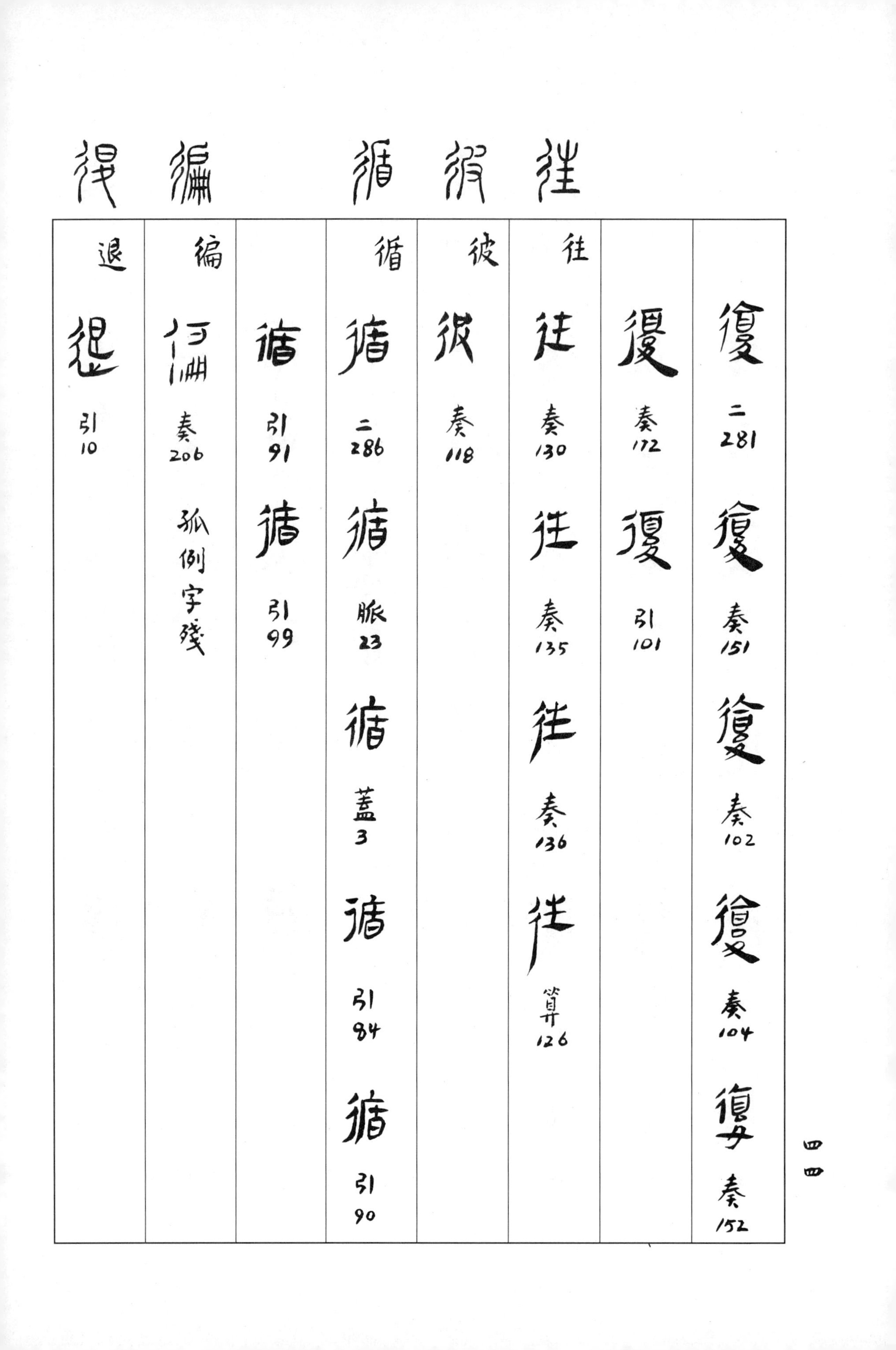

		往	彼	循		徧	退
二 281	奏 172	奏 130	奏 118	二 286	引 91	奏 206	引 10
奏 151	引 101	奏 135		脈 23	引 99	孤例字殘	
奏 102		奏 136		蓋 3			
奏 104		算 126		引 84			
奏 152				引 90			

後　　　　徼　　　　徐

後					徼		徐
後 曆 1	後 二 40	後 奏 42	後 奏 185	後 引 15	徼 二 61	徼 奏 60	徐 脈 57
後 曆 5	後 二 158	後 奏 141	後 脈 27	後 引 18	徼 二 74		徐 算 185
後 曆 7	後 二 312	後 奏 142	後 蓋 13		徼 二 76		徐 引 73
後 曆 10	後 二 359	後 奏 172	後 引 46		徼 二 275		徐 引 32
後 二 35	後 二 370	後 奏 180	後 引 13		徼 二 404		

得

得

得 二5	得 算133	得 算43	得 二205	得 奏19
得 二71	得 引103	得 算68	得 奏9	
得 二183	得 引104	得 算78	得 奏70	
得 二329	得 引107	得 算85	得 二261	
得 二488	得 算32	得 二19	得 算62	

律

律

律 二19	律 二395	律 奏180
律 二54	律 奏4	律 奏182
律 二79	律 奏30	律 奏185
律 二153	律 奏95	律 奏189
律 二163	律 奏158	律 奏185

微 御 廷

律	微	御	御	御	廷	廷	廷
律 奏93	微 奏227	御 二385	御 二117	御 二494	廷 二101	廷 奏34	廷 奏7
	微 奏227	御 二496	御 二195	御 二511	廷 二116	廷 奏26	廷 奏26
	微 奏226	御 二505	御 二219	御 二520	廷 二117	廷 奏50	
	微 奏211	御 二516	御 二486		廷 二146	廷 奏184	
		御 二521	御 二492		廷 二331	廷 奏192	

字頭	出處
建	奏67、奏74、奏74、奏151、蓋5
延	二4
行	二9、二274、二306、二265、二271
	二318、二416、奏2、奏18、奏26
	奏75、算38、引78、奏75、奏212
	奏103、奏82
術	算153、算154、二245、算17、算24
	算30、算151、算164

衙	衝	衞	衛		齒		齔
二448	脈17	奏168	二278	奏128	二27	奏202	奏199
			二440	算76	脈3	引83	
			二446	算74	脈51	引98	
			二464		引2	二509	
			二471		引4		

齕 齦 齧 齵 足

齕	齦	齧		足			
脈3	脈51	引18	引98	二142	算133	二481	引4
			說文所無	二255	算136	奏181	
			引98	脈36	引105	引16	
				脈13	二140	引67	
				算186	二241	脈22	

踝　踐　距　蹢　蹶

踝		踐		距	蹢	蹶	
脈12	脈22	奏103	二486	引72	引102	脈18	引41
脈17		奏106	引49	引99		脈25	脈37
脈19		引72	引67			脈41	引59
脈26						脈46	
脈28						引106	

跂	䟊	跗	𧿹	蹱			踱
跂							
跂 奏170	䟊 引102	跗 引12	𧿹 引7	蹱 脈18	蹱 引51	蹱 引82	踱 引36
	說文所無	說文所無	說文所無	說文所無	蹱 引93	蹱 引105	說文所無
				蹱 引14	蹱 引99		踱 引36
				蹱 引9	蹱 引102		
				蹱 引37			

踈 喿 扁

踈
遣12
說文所無

喿
喿
盉43

扁
扁
二361
扁
脈38
扁
算118

文一百五十 重七百六十九

張家山漢簡文字編

張守中撰集

第三

器	舌	干	商	句	拘
器 二208	舌 脈39	干 算17	商 蓋47	句 引45	拘 引32
器 二267	舌 脈41	干 算164	商 二451	句 引55	
器 二434	舌 脈52	干 算164		句 引59	
器 奏215		干 算165		句 引57	
				句 引58	

三·二

苟 鈎 十

苟	鈎	十					
苟 奏116	鈎 引16	十 曆5	十 二86	十 奏83	十 脈50	十 算188	十 引81
苟 奏117		十 曆9	十 二91	十 奏17	十 算5	十 蓋28	十 引89
		十 曆11	十 二174	十 脈22	十 算11	十 蓋45	
		十 曆16	十 二234	十 脈35	十 算43	十 引34	
		十 二55	十 二235	十 脈41	十 算119	十 引47	

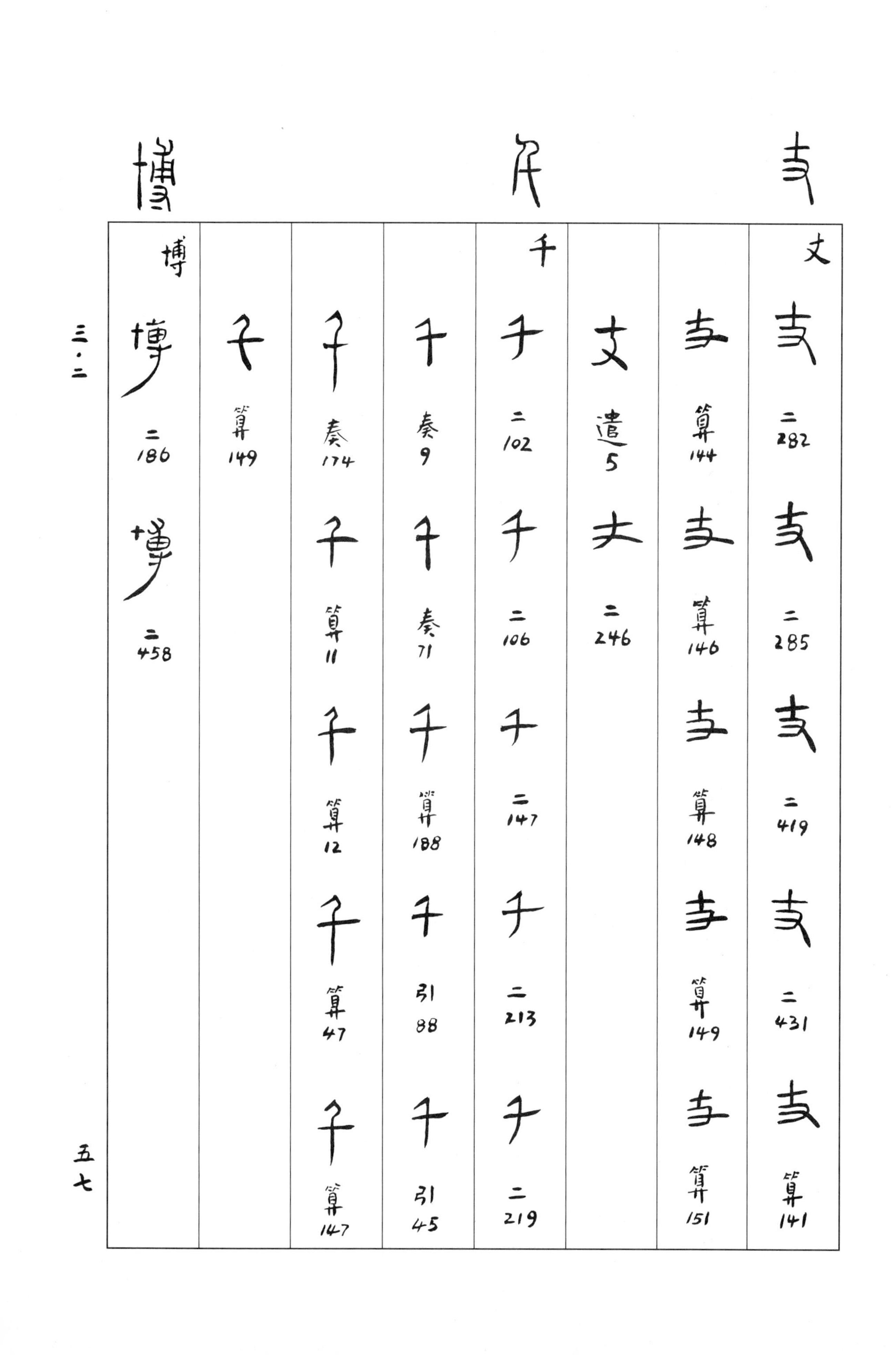

丈　　千　　博

丈			千				博
二282	算144	文 遣5	二102	奏9	奏174	算149	二186
二285	算146	大 二246	二106	奏71	算11		二458
二419	算148		二147	算188	算12		
二431	算149		二213	引88	算47		
算141	算151		二219	引45	算147		

廿

廿	廿	廿
廿 二55	廿 奏77	廿 算30
廿 二56	廿 奏125	廿 引64
廿 二233	廿 奏176	
廿 二293	廿 脈56	
廿 二364	廿 算6	

卅

卅	卅
卅 二217	卅 算9
說文所無	卅 算28
卅 二246	卅 算43
卅 奏15	卅 算100
卅 奏127	卅 引64

卌

卌	卌	卌
卌 二141	卌 算9	卌 引8
卌 二314	卌 算26	卌 引12
卌 二377	卌 算35	卌 引64
卌 奏45	卌 算40	
卌 奏184	卌 算57	

言 談 謂 諒

言

言 二12
言 二110
言 二121
言 奏71
言 奏116

言 奏19
言 奏64
言 奏68
言 奏87
言 奏100

言 二118
言 二78
言 二520
言 奏92
言 奏146

言 二146
言 奏85

談

談 引74
談 引52

謂

謂 二18
謂 奏80
謂 奏114
謂 奏26
謂 奏134

謂 奏129
謂 算34
謂 蓋4

諒

諒 奏120

許	許			謁			請
	許	謁	謁	謁	請	請	請
許 二 344	許 二 86	謁 二 504	謁 奏 228	謁 二 44	請 奏 34	請 二 520	請 二 110
許 二 345	許 二 115	謁 二 521	謁 奏 7	謁 二 86	請 奏 117	請 二 523	請 二 121
許 二 386	許 二 160		謁 奏 68	謁 二 106	請 奏 145	請 奏 117	請 二 219
	許 二 262		謁 奏 15	謁 二 305	請 蓋 47	請 二 172	請 二 219
	許 二 320			謁 二 462			請 二 496

六〇

讎

- 讎 二 333
- 讎 算 56
- 讎 引 2

諸

- 諸 二 70
- 諸 二 72
- 諸 二 192
- 諸 二 393
- 諸 奏 20
- 諸 二 1
- 諸 二 48
- 諸 二 85
- 諸 二 216
- 諸 二 104
- 諸 算 14

誦

- 誦 二 475
- 誦 二 477

諜

- 諜 二 57
- 諜 二 71
- 諜 奏 115
- 諜 奏 99
- 諜 奏 100
- 諜 奏 94
- 諜 二 23
- 諜 二 26
- 諜 二 208
- 諜 二 22
- 諜 蓋 4

論 議 詳 識

論

論 奏68
論 奏78
論 奏90
論 奏158
論 二176

論 二14
論 二17
論 二19
論 二146
論 二160

論 二163

議

議 奏33
議 二509
議 奏24
議 奏189
議 奏194

議 奏184

詳

詳 奏17
詳 奏221

識

識 二431
識 奏101
識 奏104
識 奏110

識 奏134
識 奏201

訊 謹 信

訊

訊 奏71
訊 奏153
訊 奏160
訊 奏161
訊 奏199
訊 二111
訊 二113
訊 奏76
訊 奏77
訊 奏105
訊 奏117

謹

謹 二18
謹 二19
謹 二110
謹 二116
謹 奏162
謹 奏86
謹 奏149
謹 奏164
謹 奏166
謹 脈65

信

信 奏75
信 奏81
信 奏96
信 奏88
信 奏90
信 奏92
信 奏82
信 引11
信 引15
信 引17
信 引38
信 引7
信 二9
信 二463
信 奏80

誠 詔 課 試 計

誠	詔	課	試	計
奏28	二18	二475	二474	二276
奏41	二235	二475	二475	二333
奏38	二492	二476	二478	二484
奏43	二493		二479	二509
奏45	二502			奏185
奏85	二461			算64
奏63	奏147			
奏196				

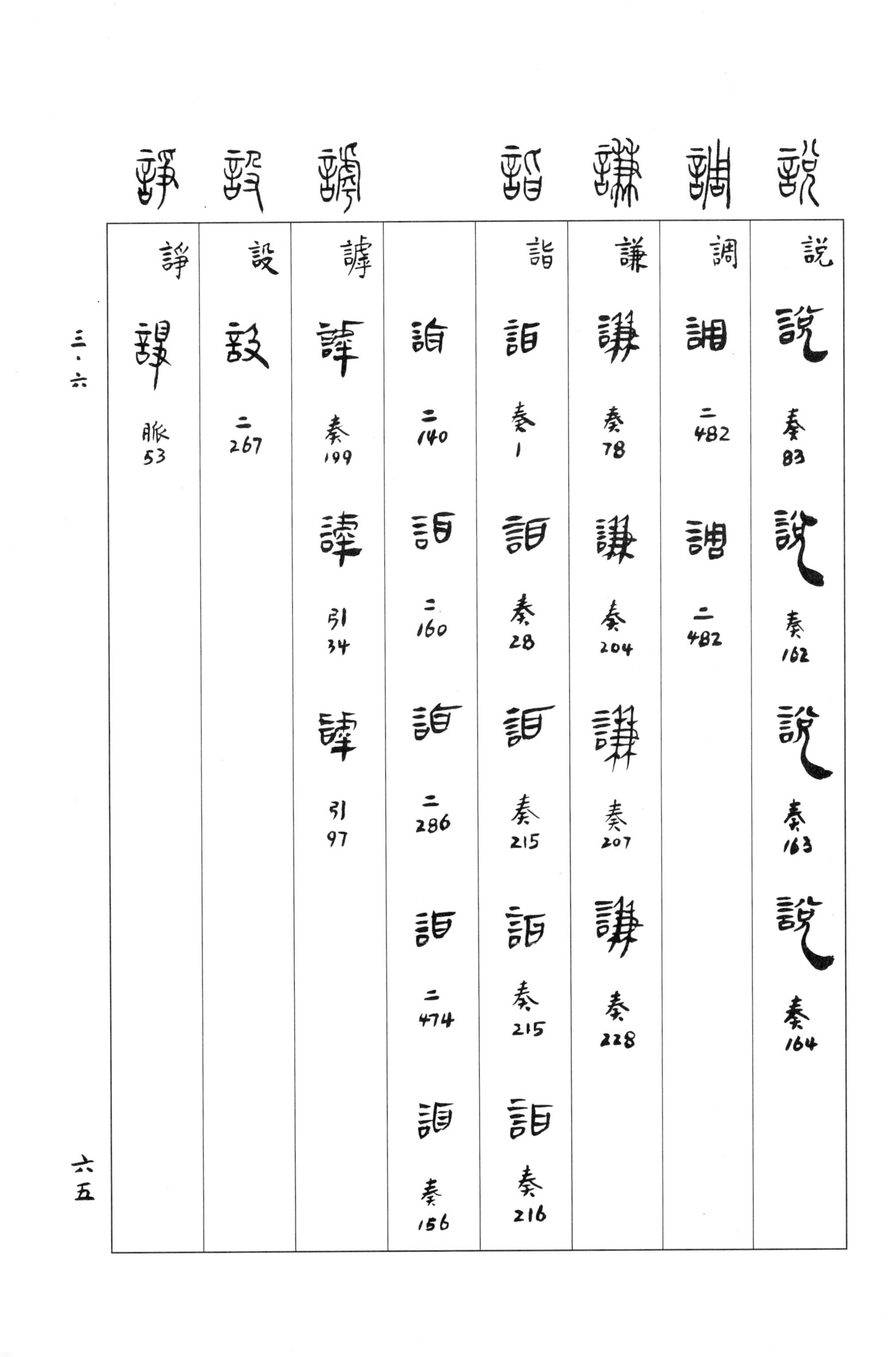

說	調	謙	詣		諱	設	諍
秦83	二482	秦78	秦1	二140	秦199	二267	脈53
秦162	二482	秦204	秦28	二160	引34		
秦163		秦207	秦215	二286	引97		
秦164		秦228	秦215	二474			
			秦216	秦156			

講		詑	謾	誹			誣
講 奏99	講 奏101	詑 奏175	謾 二12	誹 二14	誹 二394	誹 奏34	誣 二121
講 奏103	講 奏105	詑 奏178	謾 奏219	誹 二14	誹 奏28	誹 奏78	誣 二126
講 奏106	講 奏114		謾 奏219	誹 二111	誹 奏32		誣 奏114
講 奏108				誹 二155	誹 奏54		誣 奏118
講 奏110				誹 二261	誹 奏60		誣 奏120

詐	譌	詽	訾	註		誤	
詐 二510	譌 蓋3	詽 奏210	訾 二411	註 蓋52	誤 算93	誤 二17	誣 奏119
詐 奏56	譌 蓋7	詽 奏226	訾 二411		誤 算97	誤 算68	
						誤 算93	
						誤 算96	

訟　詁　詘　詷

訟

訟 二135

詁

詁 奏4

詁 奏11

詁 奏19

詁 奏30

詁 奏41

詁 奏44

詁 奏85

詁 奏105

詁 奏117

詁 奏116

詁 奏105

詁 奏217

詁 奏218

詘

詘 引8

詘 引10

詘 引70

詘 引80

詘 引38

詘 引63

詷

詷 二139

詷 二139

詷 二205

詷 二262

詷 奏226

詷 奏210

讂	誰		診			證	誅
奏205	奏113	奏200	奏45	奏216	奏166	二110	二142
奏214	奏191	二235	奏88	二93	奏167	二110	
	奏191		奏118	二508		二121	
	奏193		奏165	二514			
			奏171	奏109			

詷	譯	訽	誘			訛	訞
詷	譯	詢					
二172	二111	二41	奏20	奏25	蓋38	二510	蓋4
		二42	說文所無	奏131	蓋39	說文所無	說文所無
			奏20	奏139	奏24		
			奏22	奏153			

譩

奏119

說文所無

善

引107 引40 引40

二162 二163 二338 二479 奏80

奏83 奏134 奏172 脈40 蓋38

蓋39 引40 引48 引106

競

算83

音

脈8 脈24 脈41 脈56

章

二197 二463 二479 二501 奏152

叢	業			妾	童	竟	章
叢	業			妾	童	竟	章
叢 脈36	叢 奏221	妾 奏182	妾 二90	妾 二16	童 二474	竟 二456	章 奏156
孤例字殘	孤例字殘	妾 奏210	妾 二123	妾 二31	童 二479		章 奏188
			妾 二190	妾 二33	童 引10		章 蓋18
			妾 二435	妾 二41	童 脈2		
			妾 奏66	妾 二55	童 筭144		

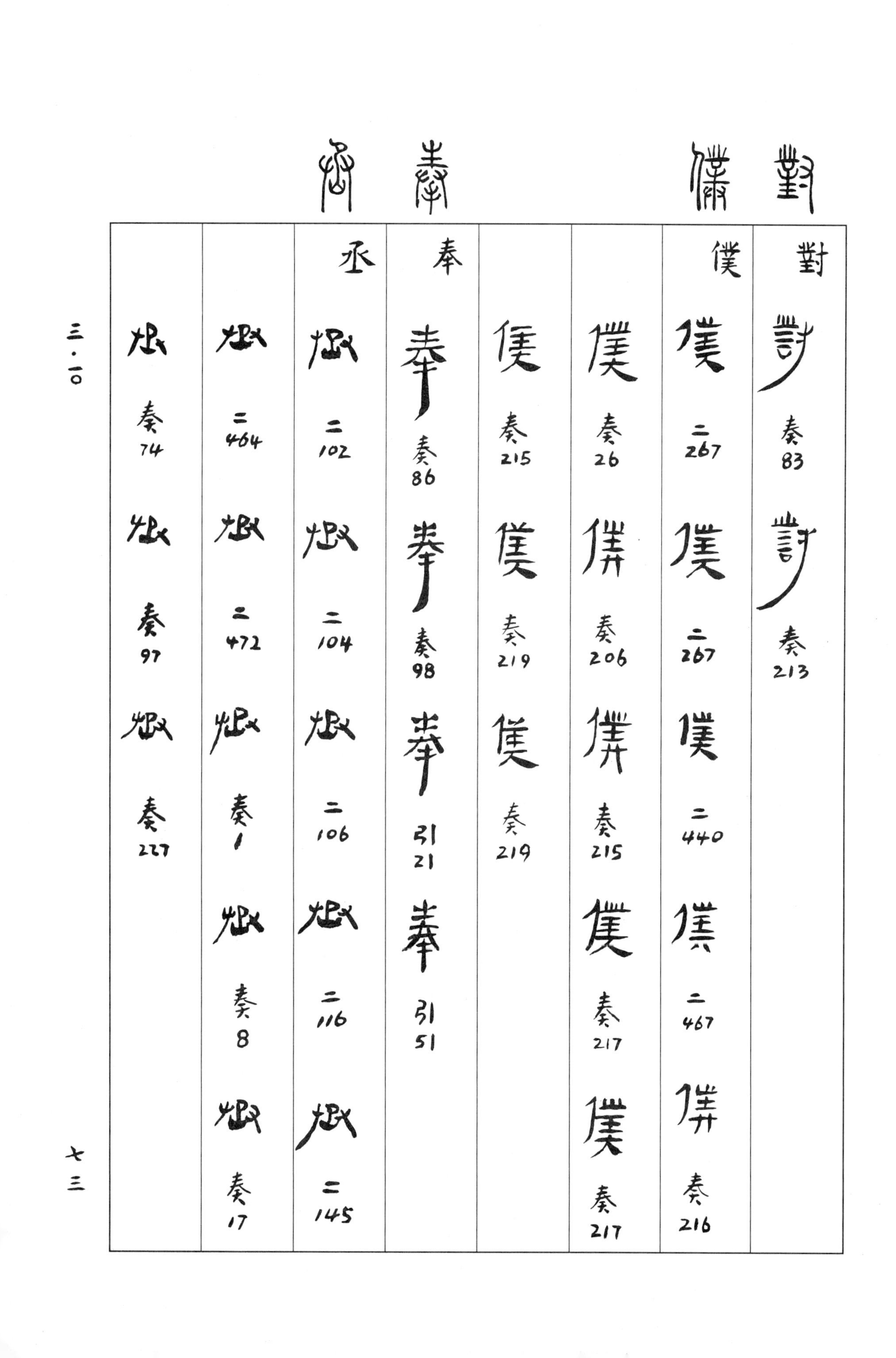

字頭	出處
對	秦83、秦213
僕	二267、二267、二440、二467、秦216、秦26、秦206、秦215、秦217、秦217、秦215、秦219、秦219
奉	秦86、秦98、引21、引51
丞	二102、二104、二106、二116、二145、二464、二472、秦1、秦8、秦17、秦74、秦97、秦227

戒

脈5
蓋30
蓋36
蓋42
蓋42

兵

二32
蓋4
蓋5
蓋9
蓋52

二141
二216
奏139

具

二125
二208
二269
二396
奏153

奏166
奏165
二233
二267
二411

奏154
遣17

共

二150
二411
二411
二459
奏59

奏80
算32
算52

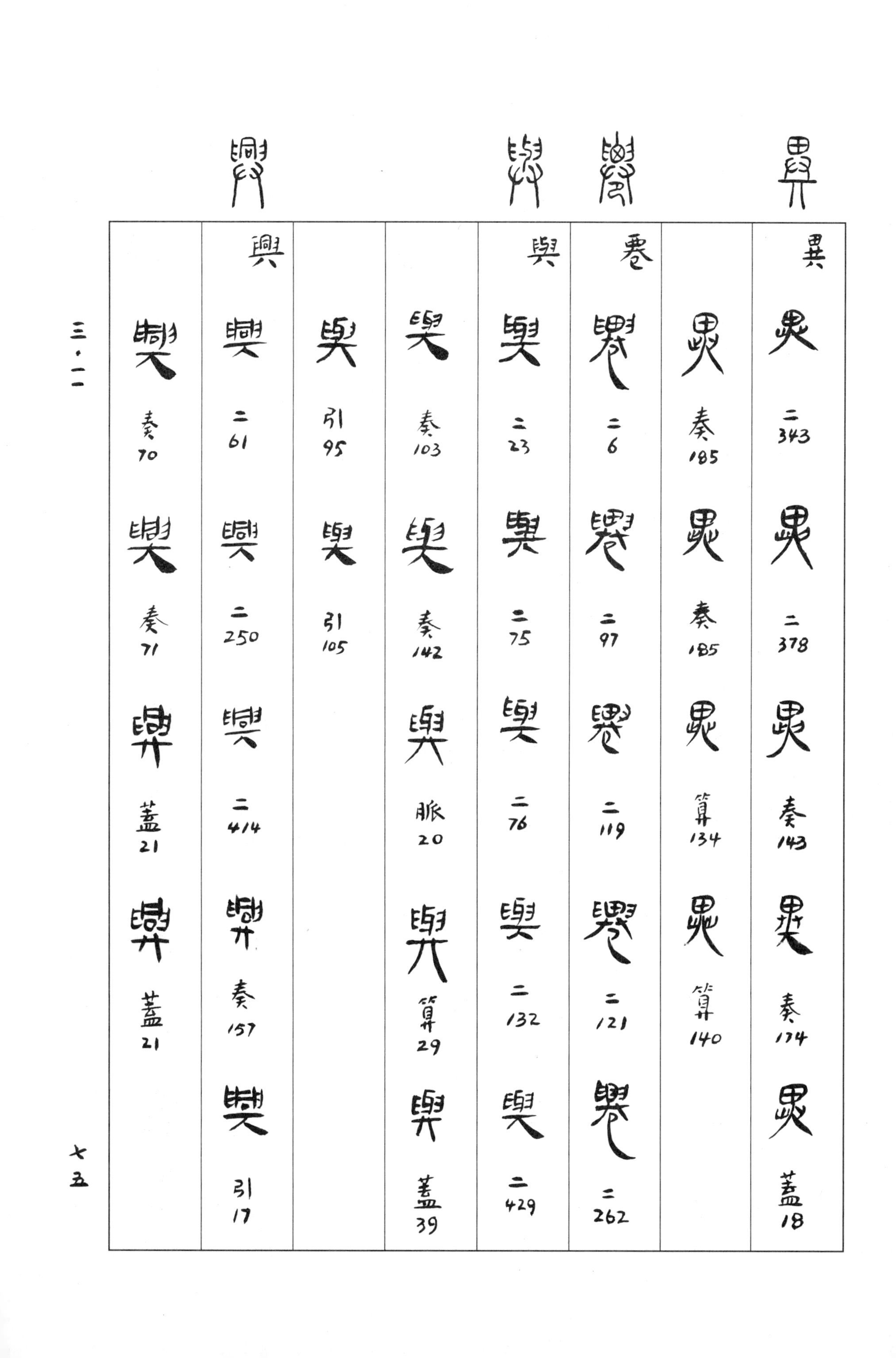

異	異	巷	與	與	與	興	興
二343	奏185	二6	二23	奏103	引95	二61	奏70
二378	奏185	二97	二75	奏142	引105	二250	奏71
奏143	算134	二119	二76	脈20		二414	蓋21
奏174	算140	二121	二132	算29		奏157	蓋21
蓋18		二262	二429	蓋39		引17	

要	要	要	農	農	革	鞠	鞮
引 53	二 61	脈 19	脈 2	脈 58	二 433	引 52	二 455
引 67	二 88	脈 37	脈 9	脈 61	奏 215	奏 22	
引 101	奏 7	蓋 18	脈 15	脈 62	蓋 5	奏 90	
引 104	奏 118			脈 60		奏 32	
引 49	脈 18			脈 59		遣 28	

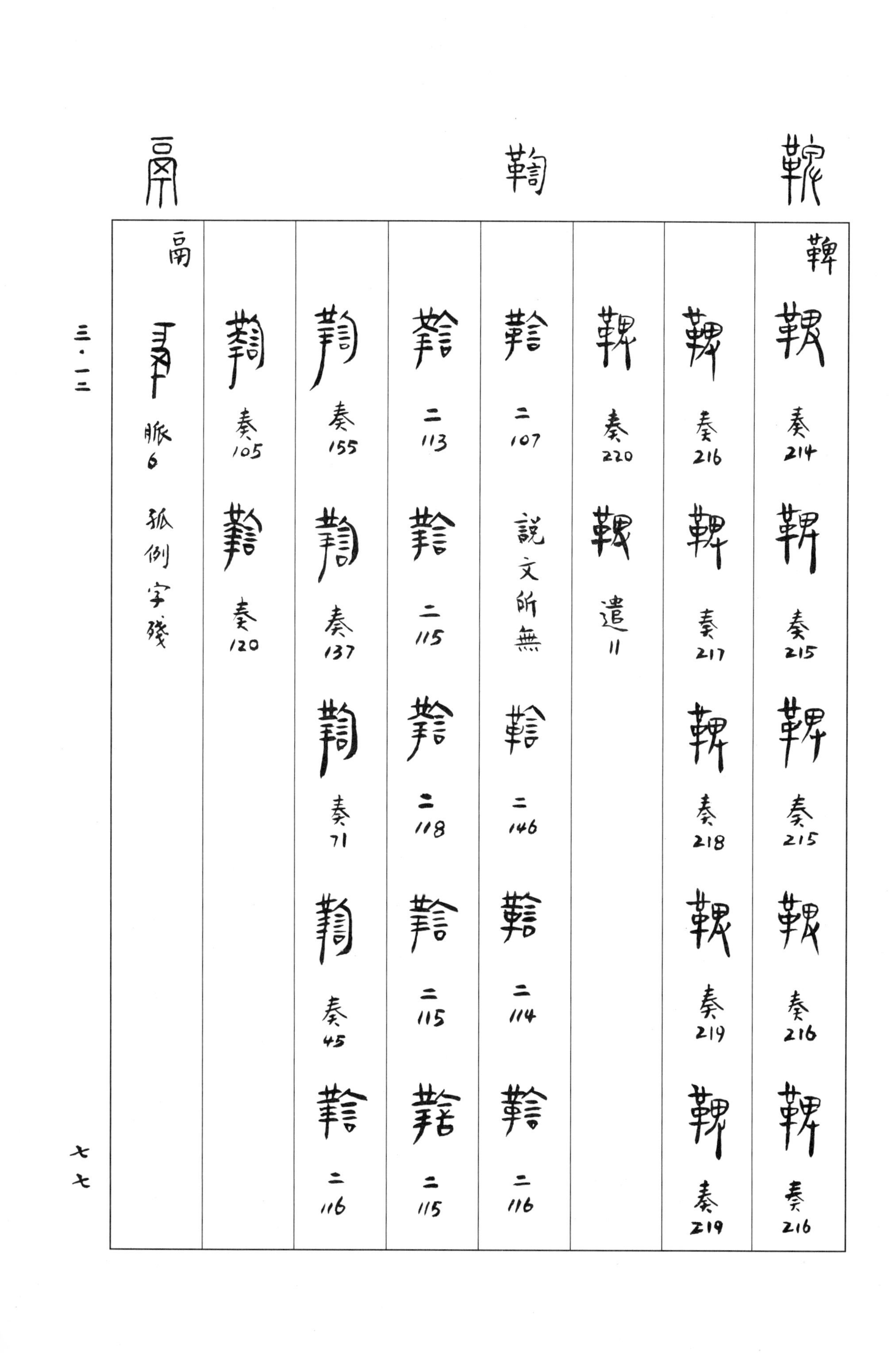

鞞

秦214	秦216	秦220	二107	二113	秦155	秦105	脈6
秦215	秦217	遣11	說文所無	二115	秦137	秦120	孤例字殘
秦215	秦218		二146	二118	秦71		
秦216	秦219		二114	二115	秦45		
秦216	秦219		二116	二115	二116		

鬲

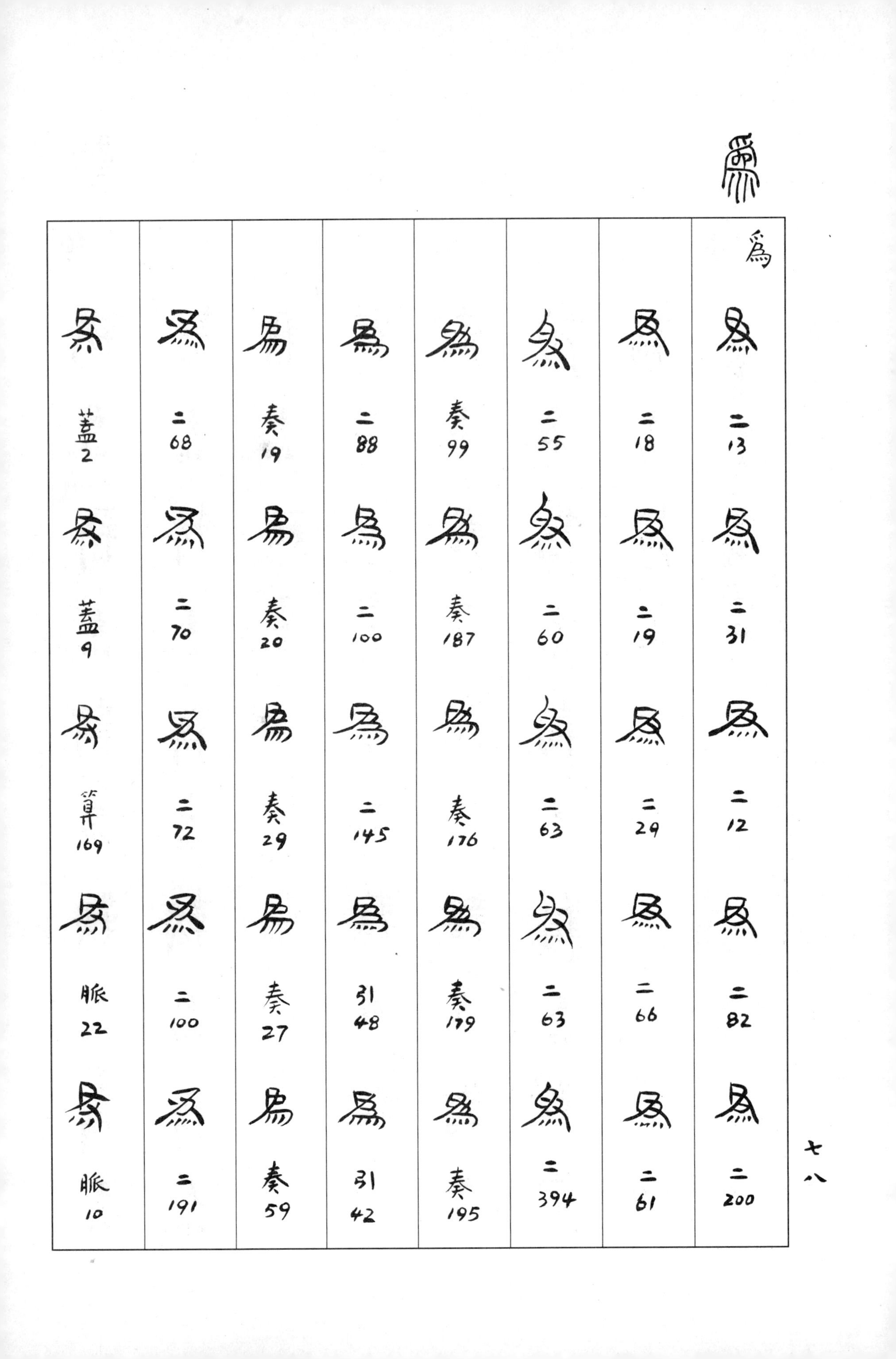

爲

爲

二13	二18	二55	奏99	二88	奏19	二68	蓋2
二31	二19	二60	奏187	二100	奏20	二70	蓋9
二12	二29	二63	奏176	二145	奏29	二72	算169
二82	二66	二63	奏179	引48	奏27	二100	脈22
二200	二61	二394	奏195	引42	奏59	二191	脈10

			埶	孰	鬭	
脈4	二356	奏20	奏50	蓋5	二20	奏37	奏158
脈5	算129	奏43	奏46	蓋12	蓋3	奏38	蓋42
脈9	算37	奏54	奏121		蓋7	奏42	二21
脈10	算59	奏60	奏122			奏45	二24
脈15	算57	奏56				奏146	二27

又	右			父			夬
算144	二88	蓋7	引92	二38	奏101	蓋6	引109
孤例字殘	二463	蓋12	引93	二42	奏180	蓋46	
	奏88	引21		二115	奏181		
	脤8	引28		二370	奏185		
	脤9	引90		二449	奏191		

三·一四

及

二 1

二 6

二 19

二 23

二 72

二 183

二 192

二 230

二 249

奏 19

奏 25

二 233

二 251

算 61

算 40

二 174

二 176

反

二 1

二 111

二 2

二 448

二 495

奏 129

奏 146

脈 20

脈 51

引 13

引 18

引 101

叔

二 425

算 90

算 109

取 段 度 卑

取			段			度	卑
二 216	奏 18	奏 19	奏 139	脈 7	二 267	二 241	奏 226
二 261	奏 30	奏 20	脈 8	脈 7	二 102	奏 170	蓋 15
二 278	奏 192	奏 34	脈 8	二 340	二 35	脈 55	引 14
二 384	脈 57	奏 157	脈 8	二 340		蓋 53	遣 38
二 475	算 83		脈 7	二 286		引 28	

史

史 二179
史 二201
史 二215
史 二297
史 二492

史 二117
史 二219
史 二232
史 奏61
史 奏67

史 奏92
史 奏97
史 奏54
史 奏130

事

事 二19
事 二104
事 二105
事 二211
事 二370

事 二183
事 奏130
事 奏26
事 奏144
事 引37

事 奏156

支

支 脈52
支 奏120
支 奏118
支 引20
支 引52

支 引59
支 引78
支 引100
支 奏114

筆	書					畫	晝
筆 遣39	書 奏123	書 引1背	書 奏1	書 二12	書 奏14	畫 遣35	晝 蓋16
	書 奏75	書 奏228背	書 奏9	書 二13	書 奏55		
	書 奏146	書 算6背	書 奏12	書 二14	書 奏57		
	書 奏147	書 奏66	書 奏29	書 二65	書 奏59		
	書 遣34	書 奏71	書 奏32	書 二116	書 奏60		

三・一六

隸　堅　豎　臣

隸				堅	豎	臣	
隸 二33	隸 二31	隸 奏206	隸 二70	堅 二1	豎 奏205	臣 二41	臣 二55
隸 二90	隸 奏65	隸 奏66	隸 二190	堅 奏88		臣 二123	臣 二193
隸 二123	隸 奏175	隸 二16		堅 脈7		臣 二124	臣 二435
隸 二124	隸 奏182	隸 二41				臣 二398	臣 奏65
隸 二249	隸 奏29	隸 二55				臣 二204	臣 奏175

臧　殿　毆

臧

臣 蓋52
臣 二70

臧 二14
臧 二19
臧 二20
臧 二58
臧 二95

臧 二60
臧 二72
臧 二55
臧 奏51
臧 奏71

臧 脈50
臧 引1

殿

殿 二476
孤例字殘

毆

毆 二99
毆 二157
毆 脈4
毆 脈5
毆 脈7

毆 脈50
毆 脈33
毆 脈54
毆 脈56
毆 脈61

毆 脈62
毆 脈64

數　毆　殿

數

數 二90
數 二90
數 二97
數 二118
數 秦23

數 秦76
數 秦77
數 引67
數 秦61
數 秦61

數 脈17
數 脈39
數 秦96
數 秦130
數 秦136

數 秦159

毆

毆 二28
毆 二30
毆 二31
毆 二32
毆 二35

毆 二39
毆 二40
毆 二41
毆 二42
毆 二46

毆 二65

殿 秦114

說文所無

殿 秦119
殿 脈12

殺 鳧 寸

殺				鳧	寸		
殺 二152	殺 二6	殺 二34	殺 奏93	鳧 引15	寸 二197	寸 二258	寸 算153
殺 二249	殺 二21	殺 二44	殺 奏155	鳧 引64	寸 二363	寸 奏165	寸 算154
殺 奏81	殺 二22	殺 二86		鳧 引64	寸 奏162	寸 奏168	寸 算158
殺 奏85	殺 二122	殺 脈50		鳧 引81	寸 奏163	寸 奏202	
殺 奏86	殺 二251	殺 奏92		鳧 引99	寸 脈58	寸 算153	

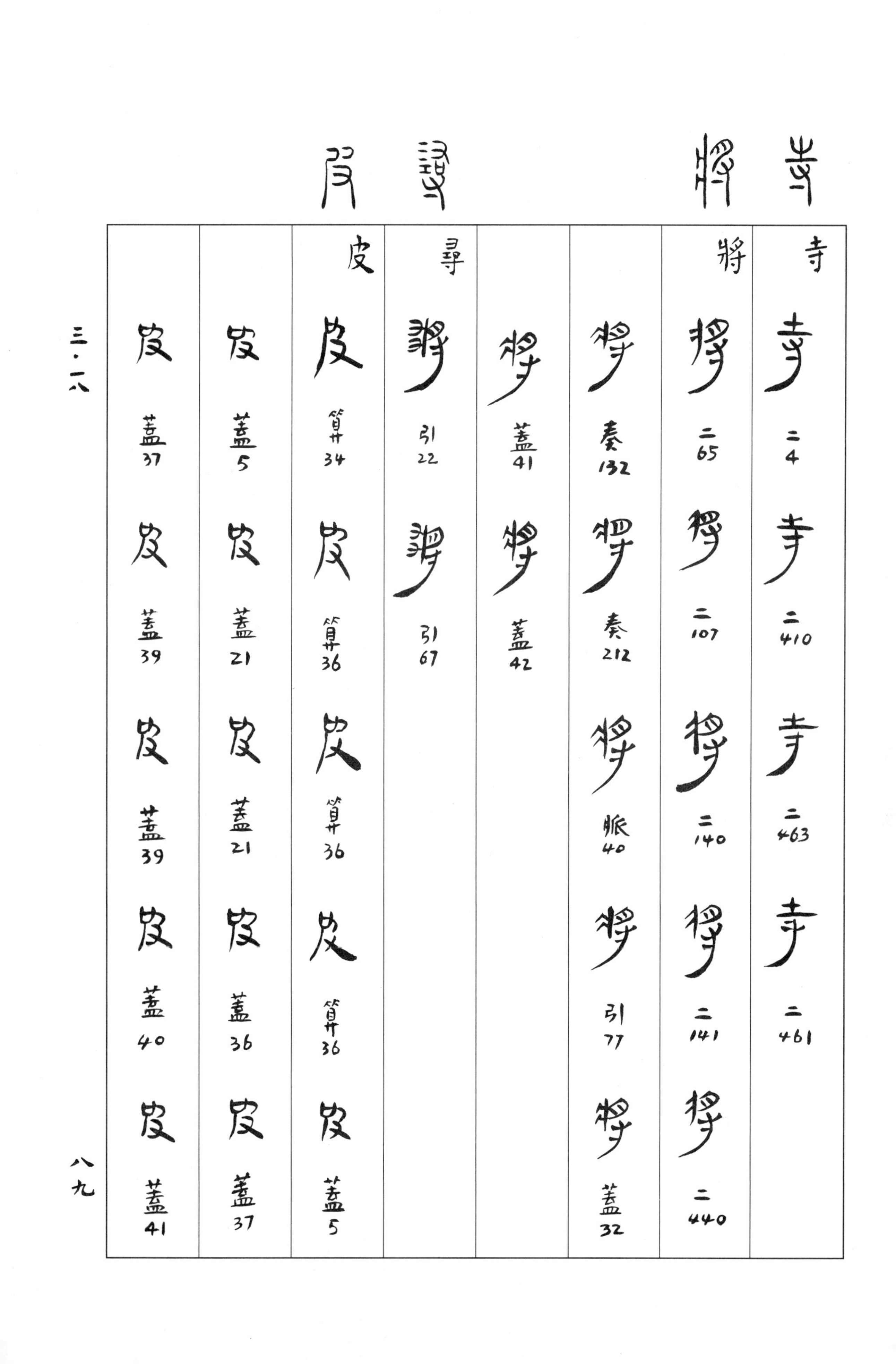

寺	將			尋	皮		
二4	二65	奏132	蓋41	引22	算34	蓋5	蓋37
二410	二107	奏212	蓋42	引67	算36	蓋21	蓋39
二463	二140	脈40			算36	蓋21	蓋39
二461	二141	引77			算36	蓋36	蓋40
	二440	蓋32			蓋5	蓋37	蓋41

徹　啟　故

徹		啟			故		
徹 二10	徹 二85	啟 二182	啟 算159	啟 二460	故 二14	故 二55	故 奏40
徹 二314	徹 二222	啟 奏54	啟 算159		故 二88	故 奏217	故 奏89
徹 二367		啟 奏54	啟 算159		故 二93	故 奏3	故 算26
徹 二367		啟 脈58	啟 算160		故 二95	故 奏11	
徹 二397		啟 算159	啟 算186		故 脈54	故 奏37	

三・一九

效	改	攸	敗		斂	救	
效 二351	改 秦100	攸 秦143	敗 二6	敗 秦133	斂 二185	救 二306	救 蓋54
效 二353	改 秦105	攸 秦151	敗 二247	敗 秦134	斂 二501	救 秦154	救 蓋49
	改 秦220	攸 秦124	敗 二248	敗 秦144	斂 蓋50	救 秦155	
	改 秦104		敗 二433		斂 遣30	救 秦222	
			敗 秦130			救 蓋46	

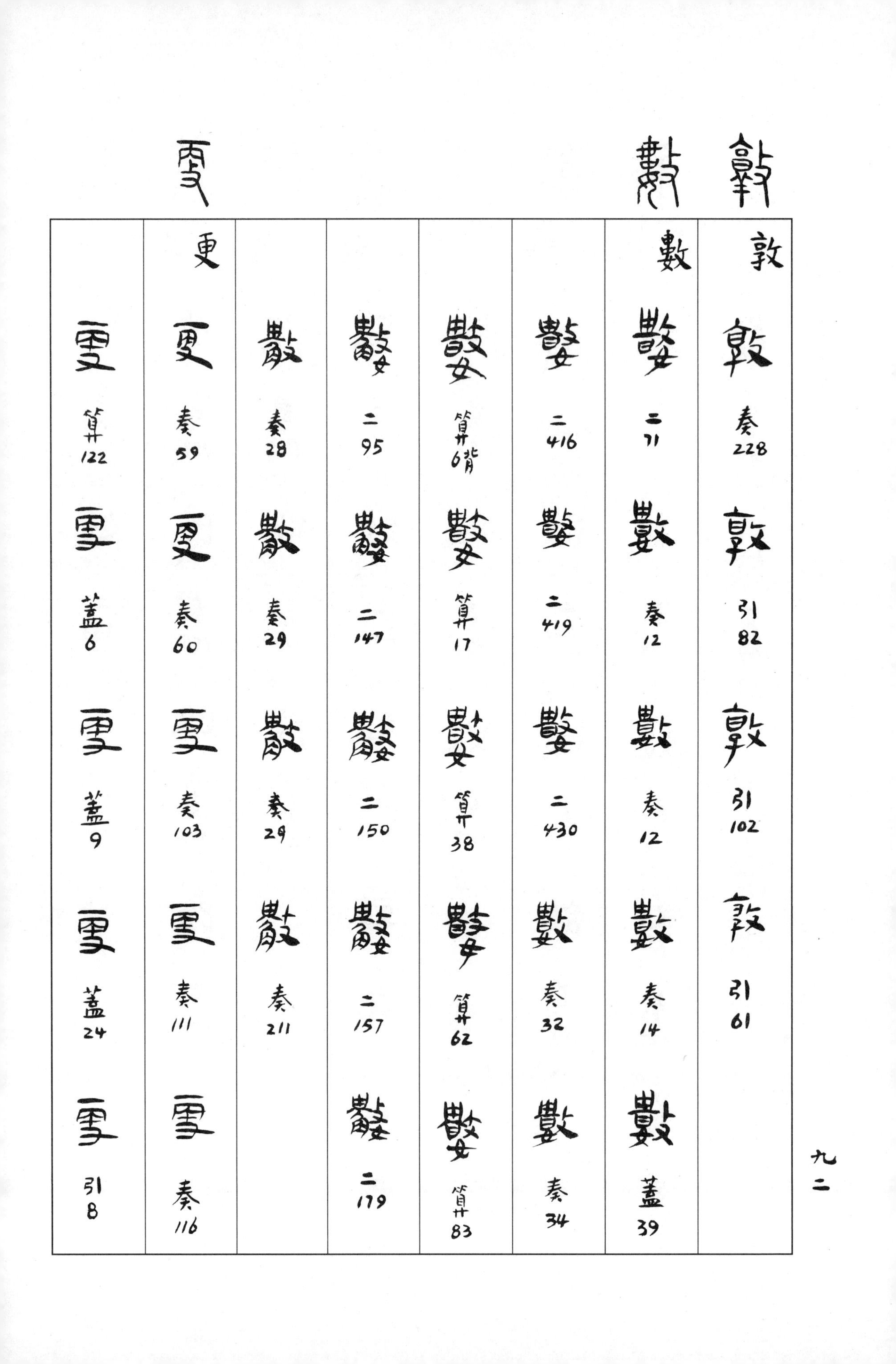

敦	數					更	
奏228	二71	二416	算6背	二95	奏28	奏59	算122
引82	奏12	二419	算17	二147	奏29	奏60	蓋6
引102	奏12	二430	算38	二150	奏29	奏103	蓋9
引61	奏14	奏32	算62	二157	奏211	奏111	蓋24
	蓋39	奏34	算83	二179		奏116	引8

寢

寢 引10　寢 引11　寢 引12　寢 引41　寢 引97

寢 二305　寢 二310　寢 二315　寢 二321　寢 二359

寢 二110　寢 二271　寢 二275

寢

寢 二90　寢 二124　寢 二293　寢 二312　寢 二316

寢 二365　寢 二405　寢 二283　寢 二129　寢 二158

寢 秦207

變

變

變 二31　變 二213　變 秦2　變 秦3　變 蓋4

變 二233　變 秦4

牧		收		攻			毀
牧		收		攻			
牧 二35	牧 二422	收 二19	收 二175	攻 二1	攻 蓋47	攻 蓋34	毀 蓋1 說文所無
牧 二38	牧 二49	收 二38	收 奏212	攻 蓋9	攻 算54		毀 蓋2
牧 二254		收 二90	收 引1	攻 蓋18	攻 蓋51		
牧 二433		收 二165	收 引109	攻 蓋19	攻 蓋54		
牧 二490		收 二174		攻 蓋28	攻 蓋52		

三·二

占		卜		學		教	
奏 14	二 390	二 484	二 461	奏 178	二 279	奏 191	二 36
奏 28	二 498		二 474	奏 178	二 365	奏 191	二 57
奏 66	奏 10		二 480		二 474		奏 133
奏 32	奏 11		二 481		二 480		奏 181
	奏 12		二 482		引 66		奏 191

用

二18

二27

二241

二382

脈58

蓋5

蓋17

蓋22

引4

庸

二172

二396

奏201

二454

奏111

奏206

文一百六十四　重一千零五十九

張家山漢簡文字編

張守中撰集

第四

四·一

目

目 脈2　目 脈6　目 脈15　目 脈18　目 蓋18

目 引90　目 引91　目 脈17　目 脈40　目 脈51

目 引91

睆

睆 二357　睆 二485　睆 二408

睘

睘 算149　睘 算153　睘 算156

瞗

瞗 奏126　瞗 奏124

瞻 相 盯 眈 盾 自

瞻	相				盾	自	
瞻 奏213	相 二62	相 筭30	盯 二27 說文所無	眈 脈40 說文所無	盾 二504	自 二25	自 筭29
瞻 奏223	相 二66	相 筭6			盾 蓋1	自 二63	自 蓋50
	相 二71				盾 引56	自 二73	自 引49
	相 二117					自 二114	
	相 奏118					自 奏10	

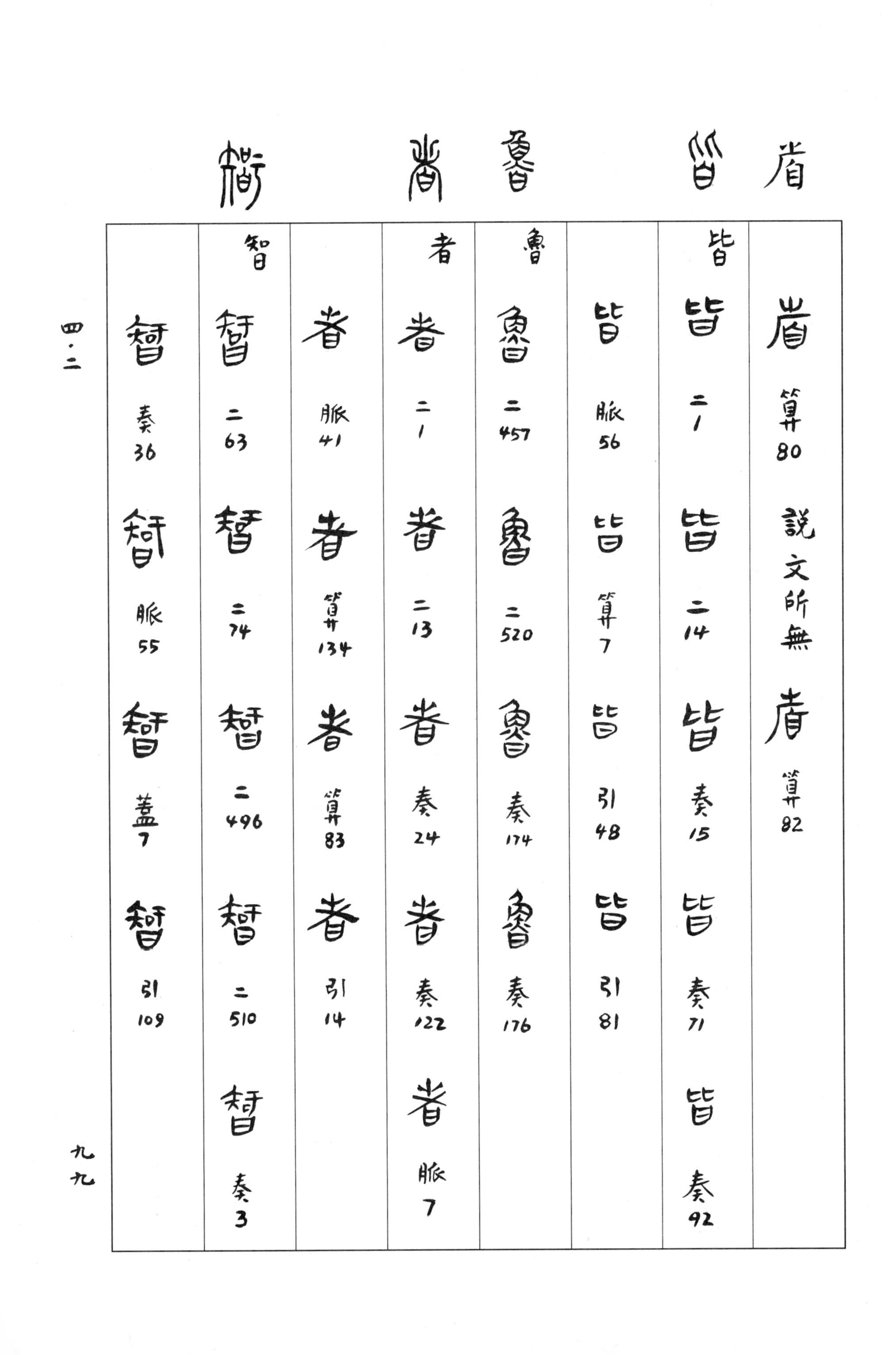

	皆		魯	者		智	
算80	二1	脈56	二457	二1	脈41	二63	奏36
說文所無	二14	算7	二520	二13	算134	二74	脈55
算82	奏15	引48	奏174	奏24	算83	二496	蓋7
	奏71	引81	奏176	奏122	引14	二510	引109
	奏92			脈7		奏3	

百　鼻　鼽　羽

百			鼻		鼽	羽	
二55	脈56	奏70	二27	引27	引84	算57	算131
二91	算11	奏72	脈2	引84	引37	算57	算131
二122	算12	算11	脈6	引100		算131	
奏71	算14		脈25			算131	
奏89	奏128					算131	

翁
翁 引9

翟
翟 二449

二451

羿
秦82

説文所無

秦82

雅
雅 二113

秦115

秦218

秦220

秦221

離
離 二104

秦82

秦143

秦156

引9

雕
雕 二452

二459

脈51

雍
雍 秦99

秦105

秦100

秦123

秦121

秦121

字	出處
雒	二218；二451；奏88
雞	二268；引101
雇	引13；引14；引64；引64；引93；引100；引31
雉	二457；蓋47
雋	二457
奪	二143；二186；二186；二260；二483；奏147；奏149；蓋7；蓋51

羊	䍦	群			美	烏	鳳
羊	䍦	群			美	烏	鳳
羊 二253	䍦 奏61	群 二62	群 二65	群 二64	美 二459	烏 蓋17	鳳 蓋4
羊 二253		群 二63	群 二146	群 二140	美 奏165		
羊 二254		群 二153	群 二155	群 二153	美 算141		
羊 脈15		群 奏157	群 二494				
羊 蓋6		群 蓋52	群 奏146				

難 鳴 於 焉 畢

難

二 335

奏 134

奏 156

奏 227

蓋 48

鳴

脈 8

脈 11

脈 15

奏 200

於

二 60

二 242

奏 185

引 106

脈 17

二 215

引 106

脈 27

脈 39

脈 55

脈 58

奏 194

奏 122

焉

二 234

二 229

二 230

筭 29

引 103

筭 39

引 109

畢

脈 60

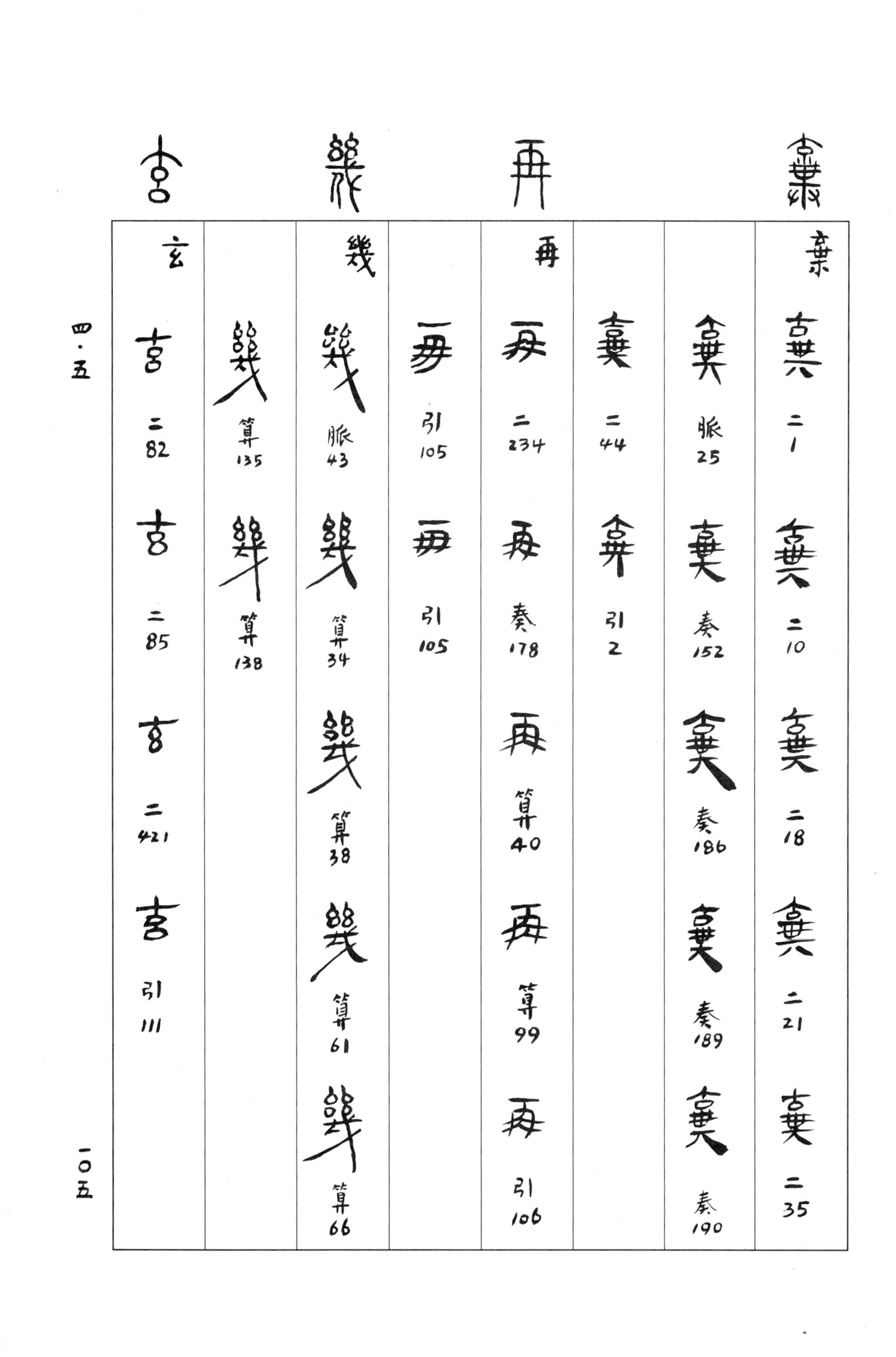

棄

二 1
二 10
二 18
二 21
二 35

脤 25
奏 152
奏 186
奏 189
奏 190

二 44
引 2

再

二 234
奏 178
算 40
算 99
引 106

引 105
引 105

幾

脤 43
算 34
算 38
算 61
算 66

算 135
算 138

玄

二 82
二 85
二 421
引 111

四·五

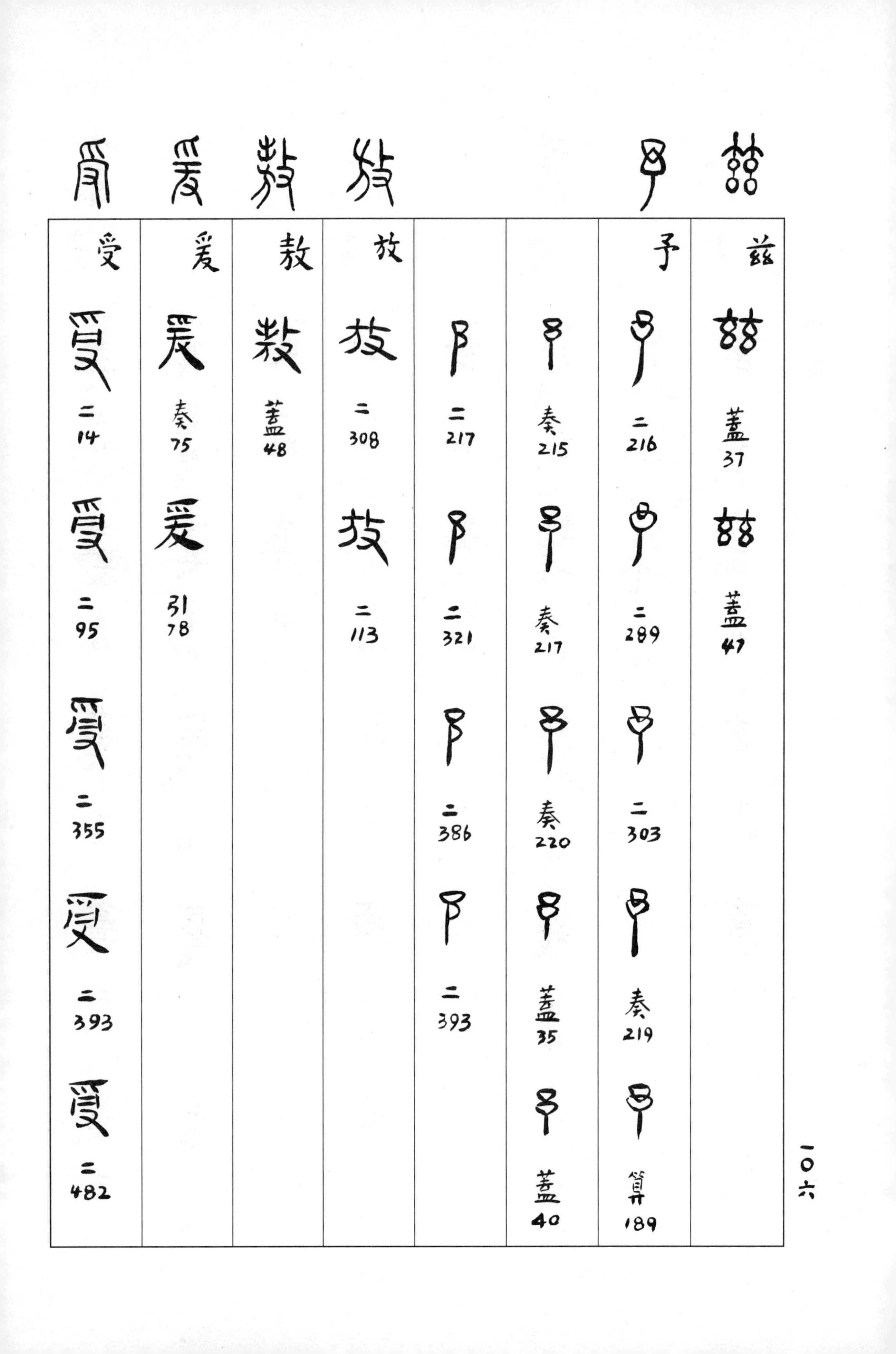

茲	予			放	敖	爰	受
蓋 37	二 216	奏 215	二 217	二 308	蓋 48	奏 75	二 14
蓋 41	二 289	奏 217	二 321	二 113		引 78	二 95
	二 303	奏 220	二 386				二 355
	奏 219	蓋 35	二 393				二 393
	算 189	蓋 40					二 482

			殊			敢	爭		
二288	說文所無 二288		殊 二197	敢 蓋33；敢 二31	敢 奏17；敢 奏23；敢 奏28；敢 奏68；敢 奏227	敢 二143；敢 二184；敢 二197；敢 216；敢 二249	爭 二31；爭 二380；爭 蓋32；爭 奏201；爭 二335	受 引2；受 算54；受 算55	受 算26；受 奏215；受 奏10；受 奏52；受 引21

死			别			骨	
二21	奏87	脈53	二176	奏142	奏216	脈29	脈29
二24	奏135	脈50	二332	奏143	說文所無	脈46	脈41
二39	奏151	脈50	奏129	奏145		脈54	脈54
二96	奏180	蓋26	奏137	奏154		脈55	
二142	奏193		奏141				

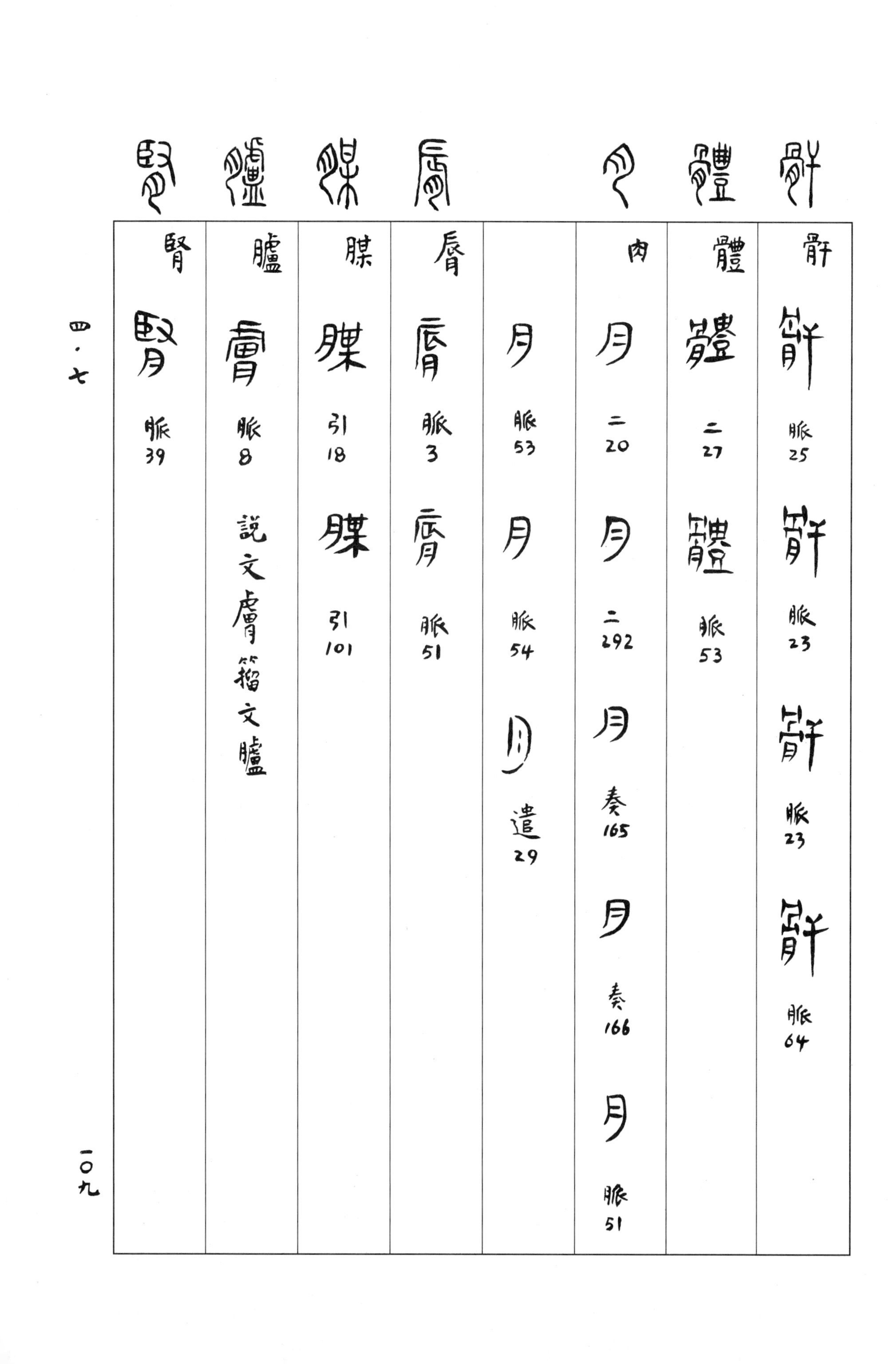

四·七

骭	體	肉		脣	腜	臚	腎
脈25	二27	二20	脈53	脈3	引18	脈8	脈39
脈23	脈53	二292	脈54	脈51	引101	說文膚籀文臚	
脈23		奏165	遣29				
脈64		奏166					
		脈51					

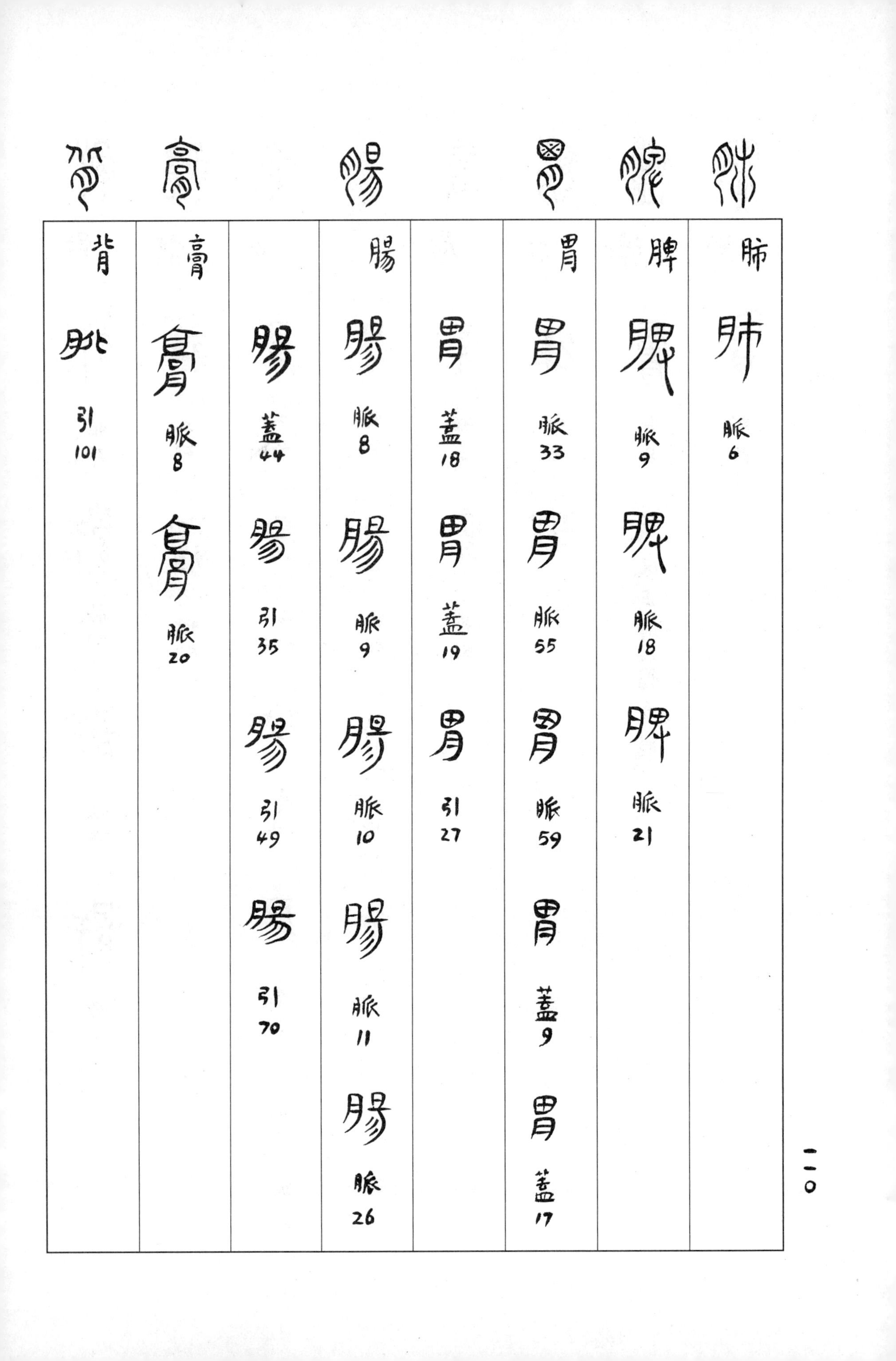

字	出處
肺	脈6
脾	脈9、脈18、脈21
胃	脈33、脈55、脈59、蓋9、蓋17
胃	蓋18、蓋19、引27
腸	脈8、脈9、脈10、脈11、脈26
腸	蓋44、引35、引49、引70
膏	脈8、脈20
背	引101

脇	膺	肩		胠	臂		臑
脈20	引28	奏110	引78	脈18	脈27	引27	脈46
脈20	引65	奏118	引96	脈19	脈29	引28	脈27
脈47	引65	脈27	引101	脈25	脈46	引95	脈32
引48	引73	脈28		蓋38	脈47	引68	二142
		引14		引101	脈64		

字頭	出處
肘	脈27；脈28；脈29
腹	二376；脈7；脈9；脈13；脈25；引35；引53；引72；引74
胅	二27
股	二142；奏114；脈21；脈33；引8；引38；引43；引53；引56；引57；引61；引68
肖	脈13

四·九

字頭	出處
胻	二142；脈12；脈13；引8；引9
	引40
腨	脈18；脈19；脈39
臞	蓋33；蓋43
脱	脈18；脈27
胗	脈8
胥	蓋1；蓋2；蓋24；蓋29；蓋15
	蓋9；蓋46；蓋35

肤	隋	胡	脩	朐	脯	肍	膫
二 27	脈 8	二 457	奏 153	二 451	二 20	脈 2	脈 12
	二 457	奏 26	奏 156	二 518	二 20	脈 25	
		奏 28	二 247	脈 54	遣 21		
			奏 134		遣 33		
			奏 135				

字頭	出處
[illegible]	奏164
膞	奏164
[illegible]	二433；脈50；脈52；脈56
脂	算79；算79；算79；算80；算80
膹	引62
肥	奏164；脈55
[illegible]	脈25
肯	脈7　說文所無

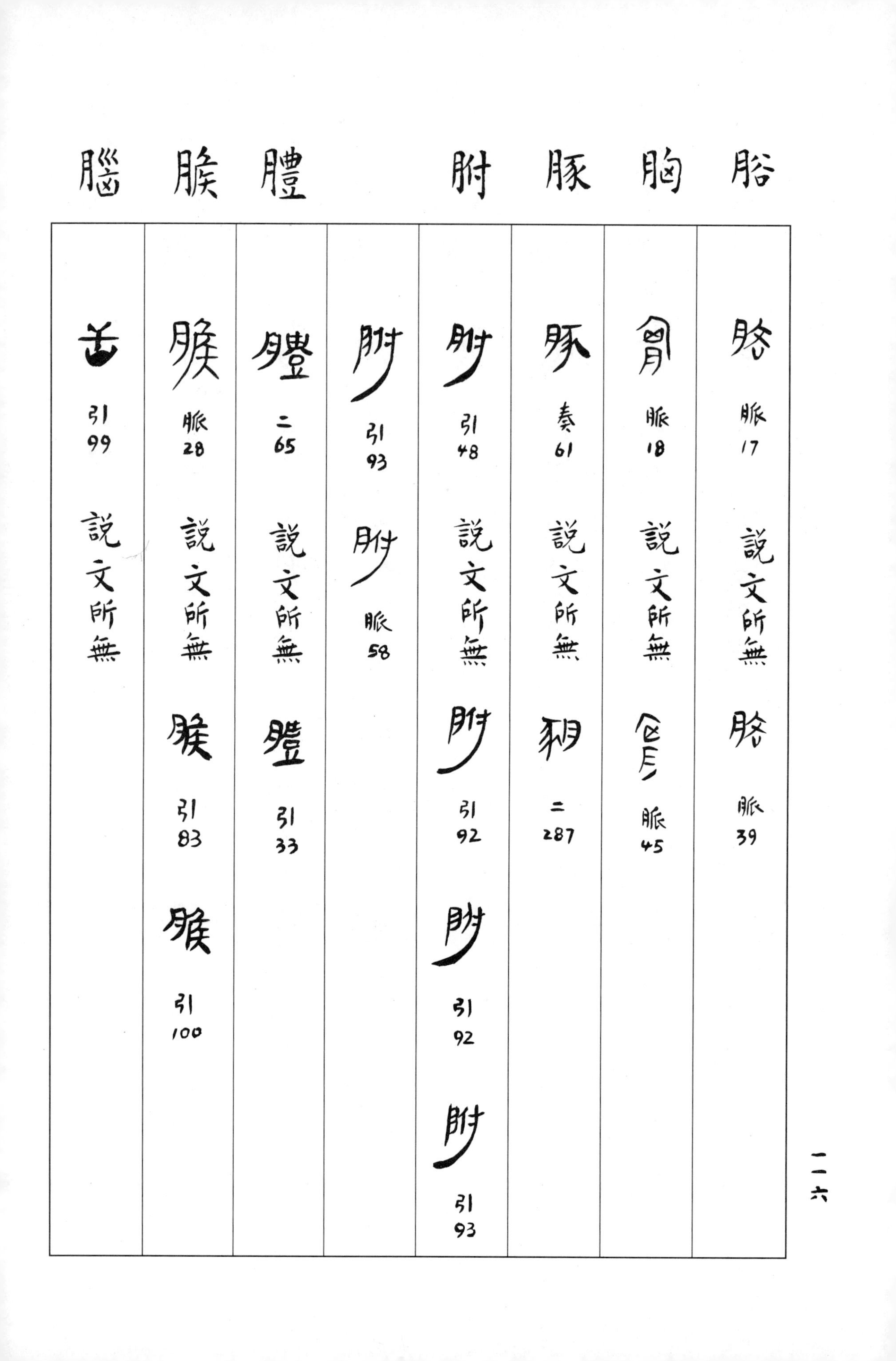

胳	胸	豚	胕		體	⿰月侯	腦
脈 17	脈 18	奏 61	引 48	引 93	二 65	脈 28	引 99
說文所無	說文所無	說文所無	說文所無	脈 58	說文所無	說文所無	說文所無
脈 39	脈 45	二 287	引 92		引 33	引 83	
			引 92			引 100	
			引 93				

字頭	字形出處	說明
肥	引13	說文所無
胭	引100	說文所無
膴	脈17	說文所無
脈	脈17；脈19；脈25；脈29	說文所無
	脈47；脈50；引90；引90；引92	
	引92；引93；引99；引99	
脾	脈3	說文所無
臏	脈23	說文所無

四・一一

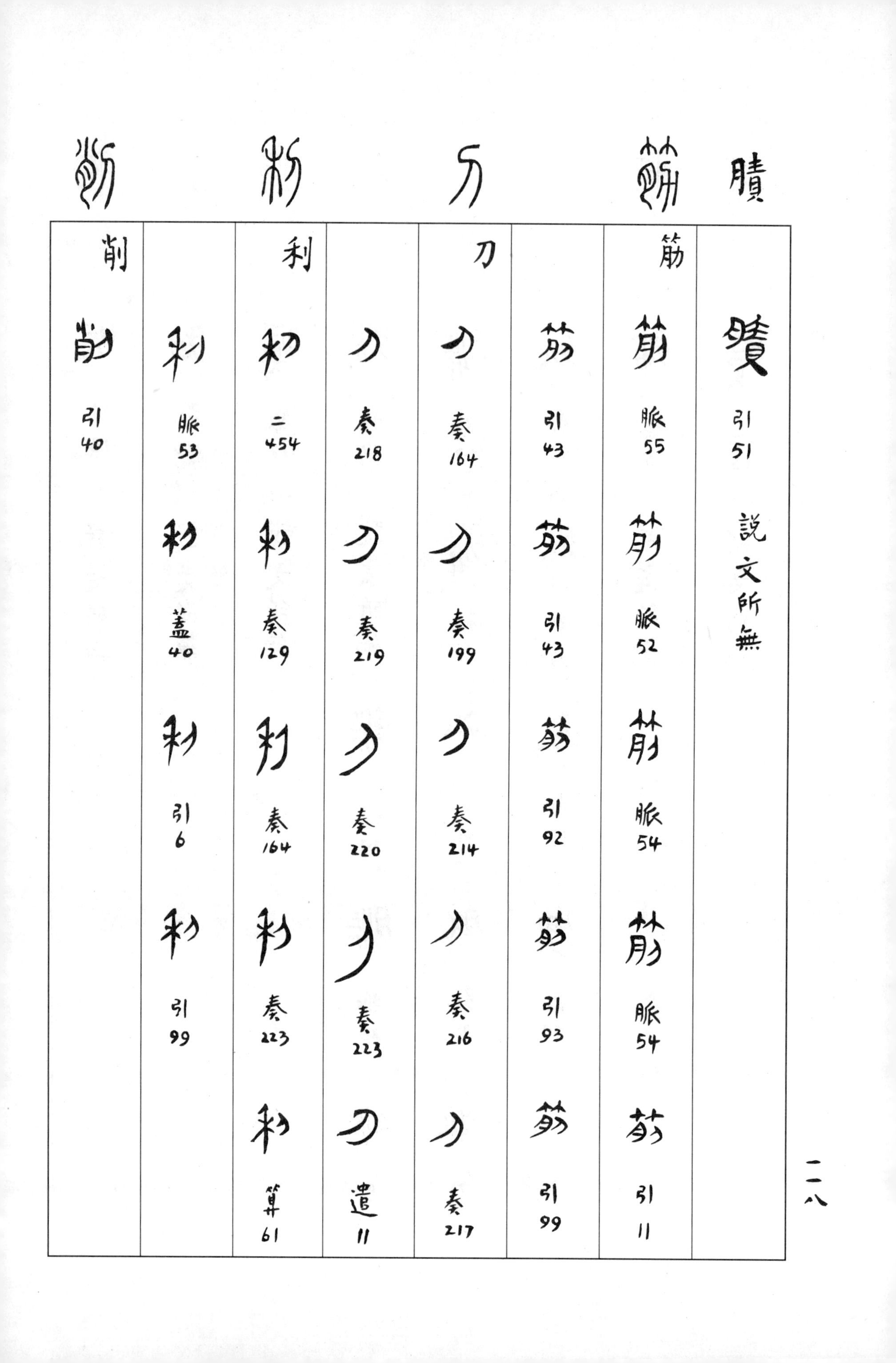

⿰月責	筋		刀		利		削
引51	脈55	引43	奏164	奏218	二454	脈53	引40
說文所無	脈52	引43	奏199	奏219	奏129	蓋40	
	脈54	引92	奏214	奏220	奏164	引6	
	脈54	引93	奏216	奏223	奏223	引99	
	引11	引99	奏217	遣11	算61		

字頭	出處
初	算 132；奏 117；奏 177
則	脈 20；脈 24；脈 27；脈 29；蓋 31
	蓋 32；引 14；引 108；引 112；引 92
刻	奏 17；奏 19；奏 19；奏 64；奏 77
	奏 134
副	二 14；二 331；奏 136
列	二 260；蓋 6
剛	蓋 6

刊	辧		切	制		罰	
二 494	二 216	二 268	奏 164	二 11	二 511	二 4	奏 62
	二 334		奏 164	二 265	二 512	二 7	奏 174
	二 429		奏 165	二 492	二 515	二 15	奏 174
	二 429			二 496	二 520	二 28	奏 176
	二 459			二 503		二 97	二 56

刑				券			劇
二51	二82	蓋51	二107	二14	奏202	奏224	引108
二52	二91	奏73	二137	二334	奏202		
	二114	奏73	二205	二335	奏205		
	二121		二124	算93	奏221		
	蓋9			算94	奏225		

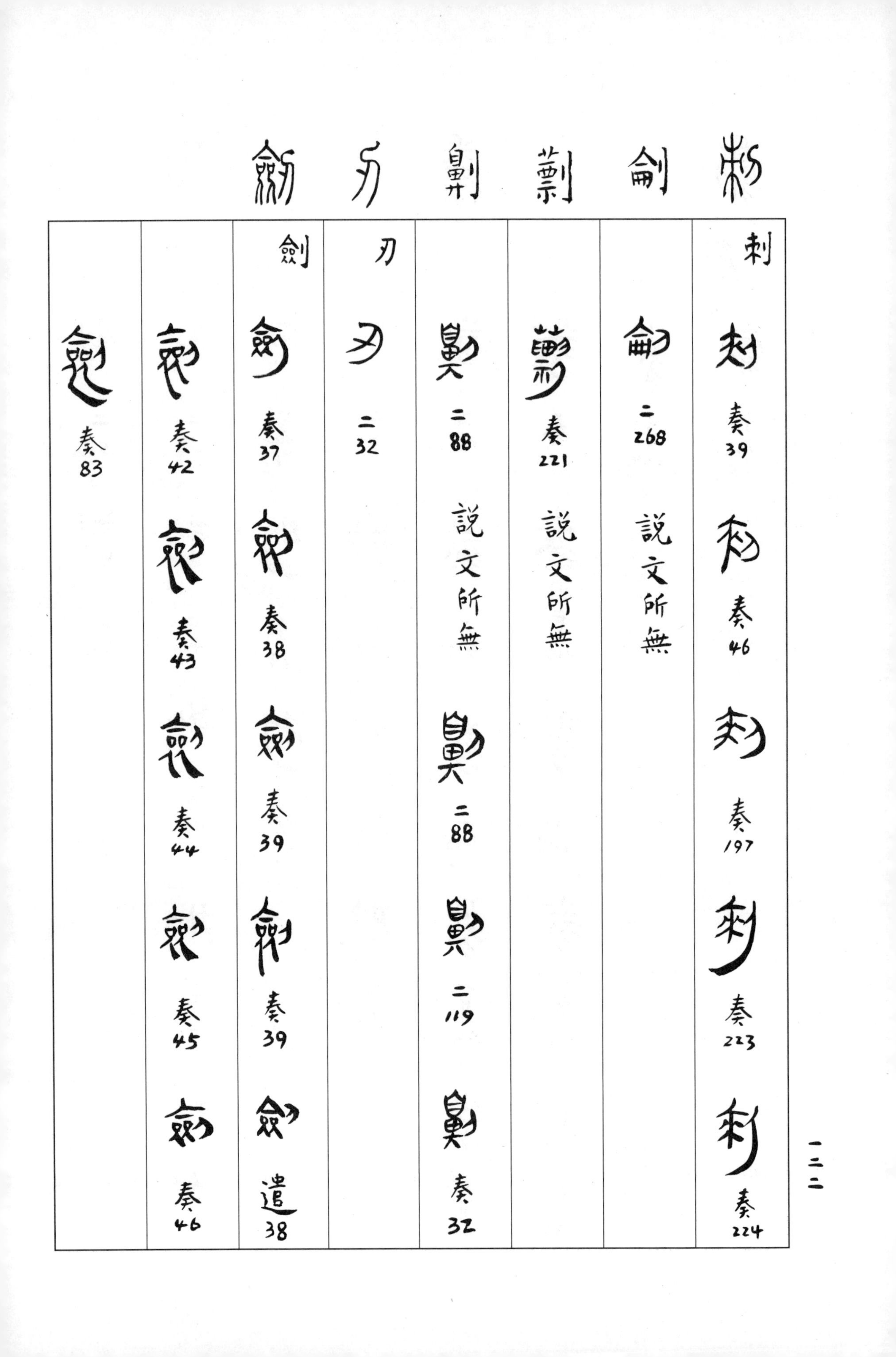

刺				刃	劍		
奏39	二268	奏221	二88	二32	奏37	奏42	奏83
奏46	説文所無	説文所無	説文所無		奏38	奏43	
奏197			二88		奏39	奏44	
奏223			二119		奏39	奏45	
奏224			奏32		遣38	奏46	

耤

耤 算151

耤 算165

角

角 脈17

解

解 奏5

解 奏12

解 奏13

解 奏20

解 奏22

解 奏29

解 奏32

解 奏34

解 奏42

解 奏141

觸

觸 脈37

觸 蓋40

文一百四十九 重五百一十九

張家山漢簡文字編

張守中撰集

第五

竹

竹 算70

竹 算71

竹 算129

竹 遣22

節

節 二19

節 二306

節 二242

節 二413

節 二514

節 奏178

節 奏211

節 脈15

節 算163

籍

籍 二157

籍 二318

籍 奏136

籍 奏140

籍 奏142

籍 奏152

篇

篇 二475

孤例字殘

五·一

范	籥	簡	等	(等)	符	箸	笄
蓋12	引111	算70	二95	奏213	二74	奏58	奏199
	二305	算70	二114	奏139	奏28	引72	
		算71	二132		奏29		
			二166		奏32		
			算17		奏33		

簞	筩	⿱竹互	笱		笞		箇
簞	筩	⿱竹互	笱		笞		箇
簞 脈63	筩 遣15	互 筭29	笱 奏129	笱 遣15	笞 二32	笞 奏118	箇 筭129
孤例字殘	筩 遣16	說文互⿱竹互或省	笱 奏136	笱 遣29	笞 二39	笞 奏119	箇 筭71
	筩 遣17	互 筭30	笱 奏141	笱 遣34	笞 二48		
	筩 遣18	互 筭133	笱 奏152		笞 二86		
	筩 遣19				笞 二91		

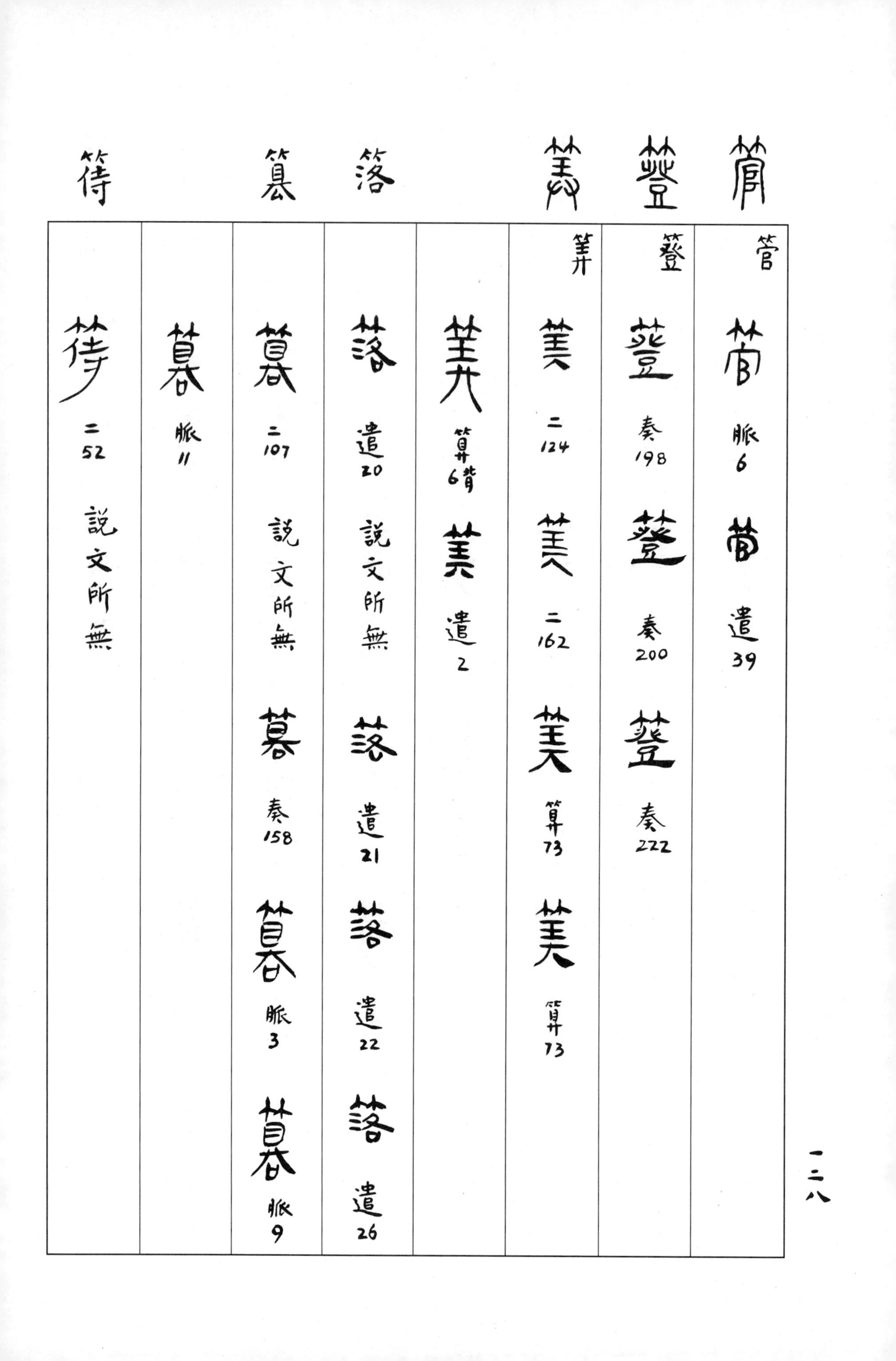

⿱竹侍	簊		⿱竹洛		筭	簦	管
					筭	簦	管
二52	脈11	二107	遣20	筭6背	二124	奏198	脈6
說文所無		說文所無	說文所無	遣2	二162	奏200	遣39
		奏158	遣21		筭73	奏222	
		脈3	遣22		筭73		
		脈9	遣26				

篋	簽	簿	簪		箕		
					箕		
篋 二331 說文所無	簽 遣14 說文所無 簽 遣22 簽 遣21	簿 奏124 說文所無 簿 奏54 簿 奏56	簪 二292 說文所無 簪 二355 簪 二357 簪 二359	簪 奏80 簪 奏82	其 二2 其 二4 其 二6 其 脈2 其 脈12	其 奏190 其 奏167 其 奏181 其 蓋5 其 引88	其 二175 其 二176 其 奏34 其 奏60 其 奏136

丌　典　畀　奠　左

丌	典		畀		奠	左	
丌 引49	典 二201	典 二440	畀 二30	畀 奏16	奠 二492	左 二135	左 奏34
丌 引49	典 二329	典 二201	畀 二59	畀 奏122		左 二315	左 奏205
丌 引49	典 二390	典 二305	畀 二108	畀 奏123		左 二488	左 引71
	典 奏197		畀 二135	畀 引48		左 脈8	左 引28
			畀 二160			左 脈9	左 引57

五·四

工 巧 巨 式 亟 甚

	工	巧	巨	式	亟	甚	
蓋 12	二 278	二 279	引 105	脈 58	二 448	奏 165	蓋 44
	二 461	奏 153		蓋 48	二 518	奏 166	引 83
		奏 226				脈 20	
						脈 24	
						蓋 31	

曰

二107	脈59	蓋13
二275	脈60	引8
奏7	算7	引10
奏9	算17	
奏10	蓋12	

曹

奏7

乃

二36	奏13	奏42
二106	奏198	
二114	奏199	
二279	脈56	
二376	蓋38	

寧

奏181

奏185

五·五

可

- 二17
- 二57
- 二239
- 奏110
- 奏119

- 奏169
- 脈7
- 脈20
- 算19
- 蓋28

- 蓋43

奇

- 奏213

于

- 二74
- 二176
- 奏80
- 奏105
- 奏145

- 蓋18

平

- 二186
- 二242
- 二454
- 奏63
- 奏89

- 奏101
- 奏102

嘗

嘗 二390
嘗 奏214
嘗 奏219
嘗 奏216
嘗 奏220
嘗 奏225

喜

喜 脤24
喜 算40
喜 蓋7
喜 蓋29
喜 蓋48
喜 蓋52
喜 引107

憙

憙 奏17
憙 奏28

彭

彭 引1
彭 脤44

嘉

嘉 奏1
嘉 奏100
嘉 奏101
嘉 奏102
嘉 奏105

鼓

鼓 二437
鼓 蓋17
鼓 蓋18

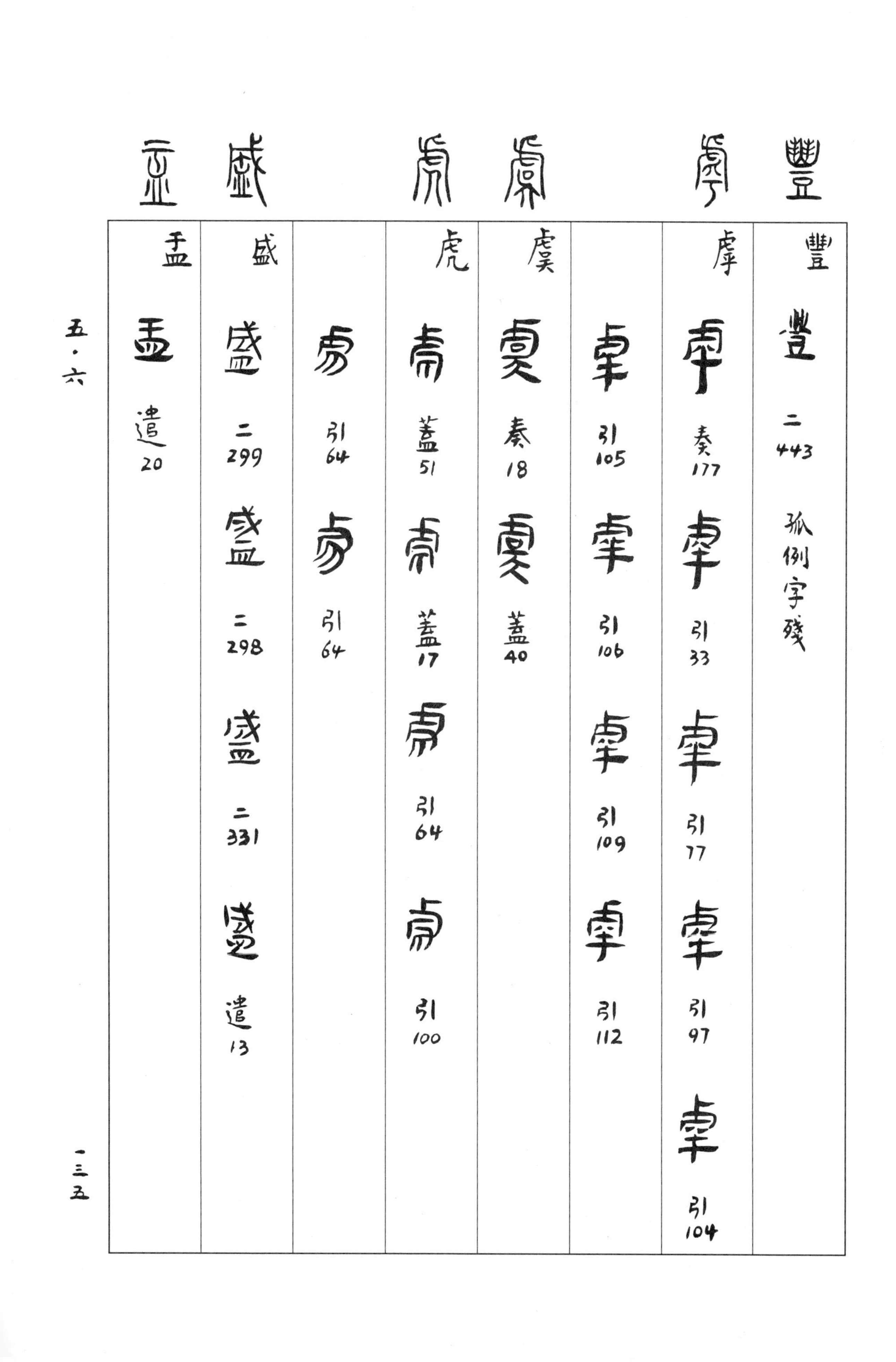

豐	虖		虞	虎		盛	盂
二 443	奏 177	引 105	奏 18	蓋 51	引 64	二 299	遣 20
孤例字殘	引 33	引 106	蓋 40	蓋 17	引 64	二 298	
	引 77	引 109		引 64		二 331	
	引 97	引 112		引 100		遣 13	
	引 104						

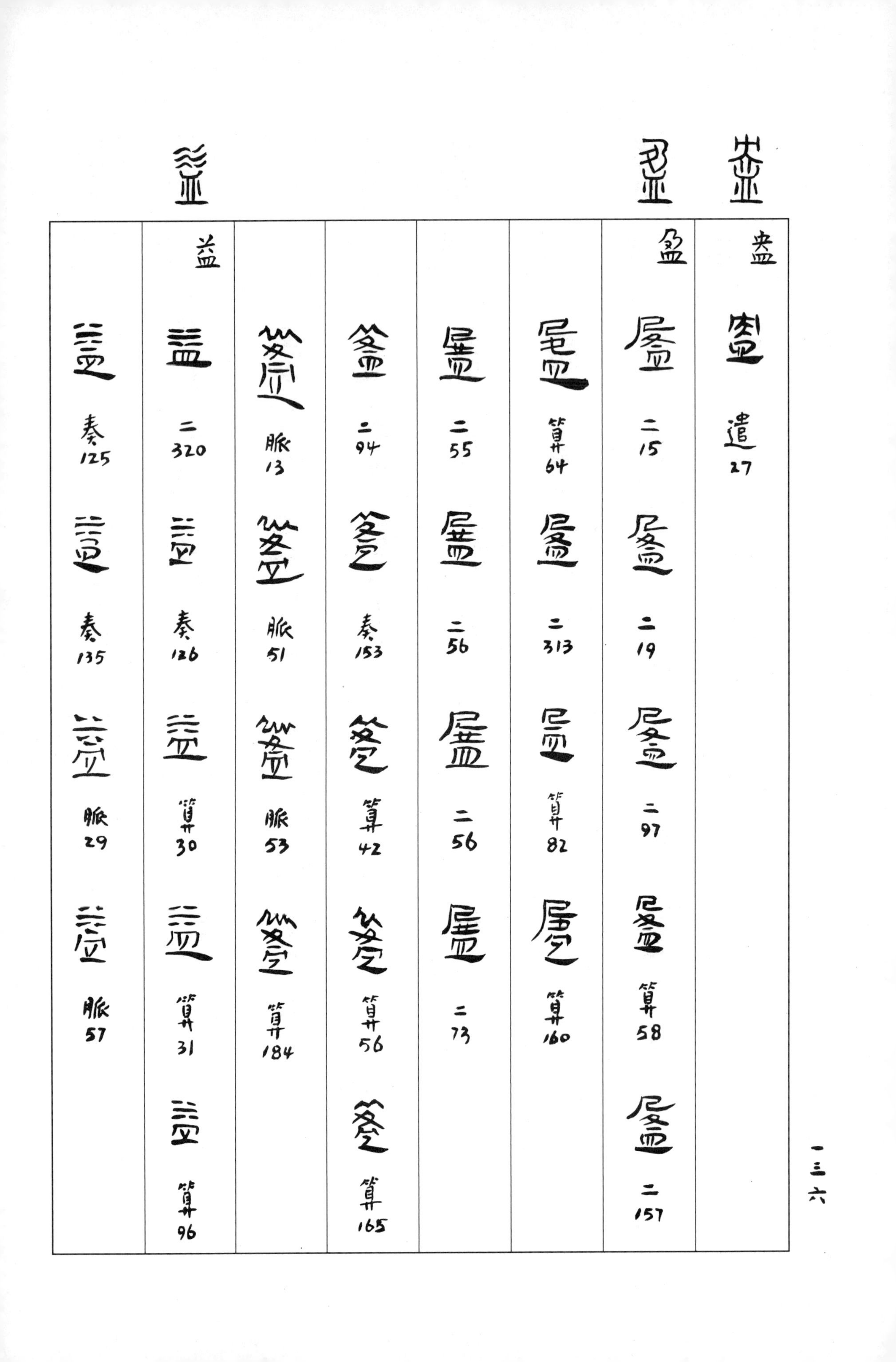

盅

遣27

盈

二15　二19　二97　算58　二157

算64　二313　算82　算160

二55　二56　二56　二73

二94　奏153　算42　算56　算165

脈13　脈51　脈53　算184

益

二320　奏126　算30　算31　算96

奏125　奏135　脈29　脈57

盬	盡			盧		去	
二299	二7	奏78	二72	二455	算129	二1	蓋40
二298	二20	奏106	二122	算130		二167	蓋30
	二235	奏110	二91	奏165		奏2	引84
	二419	奏144	脈13	算129		奏5	引72
	二422	奏164	算164	算129		奏9	引109

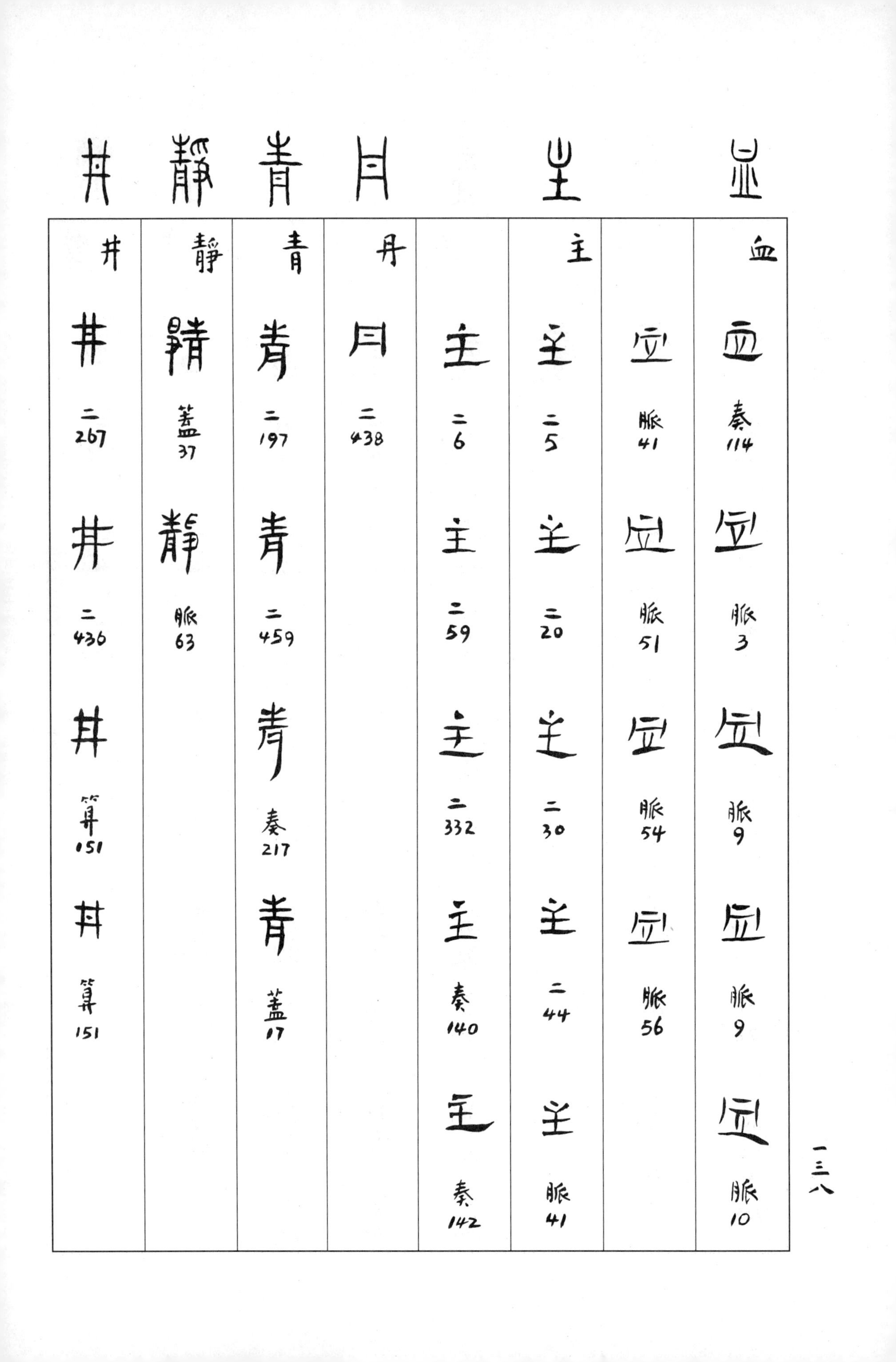

血		主		丹	青	靜	井
奏 114	脈 41	二 5	二 6	二 438	二 197	蓋 37	二 267
脈 3	脈 51	二 20	二 59		二 459	脈 63	二 436
脈 9	脈 54	二 30	二 332		奏 217		算 151
脈 9	脈 56	二 44	奏 140		蓋 17		算 151
脈 10		脈 41	奏 142				

穽	即			既	爵		
二251	奏10	二57	奏114	算132 孤例字殘	二174	奏66	二395
	奏11	奏3	奏207		二186	奏72	
	算164	奏24	脈9		二289	奏88	
	算187	奏81	算17		二292	奏90	
	算187	奏104	算29		二364	奏64	

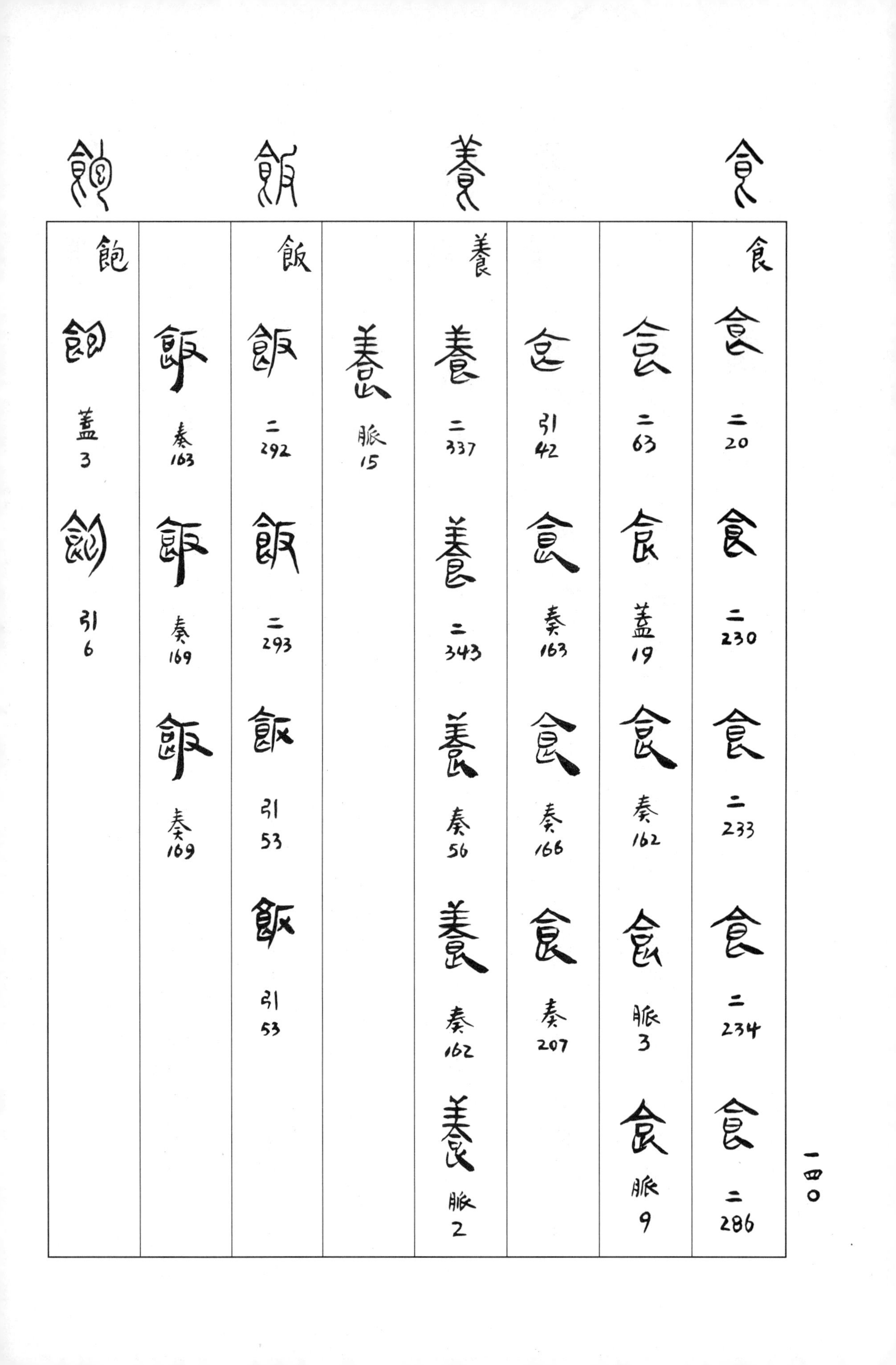

食 養 飯 飽

食

- 二20；二230；二233；二234；二286
- 二63；蓋19；奏162；脈3；脈9
- 引42；奏163；奏166；奏207

養

- 二337；二343；奏56；奏162；脈2
- 脈15

飯

- 二292；二293；引53；引53
- 奏163；奏169；奏169

飽

- 蓋3；引6

餘		館	飢	饒	饐	餽	饑
餘		館	飢	饒	饐	餽	饑
餘 二241	餘 奏83	館 二459	飢 蓋31	饒 二452	饐 脈41	餽 二63	饑 蓋54
餘 二382	餘 算66	館 脈27	飢 引6				
餘 二414	餘 算29		飢 蓋36				
餘 二255	餘 算38		飢 脈40				
餘 算134	餘 奏36						

飾
- 二493
- 說文所無　孤例字殘

餐
- 引97
- 說文所無

合
- 算21
- 蓋40
- 引86
- 遣2
- 遣38

僉
- 引9

今
- 二343
- 二518
- 奏24
- 奏37
- 奏75
- 奏162
- 奏189
- 算80
- 算28
- 奏178
- 奏18
- 奏227
- 奏149

侖
- 引111

舍 會 倉 人

舍			會	倉	入		
舍 奏65	舍 蓋13	舍 奏67	會 二474	倉 二449	人 二52	人 奏77	人 脈29
舍 奏74	舍 蓋31	舍 二4	會 二123	倉 二449	人 二79	人 奏167	人 蓋19
舍 奏70	舍 蓋33	舍 二167	會 二269	倉 二462	人 二95	人 奏169	人 引2
舍 奏80	舍 蓋44		會 奏151	倉 二471	人 二97	人 奏171	
舍 奏206	舍 奏83				人 二260	人 奏172	

矢　銗　鈌　䍃　全　内

矢	銗	鈌	䍃	全			内
二 18	二 429	二 102	引 9	算 184	二 471	奏 60	二 82
二 19		二 197	引 9		奏 88	奏 203	二 85
算 57		二 478	引 63			脈 13	二 119
算 131		二 516				脈 17	奏 56
算 131		脈 44				脈 39	引 90

射 矰 侯 短 矣

	射	矰	侯		短	矣	
矢 算 131	射 二 414	矰 算 13	侯 二 1	侯 奏 24	短 蓋 1	矣 脈 43	矣 奏 134
矢 遣 35	射 二 466	矰 算 166	侯 二 10	侯 奏 25	短 二 141	矣 脈 53	矣 奏 150
	射 二 467		侯 二 85	侯 奏 88		矣 算 17	
			侯 奏 20	侯 奏 90		矣 引 86	
			侯 奏 22			矣 引 107	

高		亭		市		央	
二294	算146	二1	奏37	二2	奏89	二449	蓋3
二363	算149	二266	奏40	二4	奏93	二461	蓋6
二449	蓋11	二471	奏61	二10	奏186	二466	蓋19
算141	引72	二523	奏75	二18	奏200	二467	
算143			算149	二201		脈39	

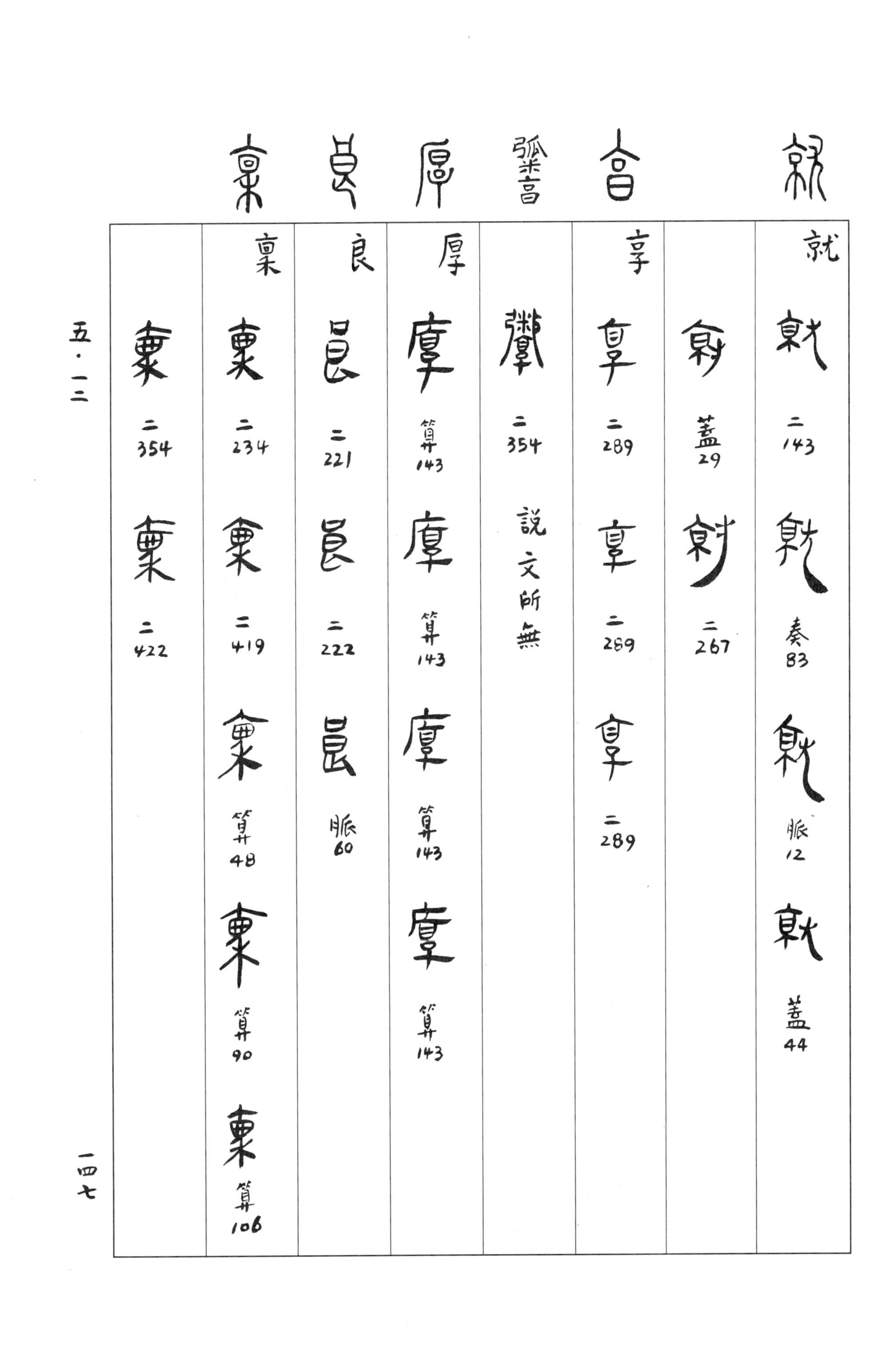

字頭	出處
就	二143；奏83；脈12；蓋44
就	蓋29；二267
享	二289；二289；二289
	二354；說文所無
厚	算143；算143；算143；算143
良	二221；二222；脈60
稟	二234；二419；算48；算90；算106
稟	二354；二422

亶	嗇		來			麥	
亶 二483	嗇 二179	嗇 二202	來 二1	來 奏25	來 奏137	麥 算43	麥 算99
亶 二482	嗇 二329	嗇 奏26	來 二61	來 奏20		麥 算102	
亶 引105	嗇 二260	嗇 奏121	來 奏20	來 奏76		麥 算89	
	嗇 二322		來 奏189	來 奏171		麥 算103	
	嗇 二328		來 蓋4	來 奏177		麥 算109	

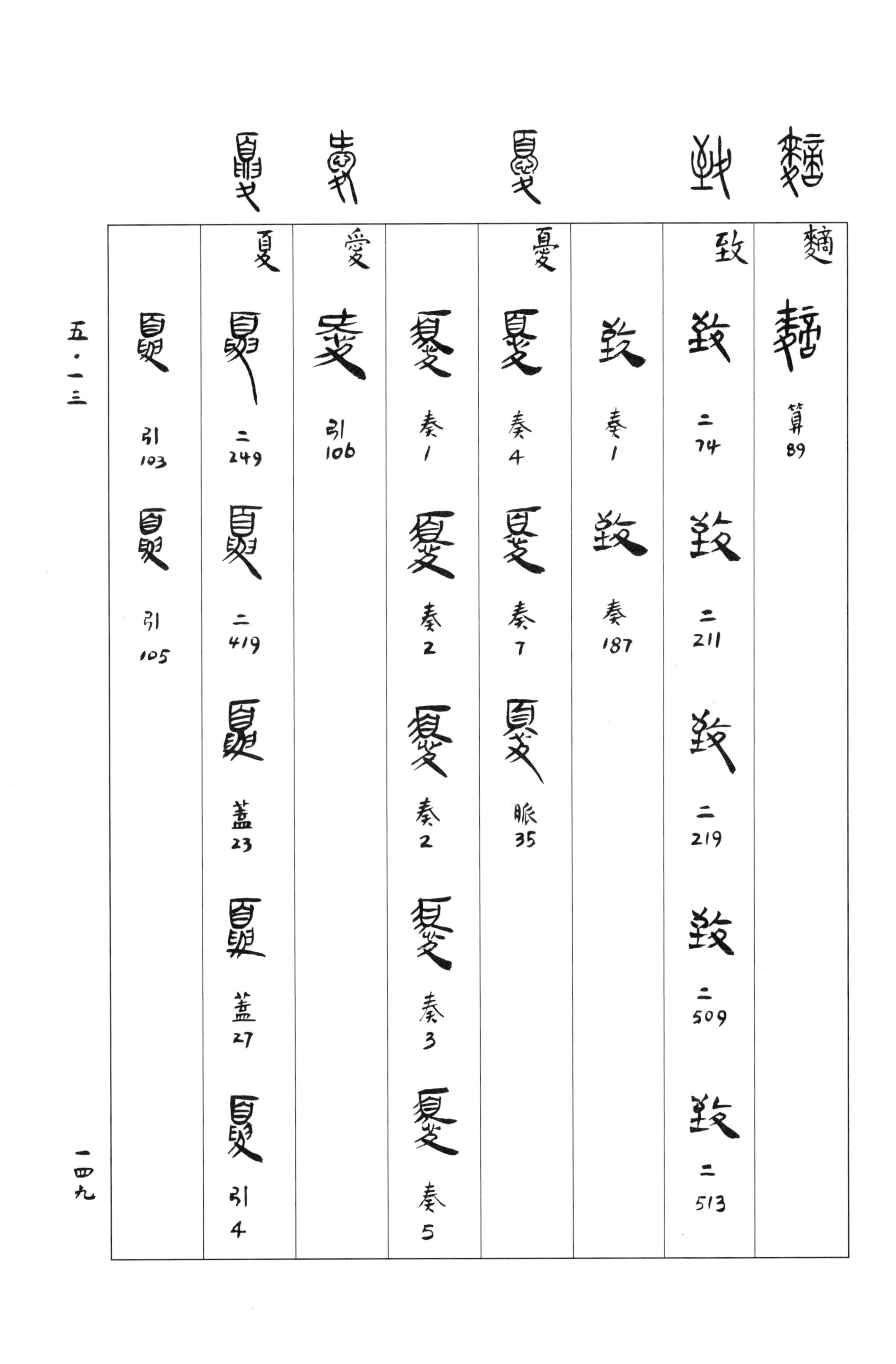

字頭	出處
䴻	算89
致	二74；二211；二219；二509；二513；奏1；奏187
憂	奏4；奏7；脈35；奏1；奏2；奏2；奏3；奏5
愛	引106
夏	二249；二419；蓋23；蓋27；引4；引103；引105

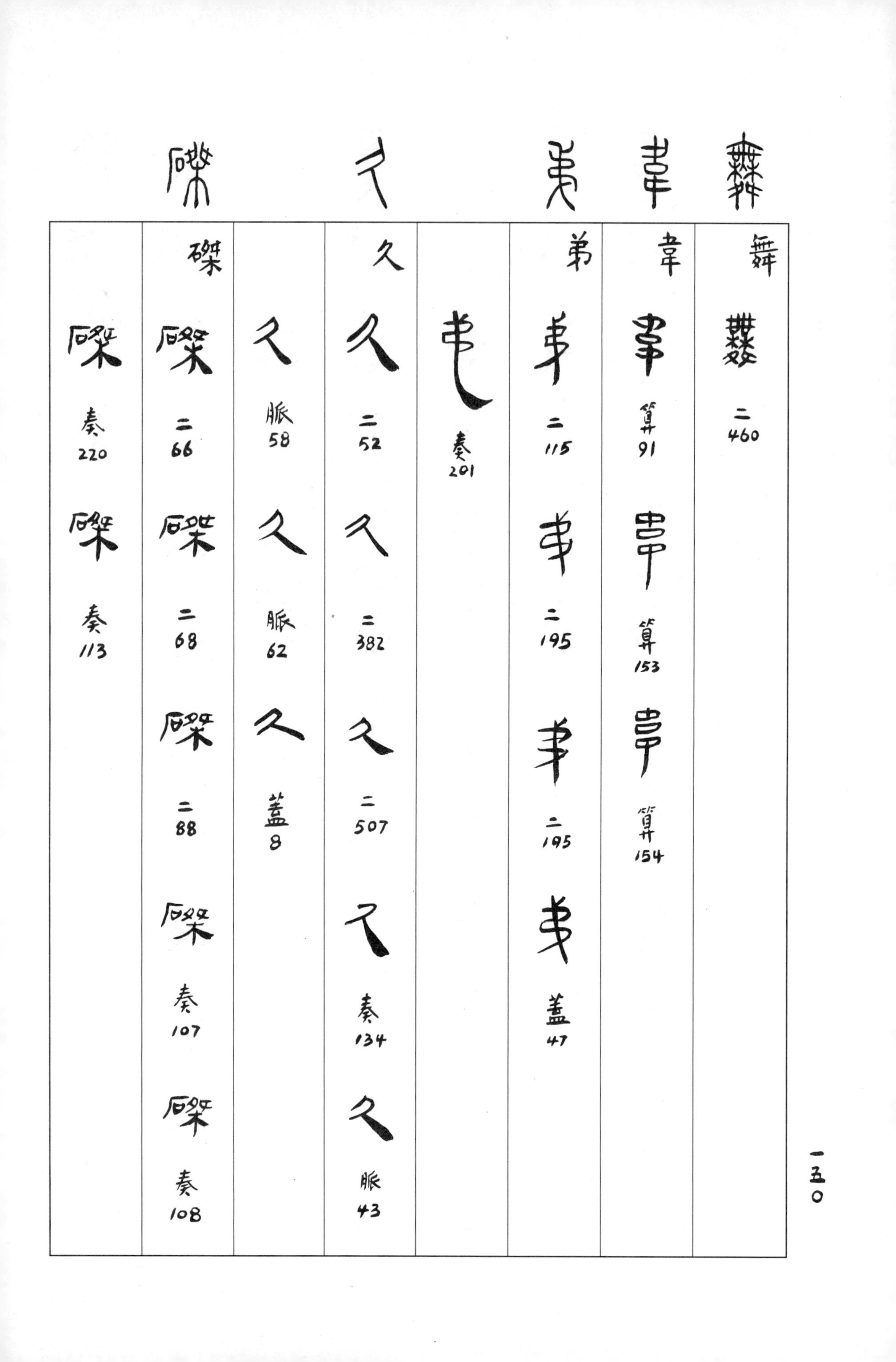

舞 韋 弟 久 磔

舞	韋	弟		久		磔	
二 460	算 91	二 115	奏 201	二 52	脈 58	二 66	奏 220
	算 153	二 195		二 382	脈 62	二 68	奏 113
	算 154	二 195		二 507	蓋 8	二 88	
		蓋 47		奏 134		奏 107	
				脈 43		奏 108	

乘

乖

乘

乘 奏58

乘 算11

乘 算12

乘 算168

乘 算7

乘 二291

乘 二315

乘 二213

乘 二360

乘 算86

乘 算8

乘 算10

乘 算81

乘 算57

乘 算59

乘 脈24

乘 脈27

乖 蓋32

說文所無

文一百三十四 重五百六十二

張家山漢簡文字編

張守中撰集

第六

木
- 木 二52
- 木 二249
- 木 脈24
- 木 蓋16
- 木 蓋21
- 木 蓋25
- 木 蓋26
- 木 引40
- 木 引52

李
- 李 二472
- 李 遣25

杜
- 杜 二113
- 杜 二451
- 杜 二486
- 杜 奏183
- 杜 奏188

梓
- 梓 二447

枸
- 枸 二445

槐	枳	權	楊		梧	柳	櫟
二443	二27	引45	二467	算109	奏129	奏176	二443
	二65	引46	奏88	算111	奏131	奏177	二218
			算56		奏154		
			算98				
			算105				

榮	机	柏	朱	樹	本	某	柖
二472	遣36	二195	算28	二245	脈39	二275	蓋17
		二458	算29				
			算30				
			算50				
			算51				

枉 末 枚 榣 材 格

枉	末	枚	榣		材		格
二 60	脤 45	奏 168	奏 139	引 88	二 249	蓋 44	二 494
	脤 56	奏 172	奏 143	引 101	算 32		
	蓋 2	奏 172	脤 7		算 151		
		奏 202	蓋 17		算 153		
		遣 37	引 34		算 154		

榑 極 柱 枅 橦 枕

榑	極			柱	枅	橦	枕
脈51	蓋2	算66	引51	脈54	奏101	蓋6	引49
	蓋5	引32	引71	引60		蓋28	
	引84	引25	引53			蓋28	
	引53	引59					
	引67						

把	櫝	梧	案		料	椑	機
引 88	二 501	脤 7	二 219	奏 164	遣 26	遣 19	二 251
	二 501		二 329	奏 177			
			二 351	奏 188			
			二 396	奏 195			
			二 509				

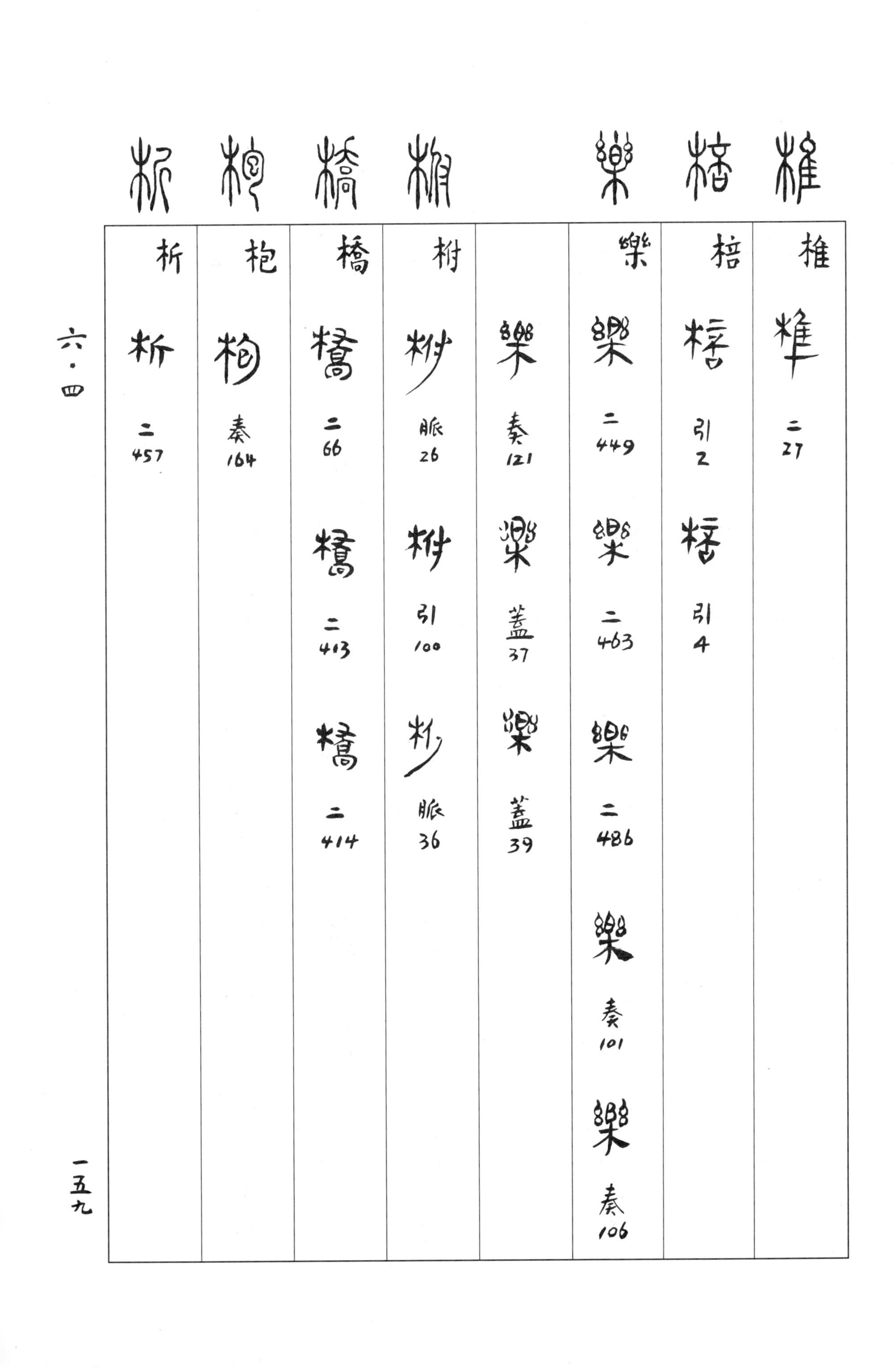

推	棓	樂		柎	橋	枹	析
二 27	引 2	二 449	奏 121	脈 26	二 66	奏 164	二 457
	引 4	二 463	蓋 37	引 100	二 413		
		二 486	蓋 39	脈 36	二 414		
		奏 101					
		奏 106					

梁
遣32

校
二464
二471
奏36
奏76
奏80
奏92
奏183
奏188
奏195

采
二436
二437
二438
二438
二438
奏56
引4

休
二514
引36
引36
引52
引56
引64
引88

楬
二451

六·五

槥（槥）
- 二501
- 二501

棺（棺）
- 二283
- 二284
- 二288
- 二289
- 二284
- 二284
- 二289
- 二289
- 二289
- 奏183
- 奏195
- 遣6

梟（梟）
- 二34
- 引16
- 引100

榭（榭）
- 蓋53
- 孤例字殘

杯
- 遣35
- 遣37
- 說文所無

条
- 算91
- 算91
- 說文所無

板	⿰木矦	⿰木穾	東	林	無		
			東	林	無		
板 引67	⿰木矦 脈8	⿰木穾 引14	東 二460	林 二249	無 二2	無 脈20	無 引90
說文所無	說文所無	說文所無	東 奏60		無 二124	無 脈40	
			東 奏61		無 二215	無 蓋46	
			東 蓋7		無 二267	無 蓋48	
			東 蓋20		無 奏63	無 引84	

楚		桑	之				
奏9	奏40	奏165	二63	二4	奏85	二1	二60
奏11	奏89	奏165	二65	奏65	奏159	二41	二172
奏12			二86	蓋1	奏205	二42	二80
奏13			二160	蓋3	算126	二36	奏98
奏38			算65	蓋4	奏185	奏23	奏68

師　出　南

	師	出				南	
之 二91	師 二365	出 二7	出 脈2	出 二182	出 奏167	南 二447	南 奏23
之 二176		出 二74	出 脈12	出 二308		南 二456	南 奏151
		出 二75	出 脈15	出 奏18		南 奏17	南 奏144
		出 二76	出 脈27	出 奏62		南 奏18	
		出 二100	出 脈29	出 引111		南 奏19	

生	產				隆	乇	華	桼
奏189	二2	脈25	引33		二459	引85	二448	算59
奏191	二41	脈38	引34					算59
算91	二49	脈47						算66
蓋3	二376	算86						
引106	二378	引1						

髤		束		橐	囊		櫜
筭66 說文所無	遣14	脤54	遣33	二436	遣1	遣30	脤11
筭66		脤54		二437	遣2	遣32	
筭66		筭91		脤52	遣4	遣34	
遣5		筭91		脤52	遣5		
		筭92		引111	遣10		

六·八

回	圜		國		困	園	囚
蓋29	脈51	算155	二219	奏18	算148	二429	奏95
蓋29	蓋9	算151	二494	蓋4	算148	二463	奏158
引17	二448		二509			二518	奏158
引33	算149		二512				
遣17	算154		二513				

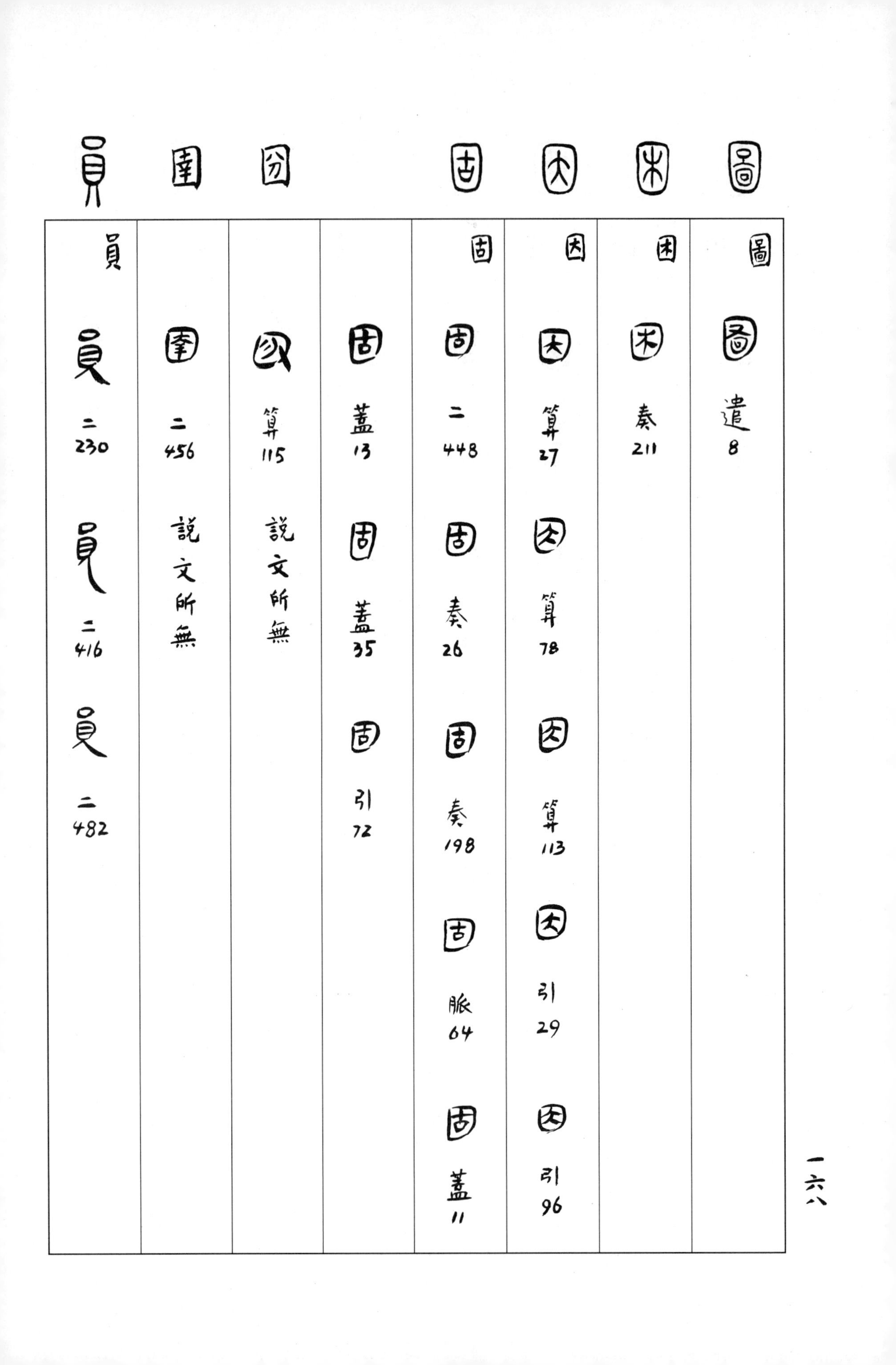

圖	困	因	固				員
遣8	奏211	算27	二448	蓋13	算115	二456	二230
		算78	奏26	蓋35	説文所無	説文所無	二416
		算113	奏198	引72			二482
		引29	脈64				
		引96	蓋11				

贊	贊	贊 二449
資	資	資 奏186；資 奏126
賢	賢	賢 奏61；賢 奏61；賢 奏62；賢 蓋4
財	財	財 二14；財 二66；財 二74；財 二186；財 二382
		財 奏215；財 奏146；財 奏150；財 奏157
貸	貸（代貝）	貸 二184；貸 算64；貸 算64；貸 算65
賞	賞	賞 二14；賞 二63；賞 二64；賞 二150；賞 二152
		賞 奏66；賞 奏65

賜　負　贅　齎

賜

- 賜 二14
- 賜 二150
- 賜 二283
- 賜 二284
- 賜 二392
- 賜 奏88
- 賜 奏163

負

- 負 筭126
- 負 筭126
- 負 二14
- 負 二95
- 負 二97
- 負 二7
- 負 二7
- 負 二7
- 負 二8
- 負 二412
- 負 筭73

贅

- 贅 二387
- 贅 奏85
- 贅 奏85
- 贅 奏85
- 贅 奏88
- 贅 奏81
- 贅 奏92
- 贅 奏95

齎

- 齎 二289
- 齎 筭38
- 齎 筭38

六·一〇

費		贖	貿		質		贏
費		贖	貿		質		贏
二410	奏53	二6	二322	奏100	奏118	算136	奏197
	奏72	二21	二338	奏110	二187	算186	算32
		二39	二261		二429		算133
		二88	二387		二429		算133
		二89					算136

責

責

責 二72
責 二185
責 二187
責 二427
責 奏108
責 二230
責 脈39
責 筭143

賈

賈

賈 二260
賈 二427
賈 二428
賈 二433
賈 奏9
賈 奏202
賈 奏204

販

販

販 二260
販 二260
販 二261
販 奏204
販 奏210

買

買

買 二261
買 二504
買 二506
買 二513
買 二520
買 奏218
買 奏8
買 筭61
買 筭138
買 奏100
買 奏105
買 奏105

賤 貲 貪 賦 購 貧

賤	貲	貪	賦		購		貧
賤 引108	貲 奏123	貪 蓋50	賦 二429	賦 奏2	購 二71	購 二71	貧 奏201
			賦 二278	賦 奏4	購 二95		貧 奏210
			賦 二255	賦 奏5	購 二97		貧 奏220
			賦 二185		購 二150		貧 二254
			賦 蓋50		購 二430		

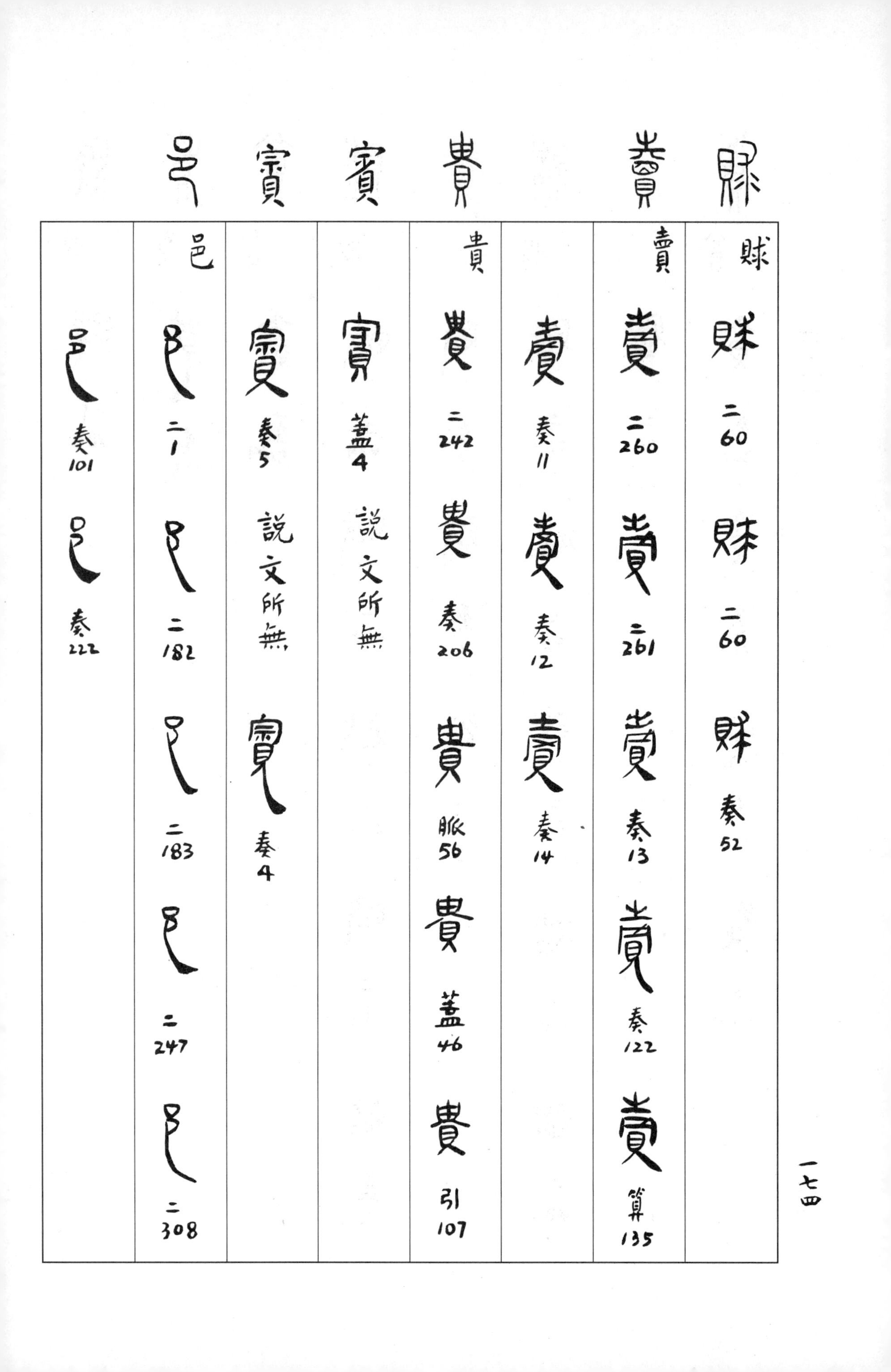

邑				貴		賣	賕
奏101	二1	奏5	蓋4	二242	奏11	二260	二60
奏222	二182	說文所無	說文所無	奏206	奏12	二261	二60
	二183	奏4		脈56	奏14	奏13	奏52
	二247			蓋46		奏122	
	二308			引107		算135	

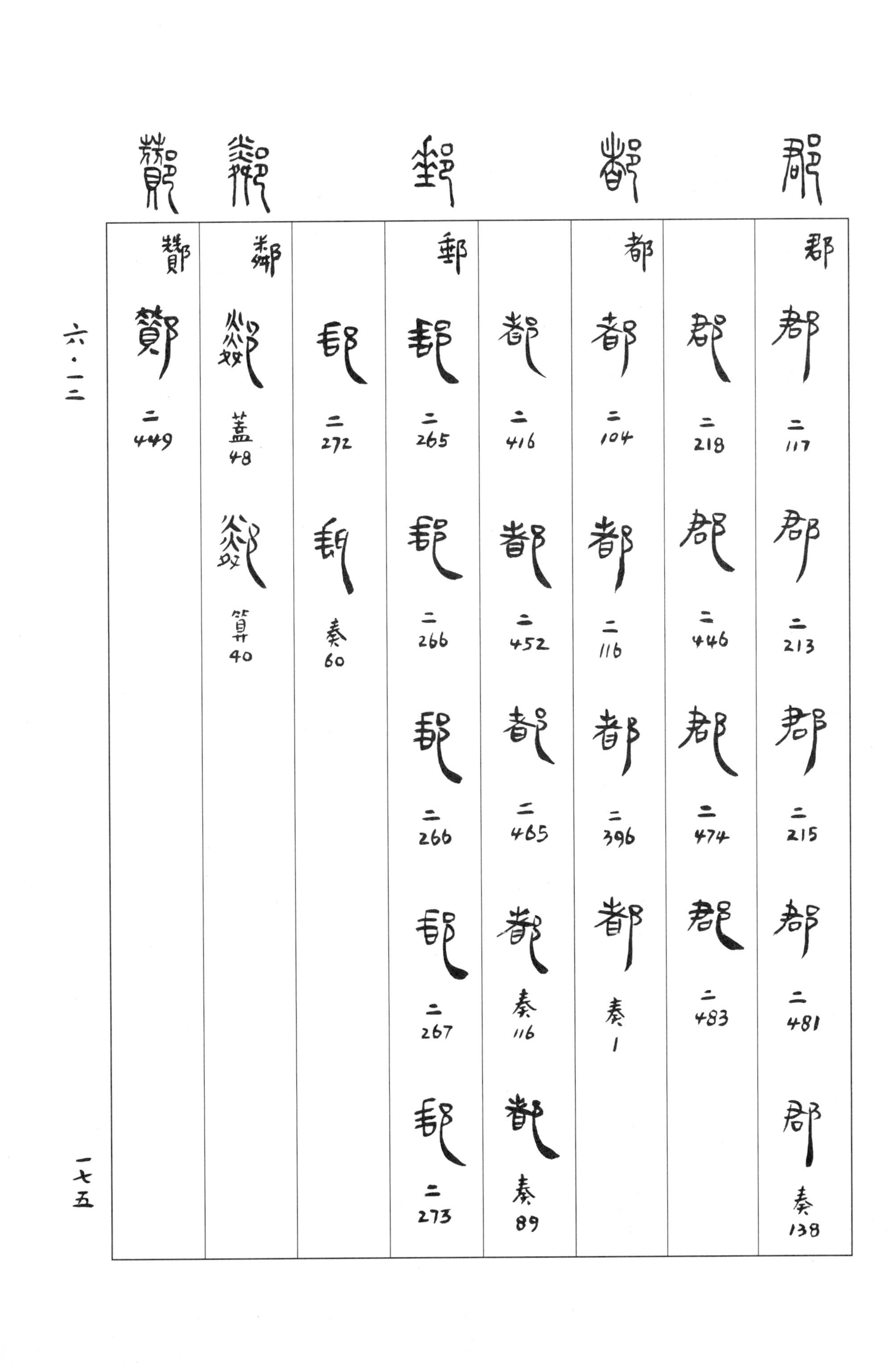

六·一二

鄭	鄰		郵		都		郡
二449	蓋48	二272	二265	二416	二104	二218	二117
	算40	奏60	二266	二452	二116	二446	二213
			二266	二465	二396	二474	二215
			二267	奏116	奏1	二483	二481
			二273	奏89			奏138

郙	酆	鄭	部			邽	郃
郙 二451	酆 二443	鄭 二81	部 二74	部 二329	部 二201	邽 二448	郃 二443
	孤例字殘	鄭 二448	部 二76	部 二450	部 二202	邽 二449	
		鄭 二447	部 二468	部 奏80	部 二247		
				部 遣40	部 二464		
					部 遣23		

字頭	字形出處	備注
酈	二459	孤例字殘
岐	二456	說文郊或从山
邯	奏24	
鄲	奏24	
⿰埶阝	奏75、奏75、奏80、奏89、奏92、奏97	
郅	二451	
郟	二458	

鄧	鄭	那	⿰桼阝			郎	邛
二 457	二 506	二 451	脈 21	引 23	引 38	二 443	二 447
	二 492		脈 26	引 45	引 40	二 504	
			引 17	引 45	引 61	二 513	
			引 17	引 45	引 80	二 513	
			引 18		引 101		

酈 鄉 巷

酈	鄉			巷		
酈 奏74	鄉 二201	鄉 奏70	鄉 蓋20	巷 二245	巷 二466	文一百五十一
酈 二457	鄉 二247	鄉 奏82	鄉 蓋20	巷 二245		重四百六十三
	鄉 二322	鄉 奏129		巷 奏198		
	鄉 二465	鄉 蓋20		巷 奏223		
	鄉 二104	鄉 蓋20		巷 二463		

張家山漢簡文字編 張守中撰集

第七

七·一

日

日 二19
日 二36
日 二90
日 奏60
日 奏77
日 奏83
日 脈50
日 算40
日 算127
日 算132
日 蓋16
日 引2

時

時 二242
時 二305
時 二345
時 二416
時 奏9
時 奏11
時 奏40
時 奏114
時 脈15
時 蓋5
時 引35

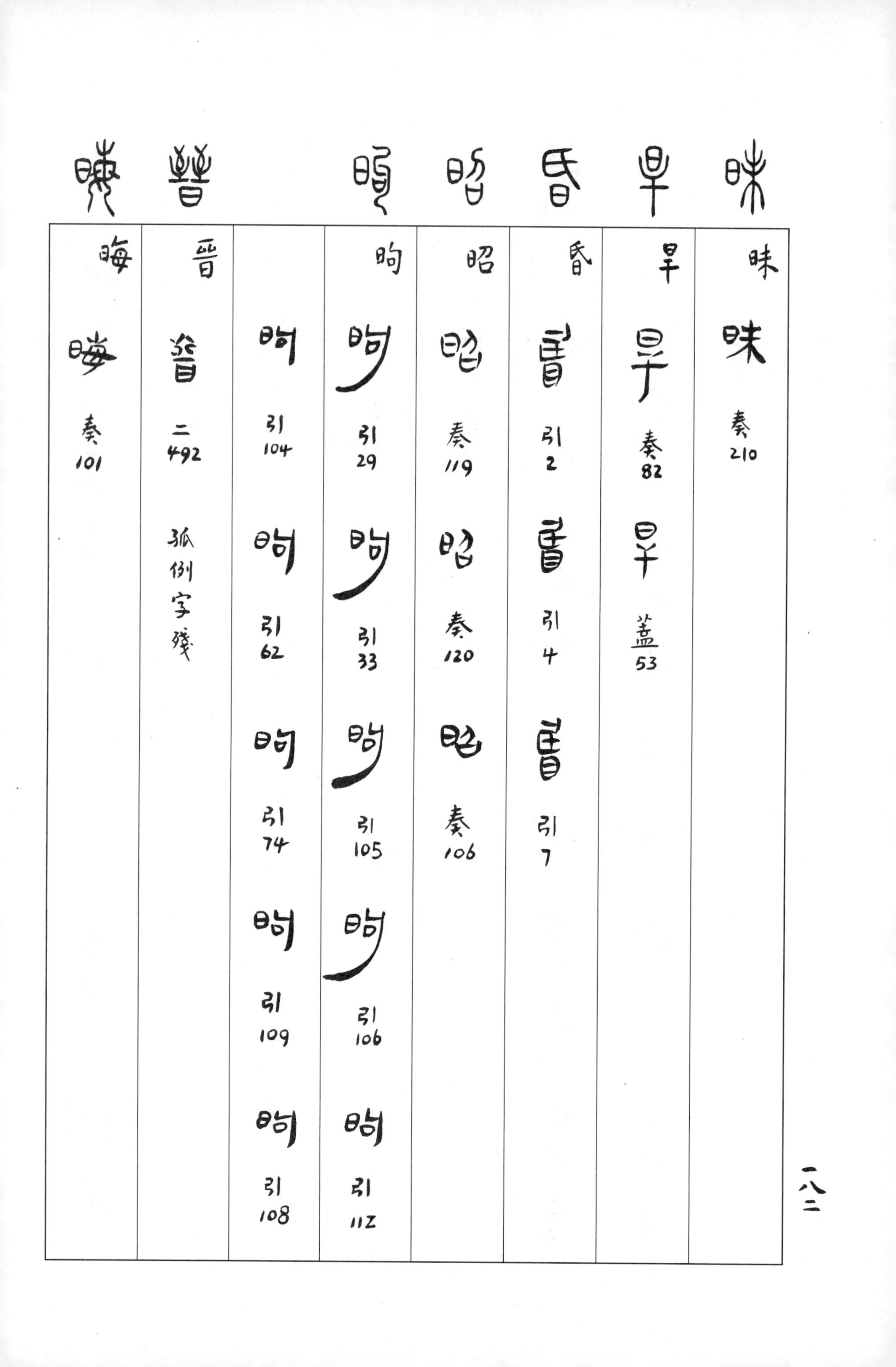

昧	早	昏	昭	昫	昫	晉	晦
奏 210	奏 82	引 2	奏 119	引 29	引 104	二 492	奏 101
	蓋 53	引 4	奏 120	引 33	引 62	孤例字殘	
		引 7	奏 106	引 105	引 74		
				引 106	引 109		
				引 112	引 108		

昌	昔		暑	旦			暨
昌 奏49	昔 引13	昔 引18	暑 蓋31	旦 二4	旦 奏34	旦 蓋30	暨 蓋44
昌 奏50	昔 引14	昔 引25	暑 蓋44	旦 二12	旦 奏54		
昌 奏89	昔 引15		暑 引103	旦 二13	旦 奏106		
昌 蓋3	昔 引16		暑 引112	旦 二23	旦 奏158		
	昔 引17			旦 二25	旦 奏187		

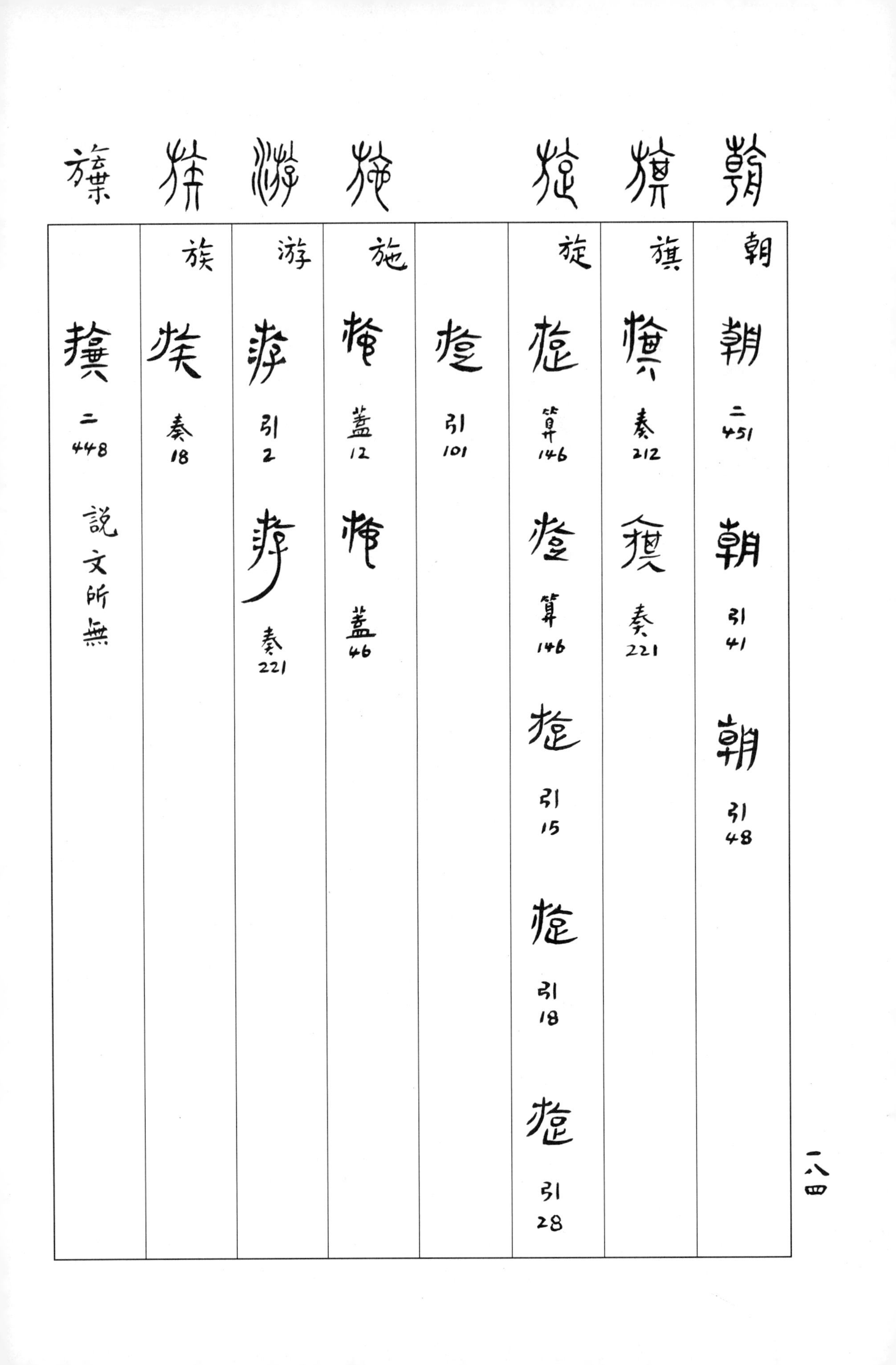

朝	旗	旋		施	游	族	
二451	奏212	算146	引101	蓋12	引2	奏18	二448 說文所無
引41	奏221	算146		蓋46	奏221		
引48		引15					
		引18					
		引28					

七・三

星	參		晨	月			朔
星	參		晨	月			朔
星 蓋6	參 二233	參 算39	晨 奏210	月 曆1	月 奏82	月 算64	朔 二474
星 蓋24	參 二334	參 蓋6	晨 脈21	月 曆5	月 算64	月 奏63	朔 奏1
星 蓋25	參 二429			月 二308	月 算65		朔 奏8
星 蓋25	參 算99			月 二438	月 蓋16		朔 奏17
	參 引21			月 奏68			朔 奏26

明			有	朗	期	朏	
明 二479	有 遣11	有 奏11	有 二8	朗 二457	期 二269	朏 脈32	朔 奏36
明 奏29	有 遣12	有 脈9	有 二12		期 二269		朔 奏68
明 奏30	有 遣26	有 算24	有 二28		期 蓋19		朔 奏121
明 奏150		有 蓋1	有 二35				朔 奏227
明 奏213		有 引4	有 二63				

夕 夜 夢 外 多

明	夕	夜	夜	夢	外	外	多
明 脈 25	夕 蓋 30	夜 奏 101	夜 引 28	夢 二 518	外 二 19	外 脈 21	多 二 17
明 脈 23		夜 蓋 16	夜 引 42	夢 二 461	外 二 61	外 蓋 31	多 二 71
		夜 引 2	夜 引 48		外 二 85	外 引 43	多 二 382
		夜 引 4	夜 奏 183		外 奏 106		多 奏 143
		夜 引 7			外 脈 20		多 奏 157

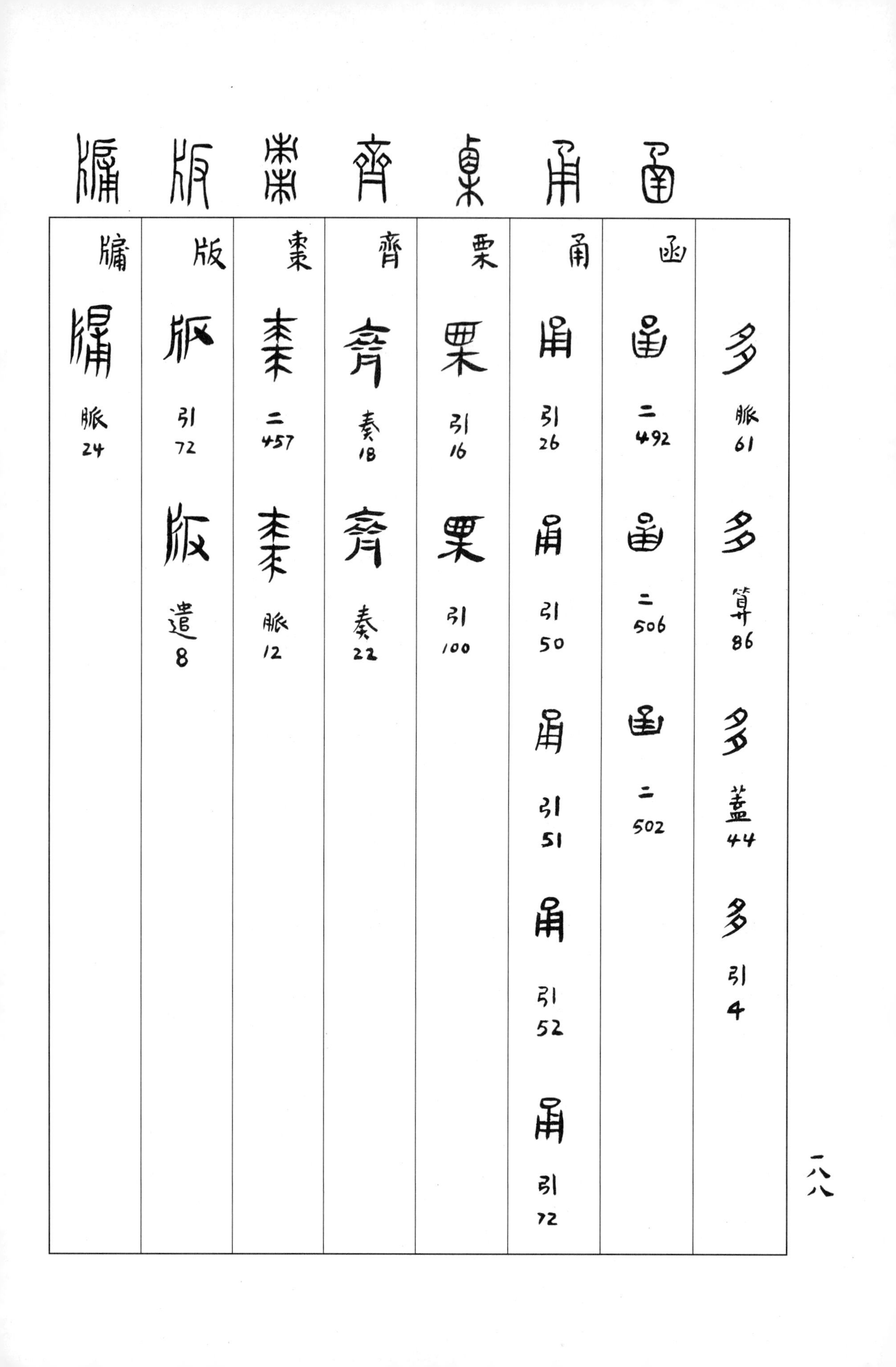

牖	版	棗	齊	栗	甬	函	
脈 24	引 72	二 457	奏 18	引 16	引 26	二 492	脈 61
	遣 8	脈 12	奏 22	引 100	引 50	二 506	算 86
					引 51	二 502	蓋 44
					引 52		引 4
					引 72		

牒 禾 稼 穡 種

牒		禾		稼	穡	種	
牒 二256	牒 奏228	禾 二216	禾 算88	稼 二216	穡 二253	種 脈24	種 遣1
牒 奏68		禾 二234	禾 算89	稼 二253		種 脈26	
牒 奏76		禾 算43	禾 算93			種 脈27	
牒 奏78		禾 算44	禾 算109			種 脈29	
牒 奏177		禾 算84				種 脈37	

稷	稠	私		種	秫	朮	
蓋4	奏119	二162	奏54	奏63	遺4	算6	算17
	奏110	二163	奏56	奏63		說文秫或省禾	算46
		二230	奏58	奏64		算50	算35
		二405		奏68		算119	算74
		二436				算7	

稻 秏 稗 移 稾 穎

稻	秏	稗	移		稾		穎
稻 算89	秏 算48	稗 二470	移 二117	移 奏137	稾 二240	稾 算52	穎 二458
稻 算109	秏 算50		移 二119	移 二509	稾 二241	稾 算52	
稻 算110	秏 算86		移 二155		稾 二242		
稻 遣10	秏 算105		移 二328		稾 二256		
	秏 算107		移 二475		稾 二268		

穰　積　秩　年

穰	積		秩		年		
二447	二4	算151	二292	二465	曆8	二342	奏8
孤例字殘	算61	算163	二297	二470	曆16	奏99	奏36
	算146	算164	二445		二86	奏13	奏11
	算148		二446		二115	奏15	
	算149		二464		二357	奏26	

租　稅　稍　秋　稱

租		稅		稍	秋		稱
二 260	奏 116	二 436	算 69	奏 131	二 246	蓋 16	脈 59
二 268	算 34	二 437	算 93	奏 139	二 414	蓋 23	二 223
二 429	算 35	二 437		引 73	二 462	引 1	
二 438	算 37	算 38			二 463		
算 68		算 68			脈 53		

秅	稷	程			䄷	穉	穤
秅	稷	程					
秅 引100	稷 二420	程 二352	程 算88	程 算83	䄷 脈41	穉 蓋47	穤 二298
	稷 二420	程 算71	程 算83		說文所無	說文所無	說文所無
		程 算72	程 算87				
		程 算88	程 算91				
		程 算90	程 算85				

兼

二140

奏121

黍

算88

算138

算138

算139

算139

算139

米

二7

二8

二233

二234

二301

奏70

算38

算39

算115

算119

遣10

粲

二29

二35

二48

二100

二298

二82

二96

二134

粱	糲	精		粺			糧
粱 二456	糲 二233	精 算119	精 引66	粺 二233	粺 算102	粺 算136	糧 蓋9
粱 奏75	糲 算88	精 引2	精 引35	粺 算98	粺 算103		糧 蓋31
粱 奏76	糲 算135	精 引29	精 引74	粺 算100	粺 算109		糧 蓋31
	糲 算136	精 引104	精 引108	粺 算101	粺 算111		
		精 引112		粺 算101	粺 算135		

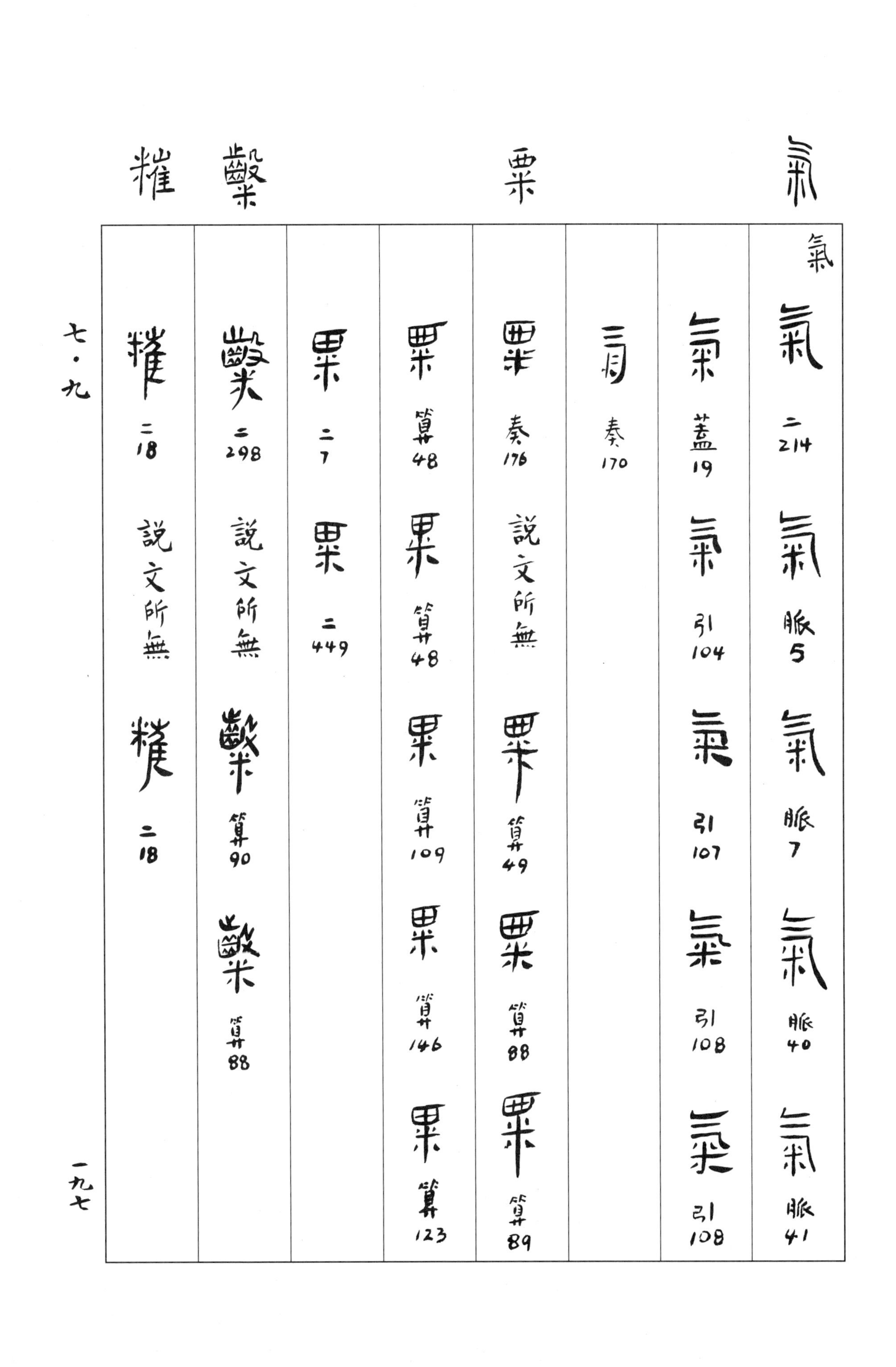

氣

氣

- 二214
- 脈5
- 脈7
- 脈40
- 脈41
- 蓋19
- 引104
- 引107
- 引108
- 引108
- 奏170

粟

- 奏176
- 說文所無
- 算49
- 算88
- 算89
- 算48
- 算48
- 算109
- 算146
- 算123
- 二7
- 二449

糳

- 二298
- 說文所無
- 算90
- 算88

[米崔]

- 二18
- 說文所無
- 二18

盖32 說文所無	算111 說文所無	春 二4	二12	二68	二35	算88	二55
		二23	二13	二167	二86	算48	二63
		二82	二25	二88	二100	算48	二100
		二96	二29	二90	二110	二254	二123
		二108	二121	二176	奏25	算89	

㕣	凶	麻	豉	瓜	家		宅
蓋28	蓋29	算90	遣18	遣27	二217	奏54	二313
		算109	說文枝从豆		二278	奏190	二314
					二500		二316
					二504		二321
					蓋4		二322

室

二 384

二 331

二 338

二 288

二 307

奏 101

奏 166

奏 166

安

二 448

二 455

二 455

二 465

二 520

奏 18

奏 140

奏 63

奏 113

奏 115

二 452

定

算 141

算 142

引 29

奏 147

奏 128

二 322

二 362

二 460

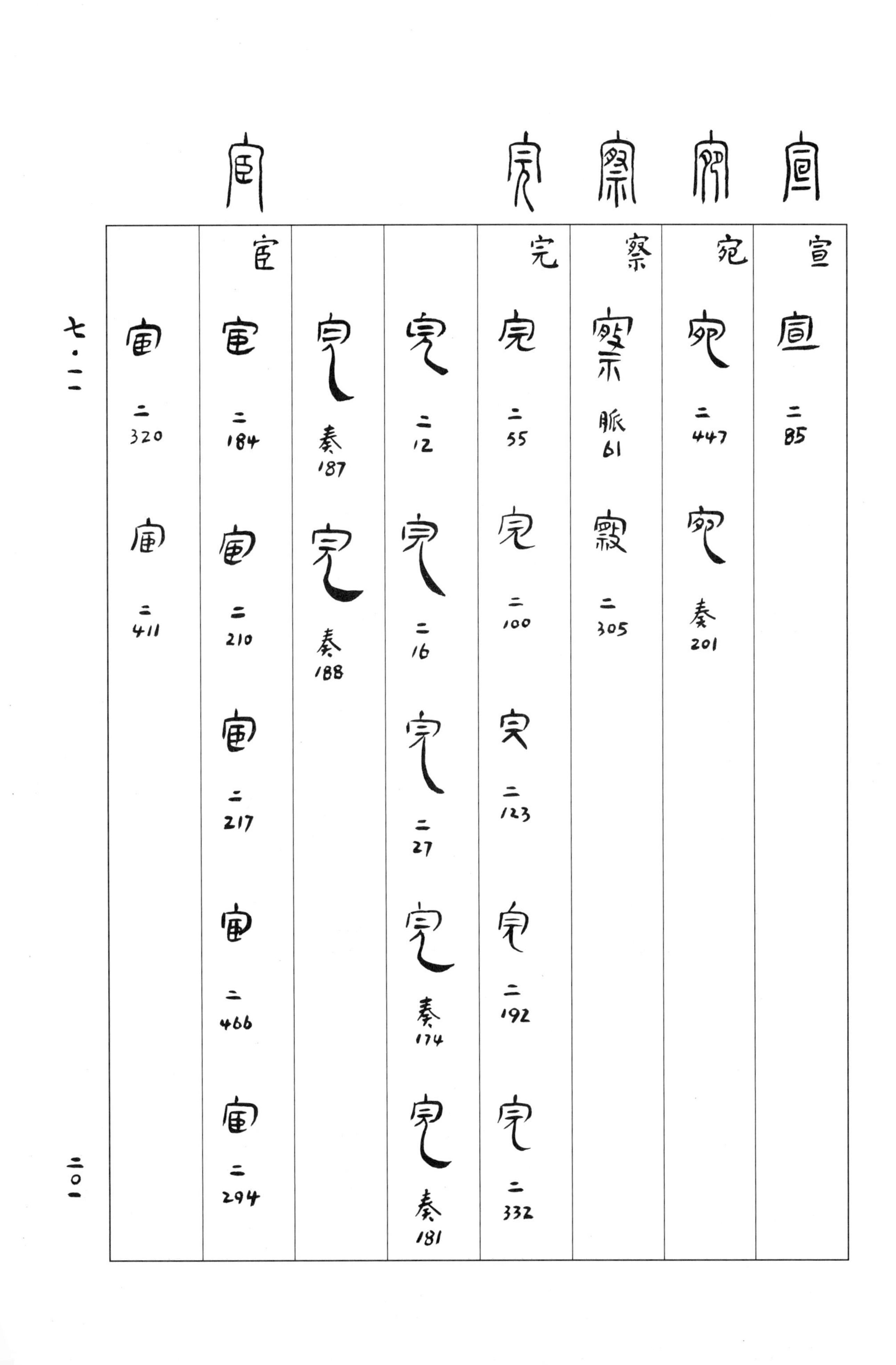

宣

宣：二85

宛

宛：二447、奏201

察

察：脤61、二305

完

完：二55、二100、二123、二192、二332、二12、二16、二27、奏174、奏181、奏187、奏188

宦

宦：二184、二210、二217、二466、二294、二320、二411

富

- 富 蓋3
- 富 蓋46

實

- 實 算26
- 實 算27
- 實 算35
- 實 算37
- 實 算39
- 實 算29
- 實 算31
- 實 算155
- 實 奏30
- 實 奏34
- 實 奏145
- 實 奏147
- 實 算24
- 實 脈52
- 實 脈53
- 實 奏107
- 實 算97

守

- 守 二1
- 守 二65
- 守 二213
- 守 二474
- 守 奏67
- 守 奏88
- 守 奏54
- 守 奏56
- 守 奏82
- 守 奏68
- 守 奏58

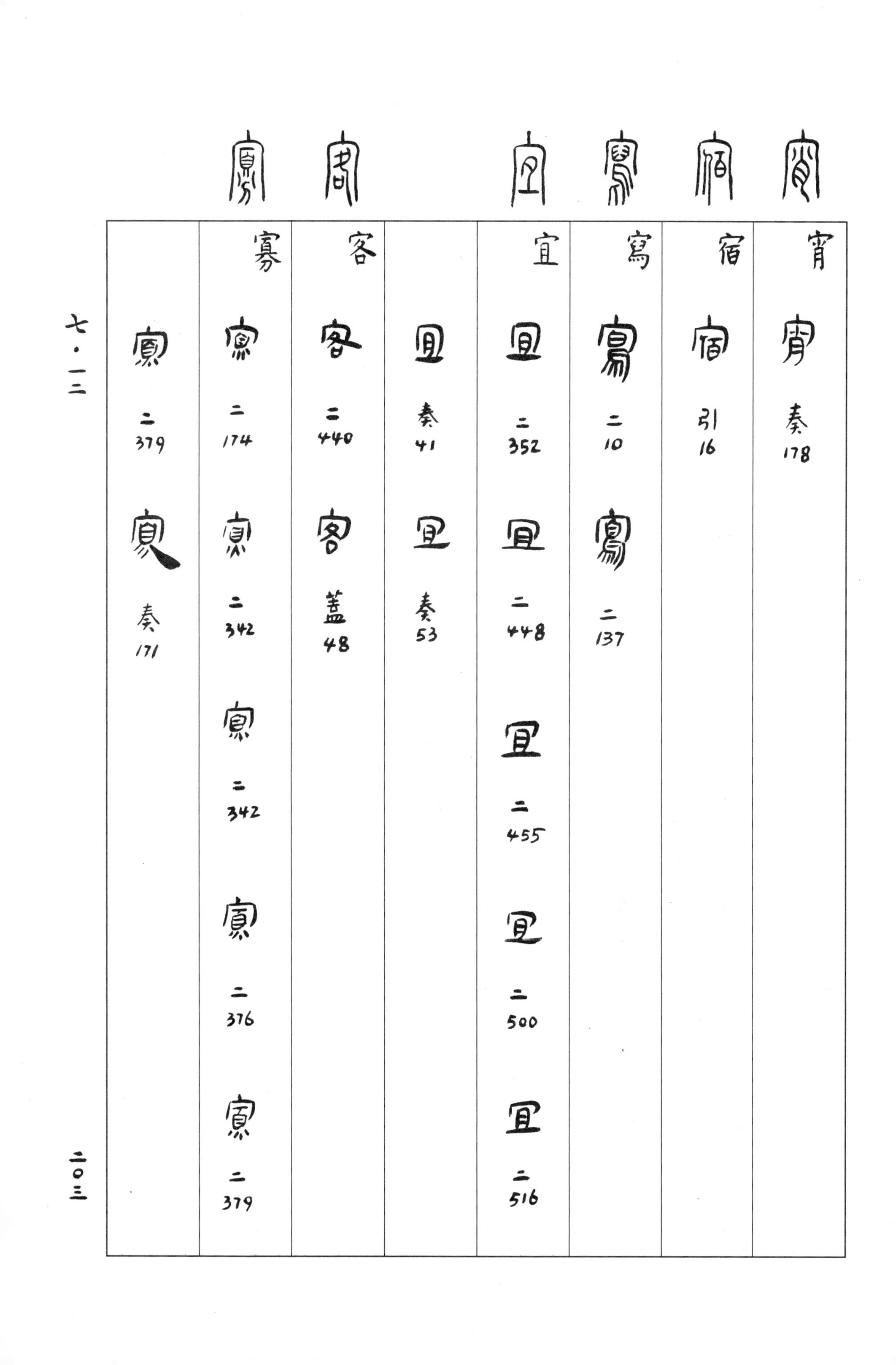

字頭	出處
宵	奏178
宿	引16
寫	二10；二137
宜	二352；二448；二455；二500；二516；奏41；奏53
客	二440；蓋48
寡	二174；二342；二342；二376；二379；二379；奏171

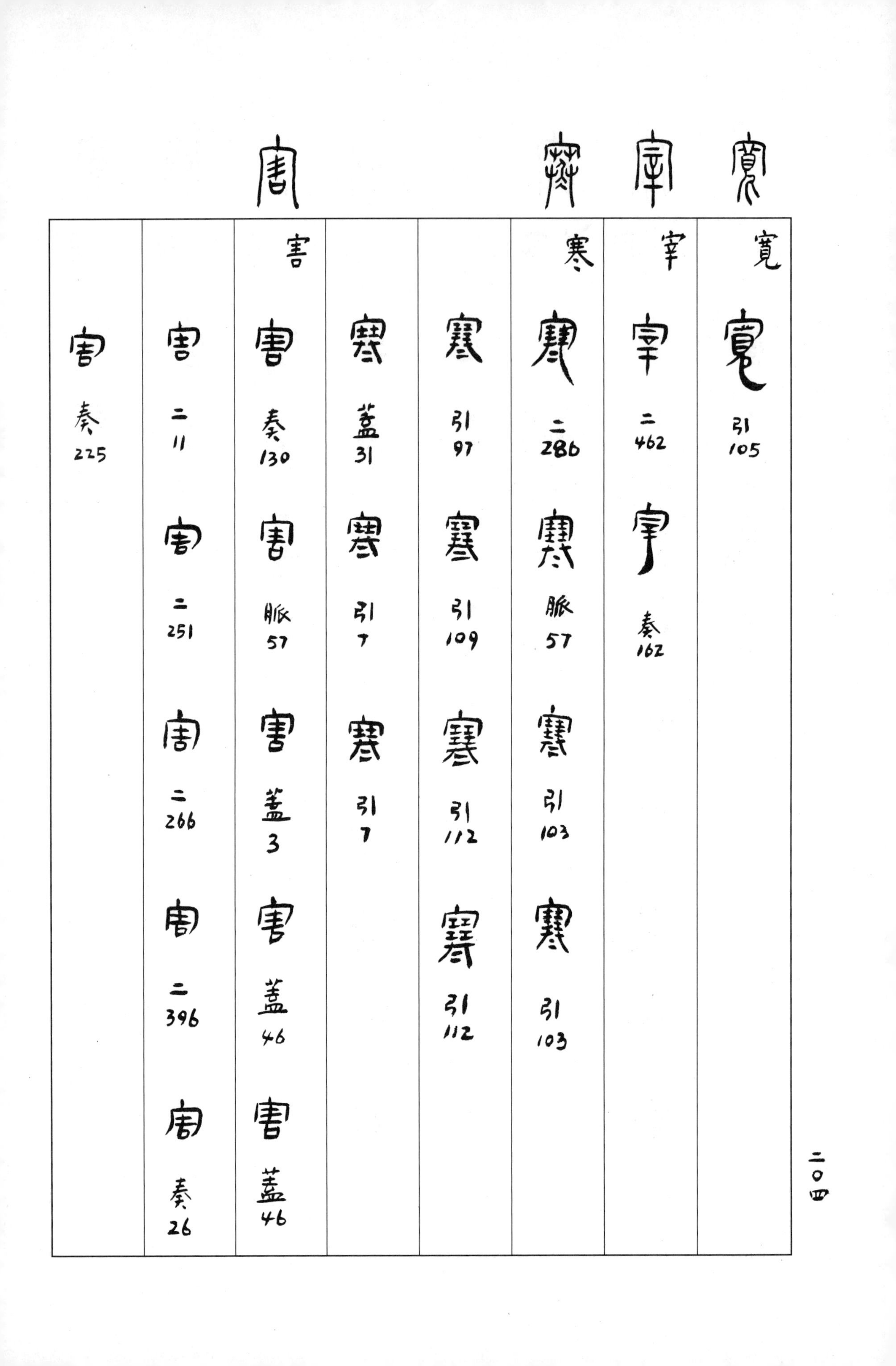

寬

- 引105

宰

- 二462
- 奏162

寒

- 二286
- 脈57
- 引103
- 引103
- 引97
- 引109
- 引112
- 引112
- 蓋31
- 引7
- 引7

害

- 奏130
- 脈57
- 蓋3
- 蓋46
- 蓋46
- 二11
- 二251
- 二266
- 二396
- 奏26
- 奏225

索	宕	宂			宮	營	呂
二 501	二 453	二 479	二 4	二 475	二 96	蓋 19	二 85
二 76		二 479	說文所無	秦 197	引 2	蓋 25	
二 76			秦 153	秦 213	引 4		
二 154					引 6		
					引 7		

字頭	出處
穴	二437
突	引109
空	二412、二445、二462、二464、奏219、蓋52、引41、脈12
穿	二251、二413、脈17、脈23、脈23、脈39、脈39
窯	奏2、奏3、奏4、奏6
窌	算151

竇	窬	竈	窮			突	竅
二518	奏58	奏129	二93	奏211	奏76	脈15	引111
		奏133	二152	引14	奏77		
			二494		奏84		
			奏201				

病　疾　疕

病

病 曆10
病 脈2
病 脈15
病 脈19
病 蓋44

病 二20
病 二104
病 奏17
病 奏203
病 引49

病 脈19

疾

疾 二367
疾 二433
疾 奏118
疾 奏199
疾 奏183

疾 奏114
疾 蓋4
疾 蓋33
疾 蓋38
疾 蓋43

疾 脈64
疾 奏120

疕

疕 脈2
疕 脈4
疕 脈12
疕 脈15

疕 脈2

七·一五

字頭	出處
疵	二498（孤例字殘）
癭	脈4（孤例字殘）
痛	奏118、引33、引45、引66、引67、脈5、脈7、脈8、脈9、脈13、脈14、脈15
癰	脈10、脈11、脈12、脈4
瘻	脈4（孤例字殘）
疢	奏197

字頭	出處
瘚	引63；孤例字殘
癉	脈13；脈13；脈41
瘕	奏110；奏118；奏119；奏119
痍	二142；二408；二409
瘧	脈15；脈19；脈21
痹	引83
瘻	引37
痕	二28

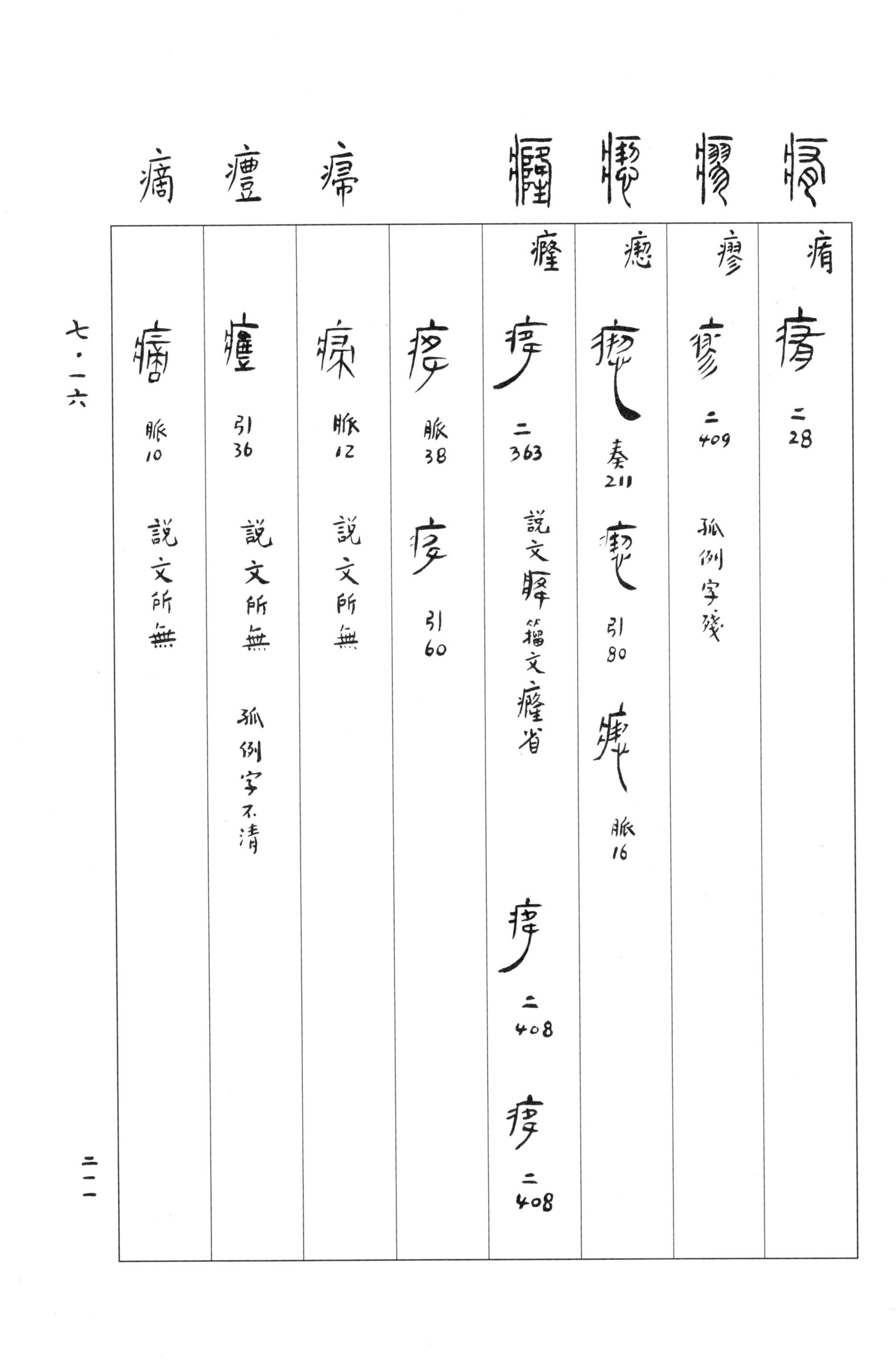

痏
二28

瘳
二409
孤例字殘

瘛
秦211
引80
脈16

癃
二363
說文⿸疒夅籀文癃省
二408
二408

脈38
引60

⿸疒帚
脈12
說文所無

⿸疒豊
引36
說文所無
孤例字不清

⿸疒啇
脈10
說文所無

同		冠	⿸疒數	⿸疒撆	⿸疒豈	痠	瘲
同		冠					
同 二2	冠 遣25	冠 奏17	⿸疒數 引92	⿸疒撆 引90	⿸疒豈 引37	痠 脈20	瘲 脈38
同 二20	冠 遣25	冠 奏17	說文所無	說文所無	說文所無	說文所無	說文所無
同 二26		冠 奏177		⿸疒撆 引90			
同 二41		冠 奏177					
同 二74							

兩　罷

七·二七

	兩			罷			
奏25	奏141	二5	奏62	引69	二15	二64	二60
脈35		二11	奏70	引78	二63	奏22	二72
算164		二15	脈29		二90	奏23	二71
奏67		二52	算47		二93	奏43	二183
奏94		二97	引17		奏60	奏64	奏179

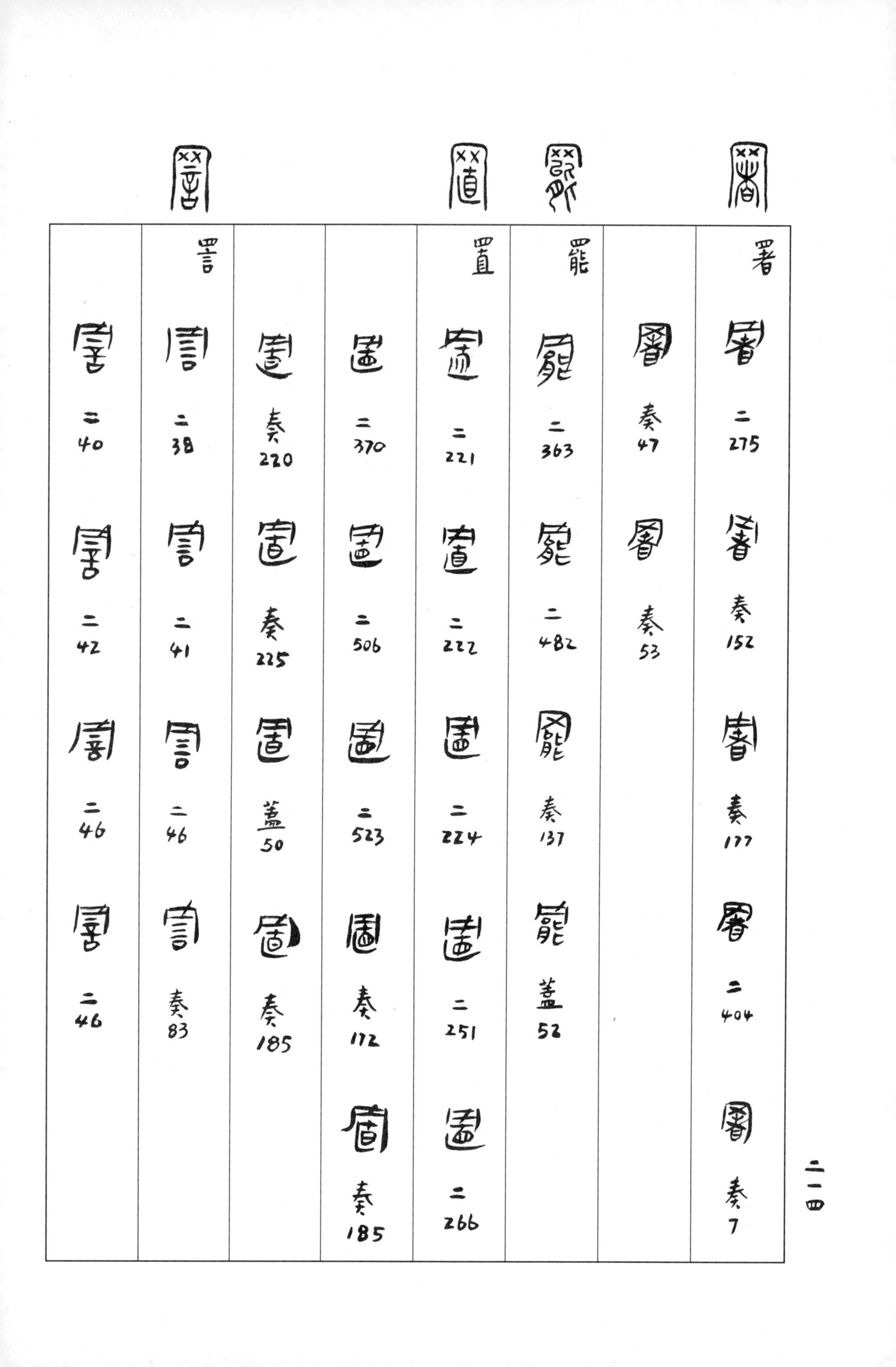

署		罷	置			詈	
二 275	奏 47	二 363	二 221	二 370	奏 220	二 38	二 40
奏 152	奏 53	二 482	二 222	二 506	奏 225	二 41	二 42
奏 177		奏 137	二 224	二 523	蓋 50	二 46	二 46
二 404		蓋 52	二 251	奏 172	奏 185	奏 83	二 46
奏 7			二 266	奏 185			

覆	巾	幅	帶	帬	常	幕
二113	遣7	二258	奏213	遣2	二284	奏166
二116	遣28	算61	奏213	遣6	二283	
二116		算61	遣3	遣8	二285	
二117			遣11		奏122	
奏99						
奏116						
奏117						
奏122						

帷	席		布				帛
奏166	二267	引73	二259	奏90	蓋37	遺32	二77
	奏167	引52	二283	奏80	說文所無	說文所無	二285
	奏167		二418	遺4	蓋39		
	奏168		二439	遺9	引4		
	奏171		奏87				

七·一九

錦　白　敝

錦	白			敝	
二 283	二 35	奏 35	蓋 16	二 435	
遣 2	二 48	奏 174	蓋 17	奏 167	文一百九十
遣 7	二 82	奏 175	引 109	奏 167	重六百九十六
	二 96	脈 10	遣 3		
	二 100	脈 61	遣 21		

張家山漢簡文字編

張守中撰集

第八

人
人 二1
人 二6
人 二394
人 奏23
人 奏30
人 奏34
人 奏94
人 奏150
人 奏162
人 奏166
人 脈51
人 算32
人 算38
人 算129
人 蓋5
人 引49
人 引106
人 遣16

仁
仁 蓋50

佩
佩 奏220

八·一

佝
- 蓋 44

儋
- 奏 146
- 奏 158
- 奏 158

何
- 二 430
- 奏 20
- 奏 42
- 算 36
- 算 38
- 奏 118
- 奏 189
- 奏 190
- 奏 197
- 奏 218
- 奏 12

備
- 二 90
- 二 154
- 二 440
- 二 482
- 奏 77
- 奏 85
- 奏 134
- 奏 75

倫
- 蓋 47

付 偕 俱 傅 倚

付	偕		俱	傅			倚
二 276	二 58	奏 145	脈 66	二 362	引 38	二 359	引 38
	奏 18	算 36	脈 38	二 363	引 39	二 361	引 39
	奏 19	算 136	引 97	二 412	引 50		
	奏 111		引 97	二 472	二 361		
	奏 144			奏 216	二 361		

什	佰	佴	侍		伍	作	
二 278	二 246	二 474	脈 53	蓋 39	二 141	二 97	奏 210
	二 246	二 480	蓋 36		二 201	二 157	奏 220
		二 484	蓋 36		二 260	二 158	蓋 48
			蓋 38		二 305	奏 54	
			蓋 38		二 495	奏 56	

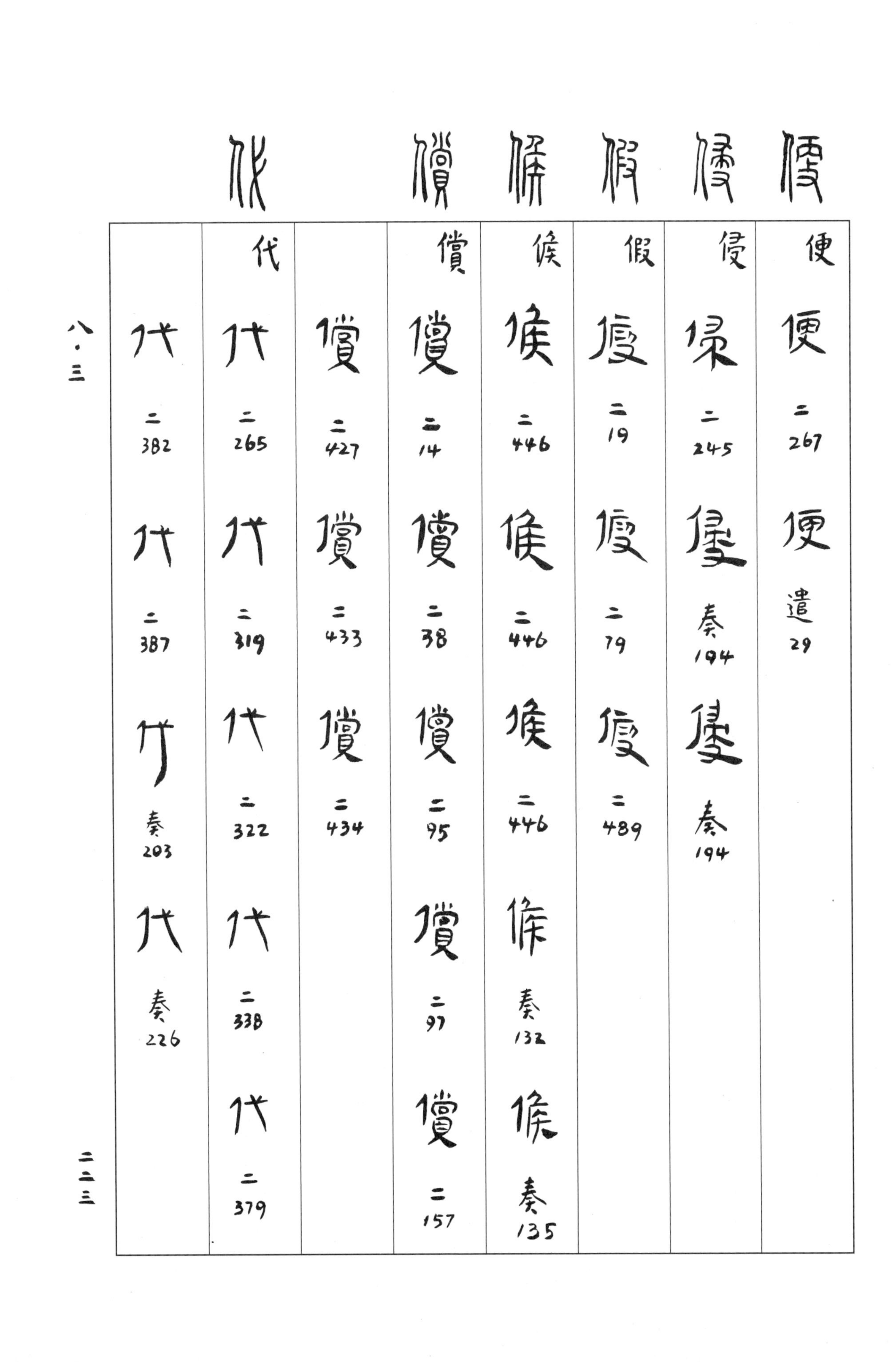

便	侵	假	候	償		代	
二267	二245	二19	二446	二14	二427	二265	二382
遣29	奏194	二79	二446	二38	二433	二319	二387
	奏194	二489	二446	二95	二434	二322	奏203
			奏132	二97		二338	奏226
			奏135	二157		二379	

任　使　傳　倍

任
- 二145
- 二390
- 脈56

使
- 二74
- 二230
- 二418
- 二419
- 奏54
- 二232
- 二413
- 奏82
- 脈7
- 蓋1
- 奏168
- 奏189

傳
- 二216
- 二225
- 二230
- 二233
- 二238
- 奏18
- 奏156
- 奏58

倍
- 算27
- 算39
- 算74
- 蓋11
- 蓋12
- 引21
- 引100

偏		偽		倡	伏		係
二 68	奏 211	二 10	奏 59	奏 175	二 306	引 49	引 41
二 73	算 42	二 155	奏 60	奏 176	奏 128	引 72	引 67
二 176		二 200		奏 177	蓋 4	遣 36	
二 368		二 510		奏 179	蓋 38		
奏 210		奏 57			蓋 38		

但　伐　債　偃　傷

但	伐		債	偃		傷	
但 奏198	伐 二249	伐 算129	債 奏198	偃 二458	偃 引105	傷 二6	傷 二27
但 奏222	伐 奏112	伐 算129	債 奏203	偃 奏77		傷 二20	傷 奏38
	伐 奏114		債 奏202	偃 引67		傷 二21	傷 奏42
	伐 奏115		債 脉15	偃 引71		傷 二22	傷 奏43
	伐 脉18			偃 引105		傷 二24	傷 奏43

咎　偑　佐　備

傪 脈60	咎（咎）蓋24	偑 奏214	偑 奏219	佐 二201	佐 奏54	佐 二297	備 奏171
傪 引5		說文所無		說文所無	佐 奏175		說文所無
傪 引7		偑 奏218		佐 二213	佐 奏176		
		偑 奏218		佐 二232	佐 二482		
		偑 奏218		佐 二292	佐 二485		

仗
- 仗 二355 說文所無

佊
- 佊 二65 說文所無

佛
- 佛 引13 說文所無
- 佛 引14
- 佛 引16
- 佛 引17
- 佛 引21
- 佛 引25
- 佛 引27
- 佛 引84
- 佛 引92
- 佛 引20

傁
- 傁 蓋47 說文所無 孤例字殘

傒
- 傒 秦215 說文所無

備
- 備 引51 說文所無

八·六

免　匕　真　化　印

免	免	免	匕	真	化	印	印
曆10	二211	奏72	遣15	二105	脈8	脈37	引83
說文所無	二350	奏73		二168	脈9	引13	引100
二38	二356					引17	
二145	二394					引25	
二163	奏65					引51	

艮

艮 脈13

頃

頃 二268、二240、二241、二246、奏198

頃 算188、二310、二312

從

從 算133、奏199、脈57、算145、蓋40

從 二217、二233、奏24、奏25、奏75

從 二397、脈7

并

并 二328、奏136、奏142、算43、算53

并 引9、引17、引23

八·七

比		北				丘	虛
比 二234	比 奏169	北 二142	北 奏216	北 奏51	北 引14	丘 二460	虛 脈52
比 二291	比 奏179	北 二266	北 脈4	北 奏53			虛 脈53
比 二294	比 引14	北 二448	北 脈27	北 奏108			虛 脈53
比 二295	比 引81	北 二454	北 脈29	北 奏110			虛 引111
比 二296		北 二523	北 蓋8	北 引15			

衆		徵		重			卧
秦 64	蓋 42	蓋 51	秦 205	二 60	二 215	秦 177	秦 17
蓋 29	蓋 43	脈 51	秦 226	二 95	二 412	秦 191	秦 168
蓋 32	蓋 48	脈 52		二 99	二 412	秦 192	秦 203
蓋 33		二 232		蓋 42	二 448	秦 193	脈 35
蓋 40		脈 52		蓋 50		秦 195	脈 41

八·八

監			臨		身		
	監		臨		身		
臥 引52	監 二103	監 二467	臨 二103	臨 奏18	身 二163	身 脈13	身 引107
臥 引64	監 二466		臨 二179	臨 奏19	身 二124	身 脈14	
臥 引91	監 二466		臨 二447	臨 奏23	身 奏58	身 脈15	
	監 二466		臨 二456	臨 奏86	身 脈4	身 引6	
	監 奏184		臨 奏17		身 脈5	身 引7	

衣			袍		表	裹	
二283	奏163	遣9	二418	遣12	二418	二246	筭61
二284	奏167		二418		蓋8	筭142	
奏213	奏168		二419		蓋23	筭61	
引49	奏173		遣3		蓋27	筭145	
脈25	奏215		遣7			筭145	

裏	複	襲	被	襌	襍	補	褎
二 283	遣 5	二 496	引 82	二 419	二 179	奏 228	奏 167
二 285	遣 10	奏 17	引 4	遣 4	二 196	二 413	
二 418		引 10	引 2	遣 8	二 332	二 513	
		二 369	脈 33	遣 9			

裂	衾	襄	卒			襦	衷
胝 18	二 282	二 455	二 76	奏 5	奏 137	二 283	胝 17
	遣 10	二 452	二 144	奏 67	奏 137	遣 4	胝 8
		二 458	二 157	奏 153		遣 5	引 67
			奏 74	奏 211		遣 1	
			蓋 31	奏 228			

衰

蓋53

引106

褭

二292

二354

二355

二356

二357

奏80

奏82

算32

奏168

說文所無

奏169

裘

二420

奏207

求

二65

二68

二144

二160

奏61

奏75

奏77

算111

算111

算113

奏152

居	尸		毛		孝		老
二160	二486	奏109	奏99	奏181	二35	二412	二91
二176		奏110	奏100	奏181	二36	蓋32	二122
二201		奏114	奏103	奏186	奏186		二342
二254		脈36	奏105		奏188		二356
二273			奏108		蓋46		二357

居	尼	尻	尻	屋		尺	尺
奏83	引100	脈9	引69	二4	脈7	二182	奏202
奏89		脈19	引71	孤例字殘	說文所無	二256	算42
蓋47		引49	引73			二258	算151
引41		引51				二282	引8
		引52				奏172	引41

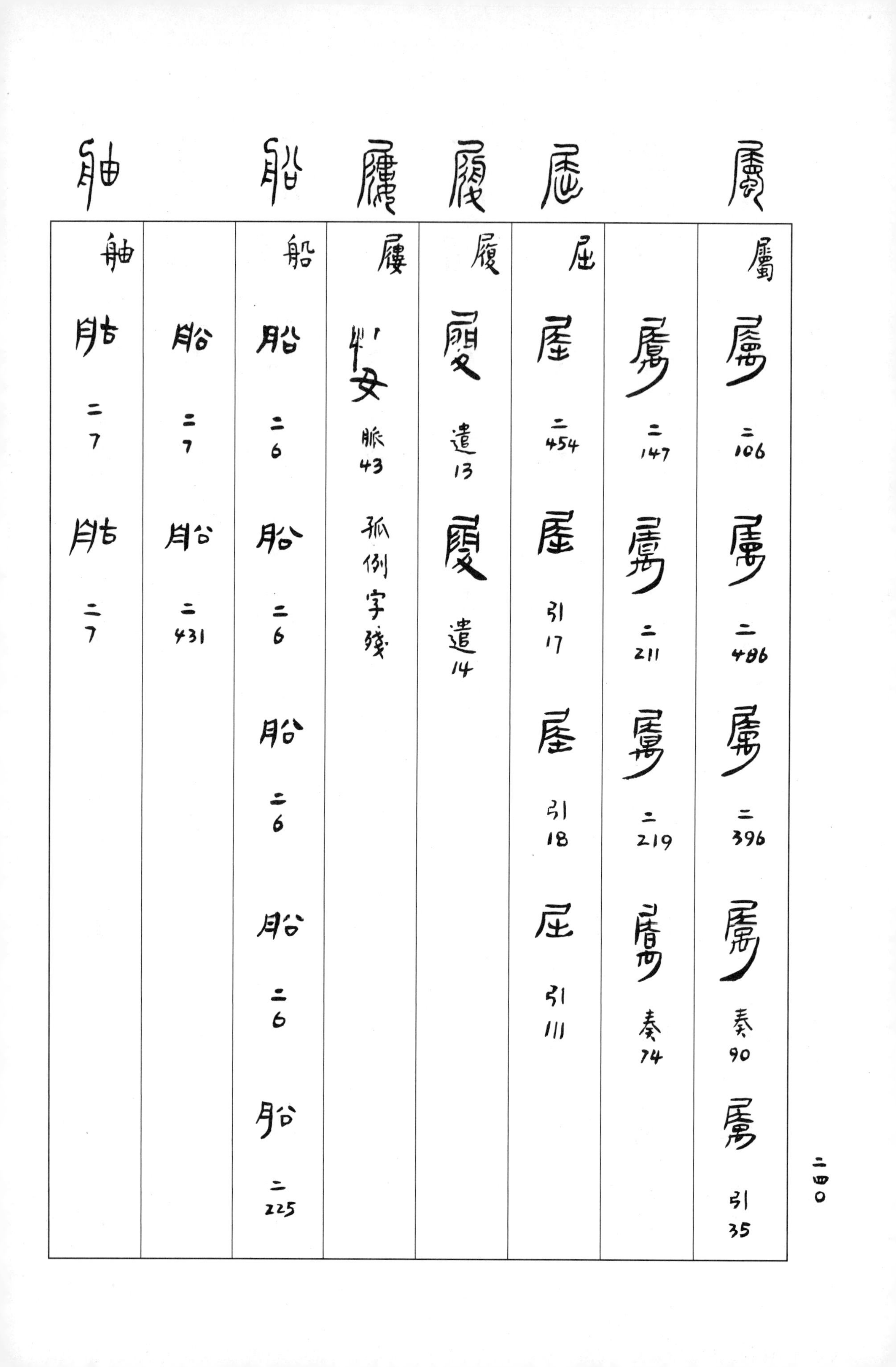

屬		屈	履	屨	船		舳
二106	二147	二454	遣13	脈43	二6	二7	二7
二486	二211	引17	遣14	孤例字殘	二6	二431	二7
二396	二219	引18			二6		
奏90	奏74	引111			二6		
引35					二225		

臚	服	方	兄	兄	先	先	秃
二7	二494	二459	二41	奏24	二91	奏49	脈2
二7	奏186	奏171	二115	蓋46	二122	奏132	
	蓋1	算141	二195		二144	脈9	
	蓋5	蓋1	二195		二333	脈51	
	引37	引36	奏201		二335	遣15	

穨 [illegible] 見 視 觀 覺

穨		見		視		觀	覺
脈11	脈2	二256	脈40	二104	奏39	蓋18	二144
脈38	說文所無	二405	脈52	二501	奏42		二144
引70		二430	引13	奏37	奏43		二145
引70		奏36	引81	奏38	奏202		二404
		奏101		奏46			

八・一三

親			欲			吹	歌
親 二41	親 二160	寴 脈17 說文所無	欲 二61	欲 奏83	欲 奏220	吹 脈24	歌 二455
親 蓋50	親 蓋52		欲 二101	欲 奏117	欲 奏221	吹 脈35	歌 脈25
親 蓋52			欲 二114	欲 奏157	欲 算32		
親 蓋48			欲 二115	欲 算86			
親 二159			欲 二343	欲 引7			

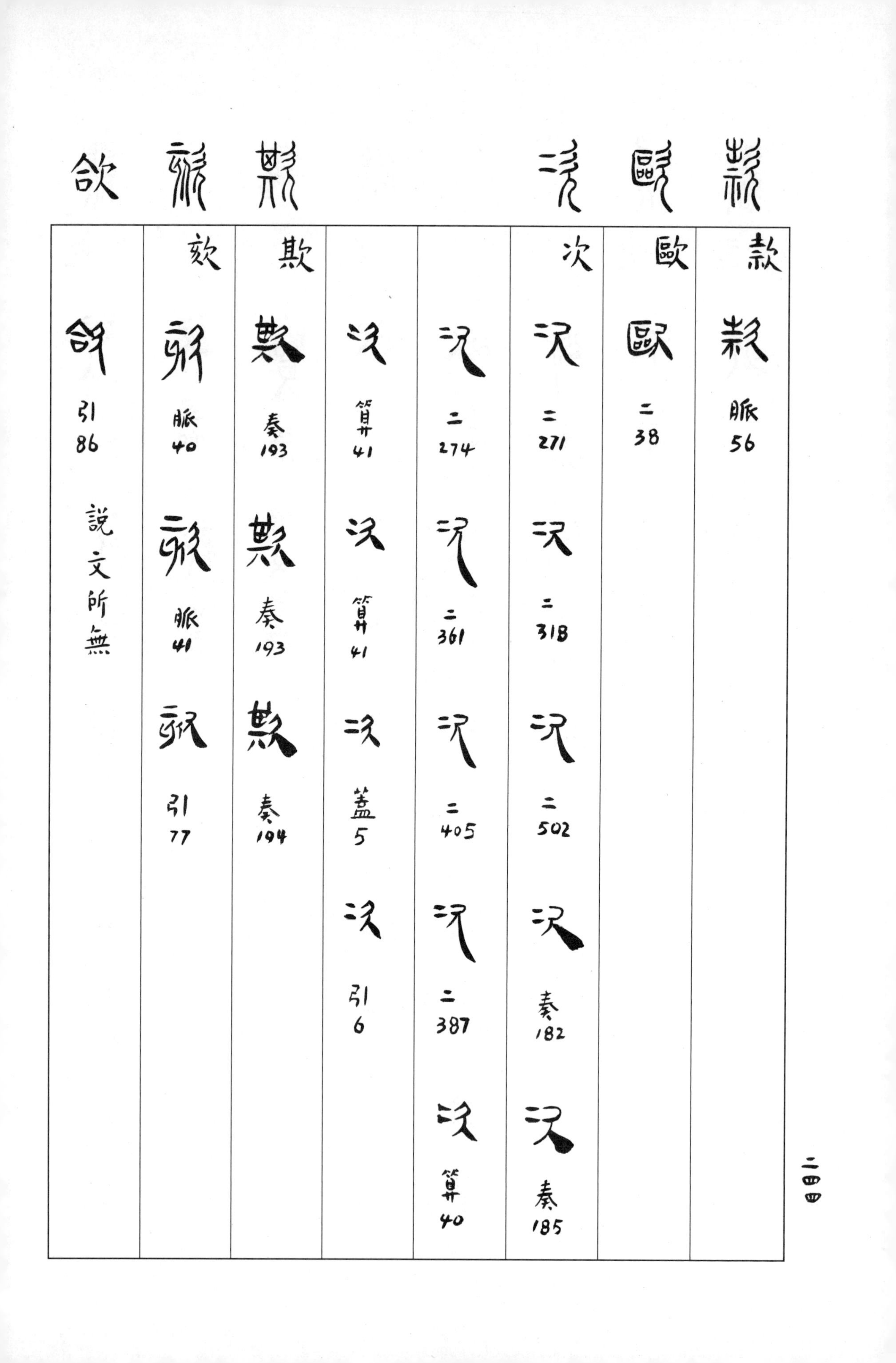

款	歐	次			欺	欬	
脈56	二38	二271	二274	算41	奏193	脈40	引86
		二318	二361	算41	奏193	脈41	說文所無
		二502	二405	蓋5	奏194	引77	
		奏182	二387	引6			
		奏185	算40				

款	⿰叕欠	飲	(飲 cont.)	羨	盜	盜 (cont.)	盜 (cont.)
		飲		羨	盜		
款 二456	⿰叕欠 引54	飲 二63	飲 引2	羨 算24	盜 二60	盜 二61	盜 二49
說文所無	說文所無	飲 脈46	飲 引4		盜 二63	盜 二76	盜 二91
		飲 算66	飲 引6		盜 二64	盜 二208	盜 二142
		飲 算66			盜 二57	盜 二261	盜 二153
		飲 算66			盜 二145	盜 二58	盜 二154

二74

二75

二144

二146

二180

二1

二245

秦85

秦132

秦219

蓋4

文一百三十五　重五百八十二

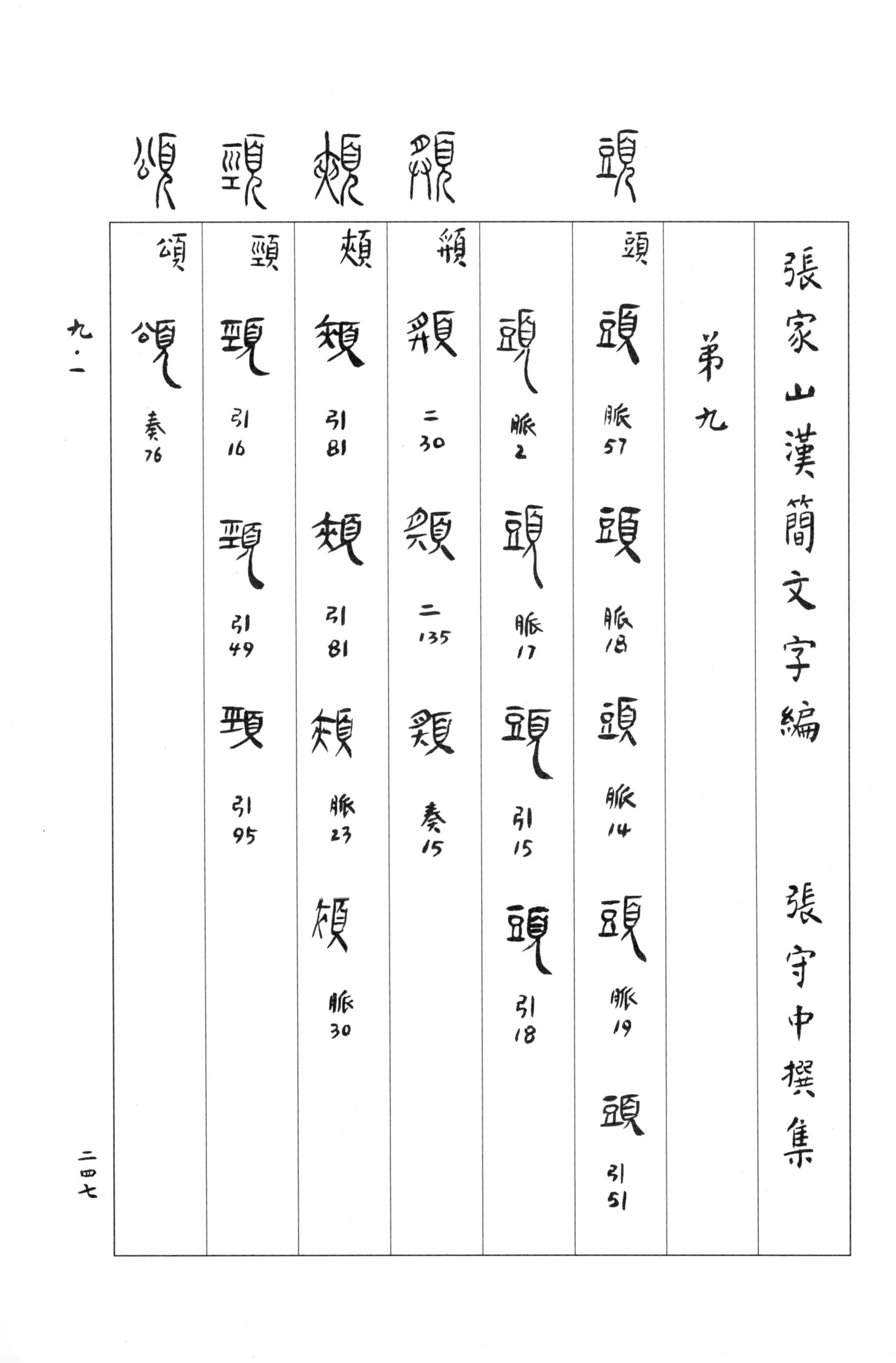

張家山漢簡文字編

張守中撰集

第九

頭

脈57 脈18 脈14 脈19 引51 脈2 脈17 引15 引18

顆

二30 二135 奏15

頰

引81 引81 脈23 脈30

頸

引16 引49 引95

頌

奏76

顯 領 項 順 頗

顯	領	項		順		頗	
顯 奏169	領 脈25	項 脈17	項 引100	順 蓋10	順 奏225	頗 二71	頗 二208
	領 脈27	項 脈19		順 蓋13	順 奏197	頗 二71	頗 奏154
		項 脈18		順 蓋15	順 奏51	頗 二73	頗 奏166
		項 引90		順 蓋18		頗 二201	
		項 引100		順 奏203		頗 二207	

九·二

顡	煩	顧	顫	顏	顏	頤	頤
脈 5	脈 34	奏 200	引 81	二 122	引 83	脈 4	引 94
孤例字殘		奏 200	引 34	說文所無	二 135	說文所無	引 100
		脈 27	引 90	二 129	脈 17	引 49	
		蓋 41	引 97	奏 15	脈 24	引 83	
				脈 25		引 83	

頍

二443

說文所無

孤例字殘

面

脈4

脈13

脈40

引56

引68

算154

首

二34

奏136

奏142

引37

引99

奏139

奏140

奏150

奏151

奏155

奏130

奏143

奏146

奏147

奏214

蓋2

縣

二18

二19

二102

二104

二105

縣	縣	須	須	弱	文	髟	髮
		須		弱	文	髟	髮
脈 40	引 72	二 376	奏 156	脈 5	二 197	二 471	奏 162
奏 23		奏 140	二 361	脈 13		奏 78	奏 166
奏 181		奏 142	引 32	脈 11		奏 92	奏 171
奏 75		奏 145	蓋 39				奏 172
引 41		蓋 30					奏 170

			司		卮	令	
奏172	引97	脈2	二90	二312	遣2	二234	奏61
引2	脈43	說文所無	二124	二365		二38	奏65
引4			二129	二445		二39	奏149
引81			二293			奏4	奏153
引82			二305			奏197	奏227

九·四

			卷		卻	印	
二 18	奏 54	二 103	二 456	遣 8	蓋 15	二 16	二 501
二 145	二 116	二 103	引 36		蓋 33	二 53	引 79
二 144	奏 82	二 145	引 36		蓋 41	二 137	
二 434	奏 122		引 109		引 82	二 275	
算 163	算 73		遣 6			二 332	

字	出處
色	二498；脈40；蓋5
鄉	二236；二255；二289；二291；二359
鄉	二364
辟	二93；奏60；奏137；脈9；蓋44
辟	二276；引49；引81
旬	二24；二414；二453；算132；算132
旬	引42；引48
匀	二9　孤例字殘

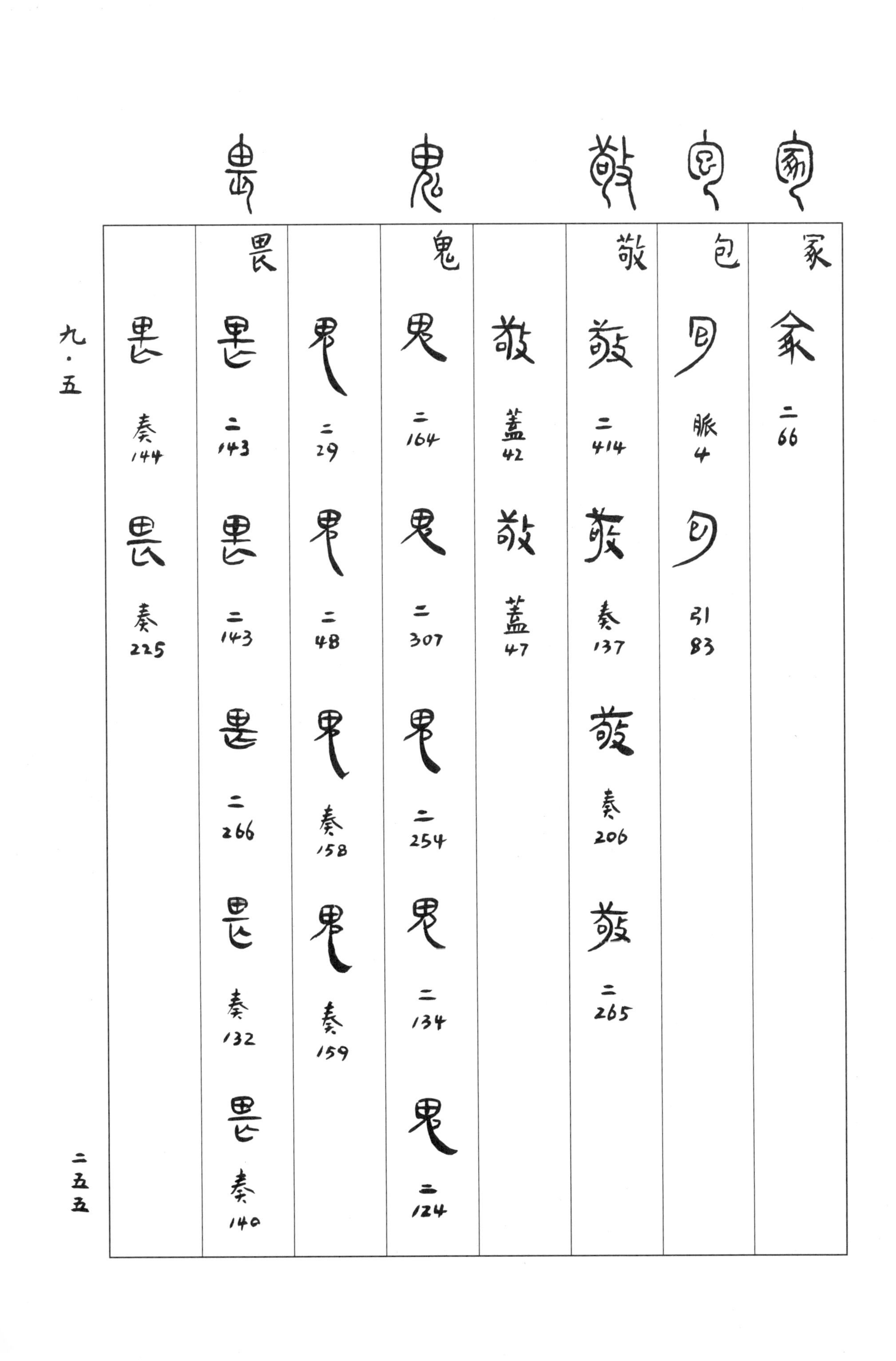

九·五

家
- 二66

包
- 脈4
- 引83

敬
- 二414
- 奏137
- 奏206
- 二265
- 蓋42
- 蓋47

鬼
- 二164
- 二307
- 二254
- 二134
- 二124
- 二29
- 二48
- 奏158
- 奏159

畏
- 二143
- 二143
- 二266
- 奏132
- 奏140
- 奏144
- 奏225

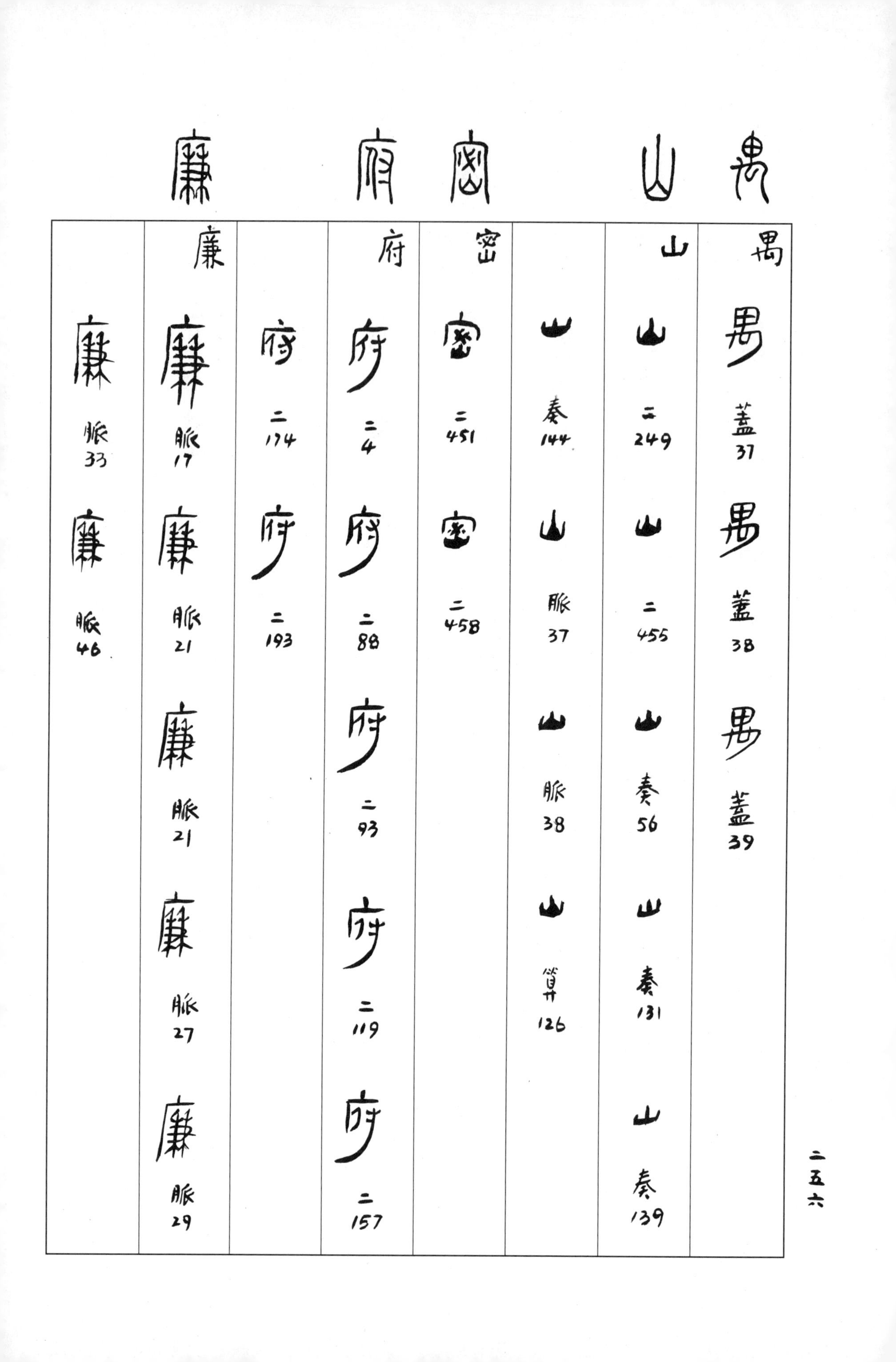

禺
- 蓋37
- 蓋38
- 蓋39

山
- 二249
- 二455
- 奏56
- 奏131
- 奏139
- 奏144
- 脈37
- 脈38
- 算126

密
- 二451
- 二458

府
- 二4
- 二88
- 二93
- 二119
- 二157
- 二174
- 二193

廉
- 脈17
- 脈21
- 脈21
- 脈27
- 脈29
- 脈33
- 脈46

庫	廁	廣	廣	廏	廬	廬	廥
庫 二461	廁 引81	廣 二246	廣 算144	廏 二463	廬 脈13	廬 蓋35	廥 奏15
庫 二471	廁 引99	廣 二452	廣 算145	廏 二449	廬 蓋1	廬 蓋46	廥 奏47
		廣 二455	廣 算159	廏 二449	廬 蓋9		
		廣 奏88		廏 二425	廬 蓋11		
		廣 奏89			廬 蓋15		

字頭	出處
廢	蓋2
庳	二103、二294
庠	二211、二483、蓋41
庶	二153、二162、二163、二189、二312
	二314、奏16、奏88
雇	奏134、奏138、奏139、奏143、奏144
	奏145、奏146、奏147、奏149、奏150
	奏159

九·七

庤	[illegible]	[illegible]	[illegible]	厲	廞	廚	危
					廞		危
脤12	二502	二430	脤10	脤15	引101	二465	蓋51
說文所無	說文所無	說文所無	說文所無	說文所無	引66	說文所無	引23
脤12	孤例字殘						引27
脤19							引57
							引59

石	石	石	研	破	磬	磨	
引64	二147	奏70	遣40	奏136	奏165	二267	脈58
引68	二184	奏71		算75	奏165		說文所無
引84	二213	算43		算75			脈58
引91	二219	算45		蓋8			脈60
	二465						

九・八

長

二105、二116、二260、二314、奏36

奏76、奏80、奏162、奏168、脈51

蓋1、引1

奏136、說文所無、奏137、奏140、奏141

奏142、奏151、奏156

勿

二17、二64、二70、二106、二115

奏225、蓋41、蓋43

昜

引106、引110、奏104、奏115、蓋32

而　耐

[字形] 蓋38	而 二1	而 二36	而 二6	而 算5	耐 二97	耐 二6	耐 二55
[字形] 蓋38	而 二12	而 奏191	而 二64	而 蓋13	耐 二123	耐 奏53	
	而 二27	而 二152	而 二72		耐 二129	耐 奏65	
	而 二74	而 脈25	而 奏40		耐 二157	耐 奏66	
	而 二76	而 脈24	而 脈7		耐 二171	耐 奏182	

字頭	字形出處
獂	二459
貇	二243；二245；二244
（說文所無）	二253；二253
彘	二253；二253；二253；二254
貍	二430；算34；算35；算36；算34
貙	脈52
豫	脈56

文八十五　重三百四十二

張家山漢簡文字編

張守中撰集

第十

馬

馬 二6

馬 二8

馬 二213

馬 二251

馬 二449

馬 脈7

馬 算52

馬 蓋31

馬 蓋35

馬 算53

馬 二253

馬 二506

馬 二509

馬 二510

馬 二522

馬 遣18

駟

駟 二314

駟 二516

驪

驪 脈37 孤例字殘

一〇・一

騷
- 脈15

驁
- 奏8
- 奏36

驚
- 奏133
- 脈24

駕
- 二95
- 二95
- 二114
- 奏175

騎
- 二217
- 二446
- 二468
- 二506
- 二513
- 二522

騰
- 奏112
- 奏113
- 奏113
- 奏123

驀
- 奏83

一〇·二

灋

- 二57
- 二60
- 二107
- 二180
- 奏146

- 奏52
- 奏86
- 奏94
- 奏149
- 二261

- 二74
- 二75
- 二90
- 奏78

- 奏185
- 奏174
- 奏149
- 蓋48

法

- 算6
- 算7
- 算18
- 算24
- 算50

- 算51
- 算57
- 算68

鹿

- 引25

麋

- 脈15

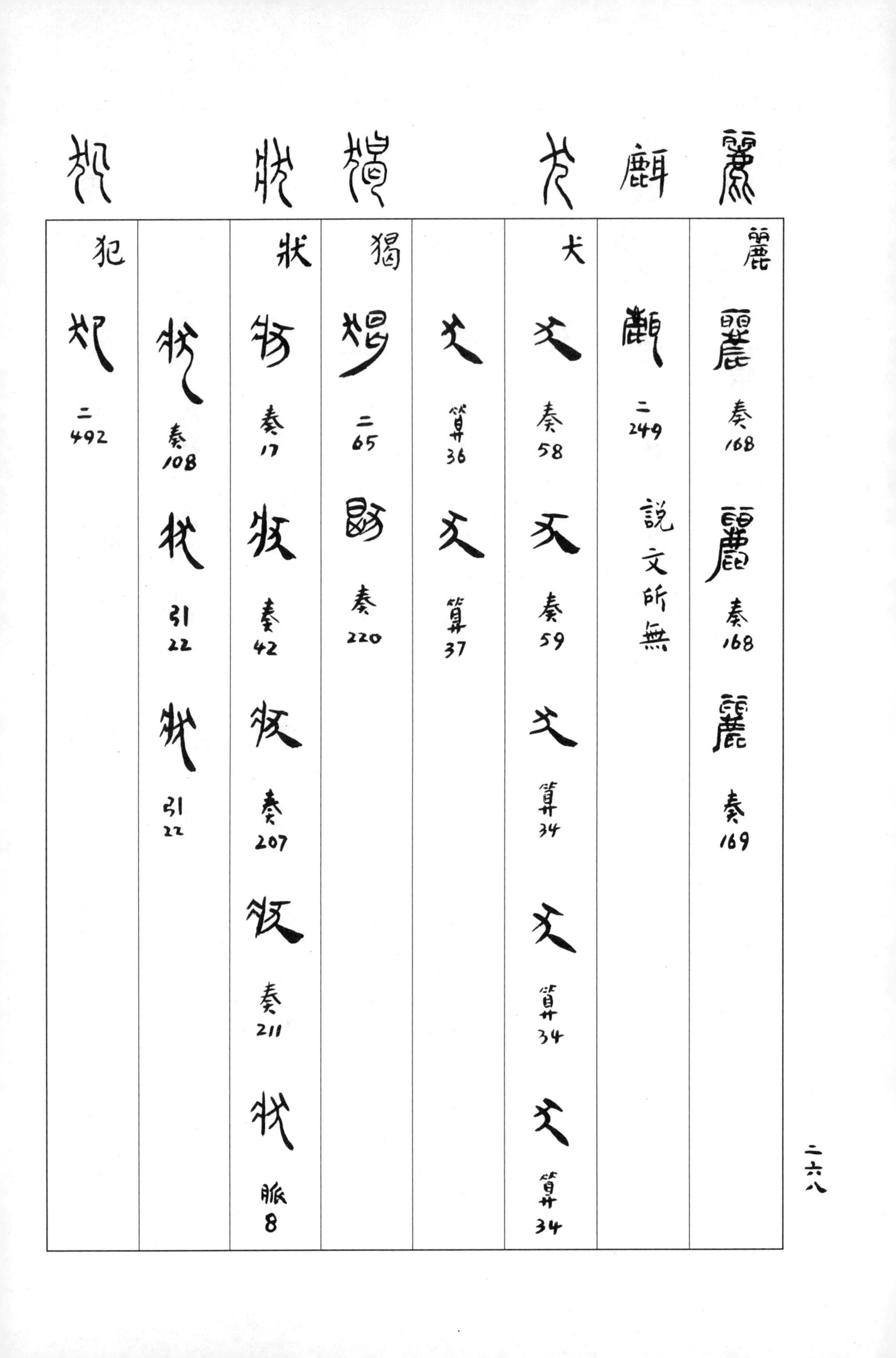

麗	[illegible]	犬		獨	狀		犯
奏168	二249	奏58	算36	二65	奏17	奏108	二492
奏168	說文所無	奏59	算37	奏220	奏42	引22	
奏169		算34			奏207	引22	
		算34			奏211		
		算34			脈8		

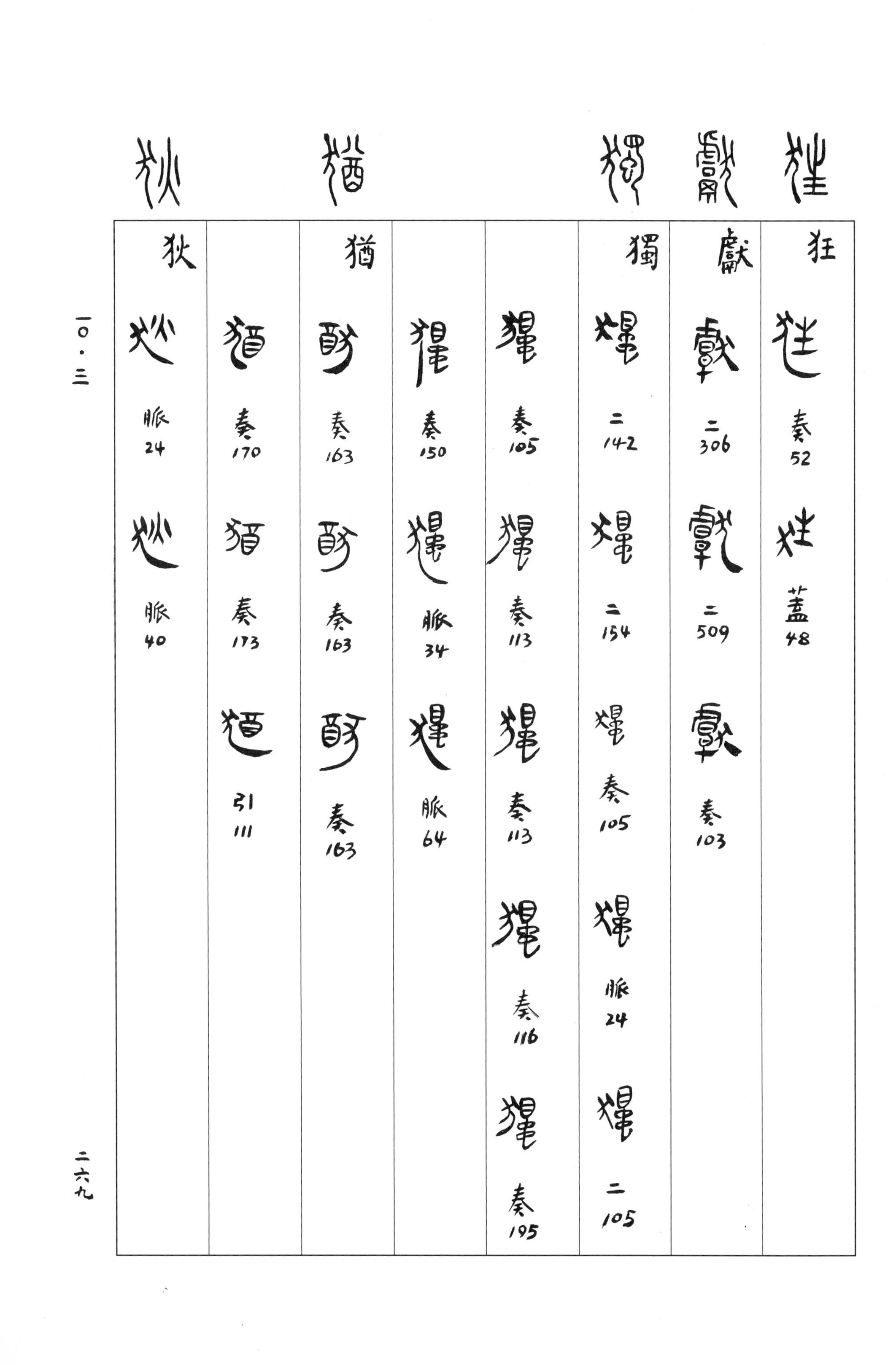

狂	獻	獨			猶		狄
秦52	二306	二142	秦105	秦150	秦163	秦170	脈24
蓋48	二509	二154	秦113	脈34	秦163	秦173	脈40
	秦103	秦105	秦113	脈64	秦163	引111	
		脈24	秦116				
		二105	秦195				

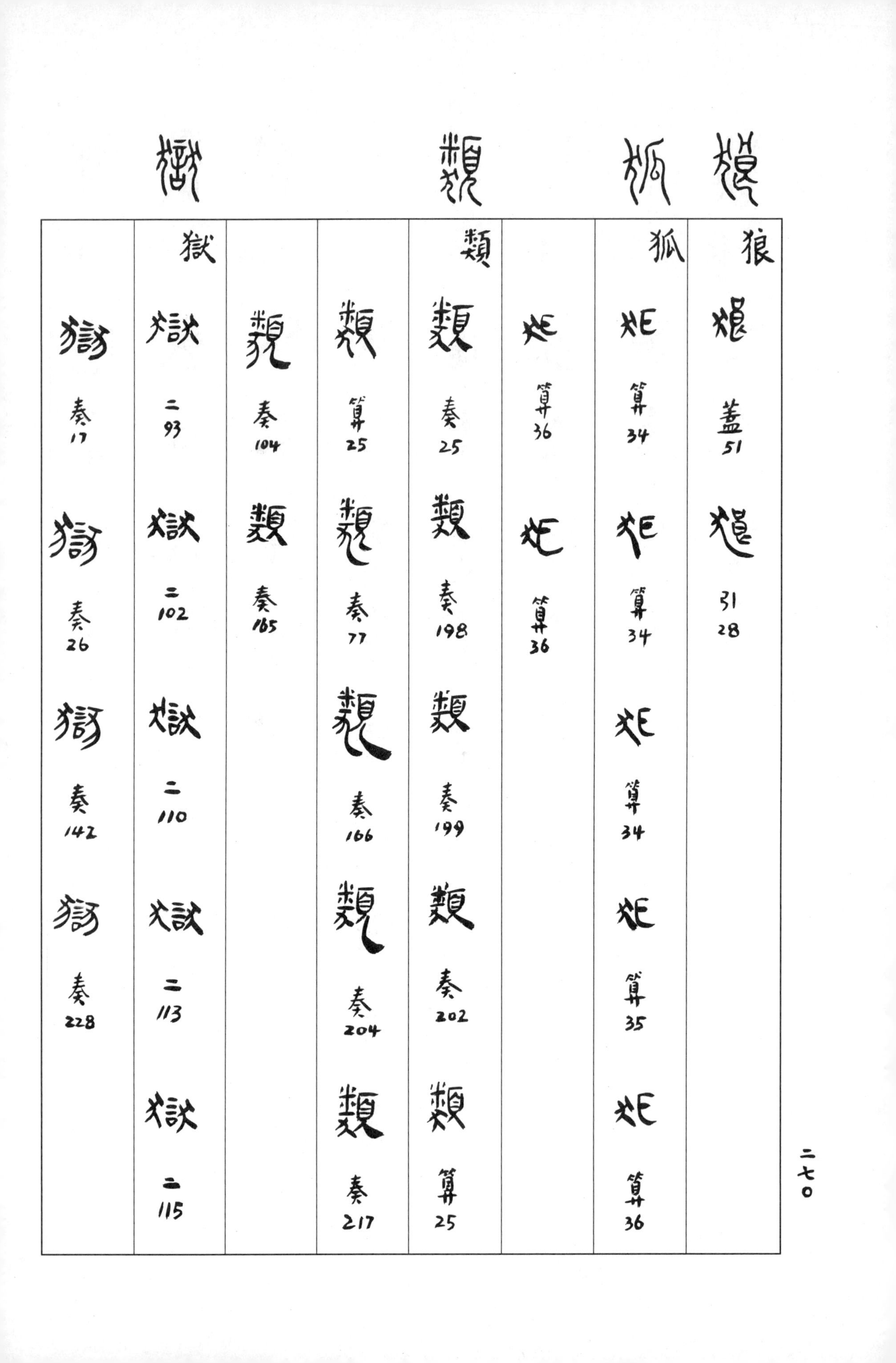

狼	狐		類			獄	
蓋51	算34	算36	奏25	算25	奏104	二93	奏17
引28	算34	算36	奏198	奏77	奏165	二102	奏26
	算34		奏199	奏166		二110	奏142
	算35		奏202	奏204		二113	奏228
	算36		算25	奏217		二115	

一〇·四

	羆	能			熊	火	
二102	二18	二63	二258	二141	奏58	二4	蓋9
二508		二64	二262		引50	二306	蓋21
		二71	奏113		引101	奏170	蓋25
		二153	脈5			脈5	
		二251	引49			脈24	

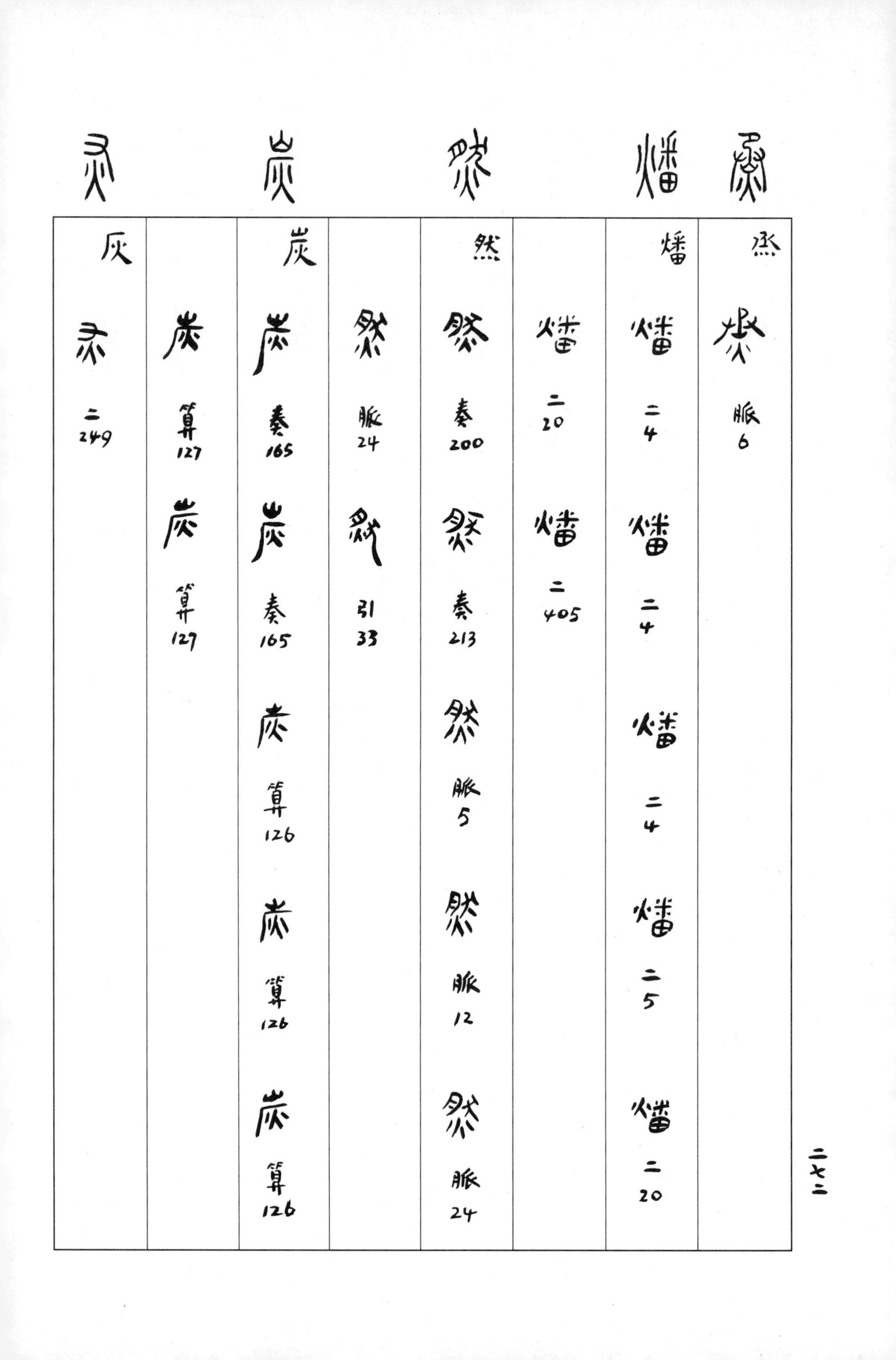

烝	燔	燔	然	然	炭	炭	灰
脈 6	二 4	二 20	奏 200	脈 24	奏 165	算 127	二 249
	二 4	二 405	奏 213	引 33	奏 165	算 127	
	二 4		脈 5		算 126		
	二 5		脈 12		算 126		
	二 20		脈 24		算 126		

一〇·五

煎

遣 29

尉

二 102
二 140
二 144
二 145
二 147

奏 1
奏 2
奏 26
奏 192
奏 190

奏 189

炊

二 235
引 62
引 106
引 106
奏 168

引 35
引 66
引 74
引 104
引 105

引 108
引 112

燀

脈 29

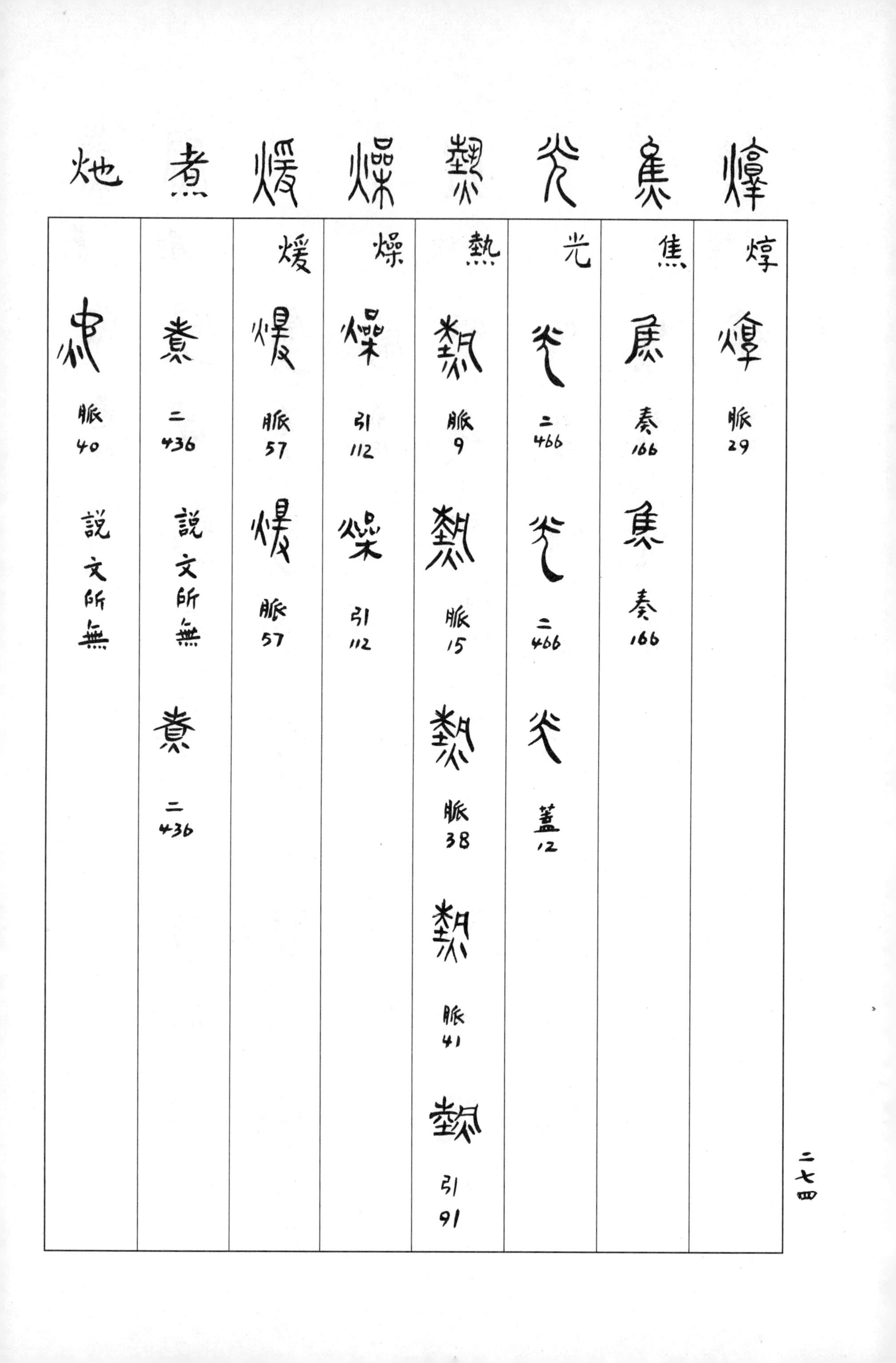

焞	焦	光	熱	燥	煖	煮	炧
焞	焦	光	熱	燥	煖		
脈 29	奏 166	二 466	脈 9	引 112	脈 57	二 436	脈 40
	奏 166	二 466	脈 15	引 112	脈 57	說文所無	說文所無
		蓋 12	脈 38			二 436	
			脈 41				
			引 91				

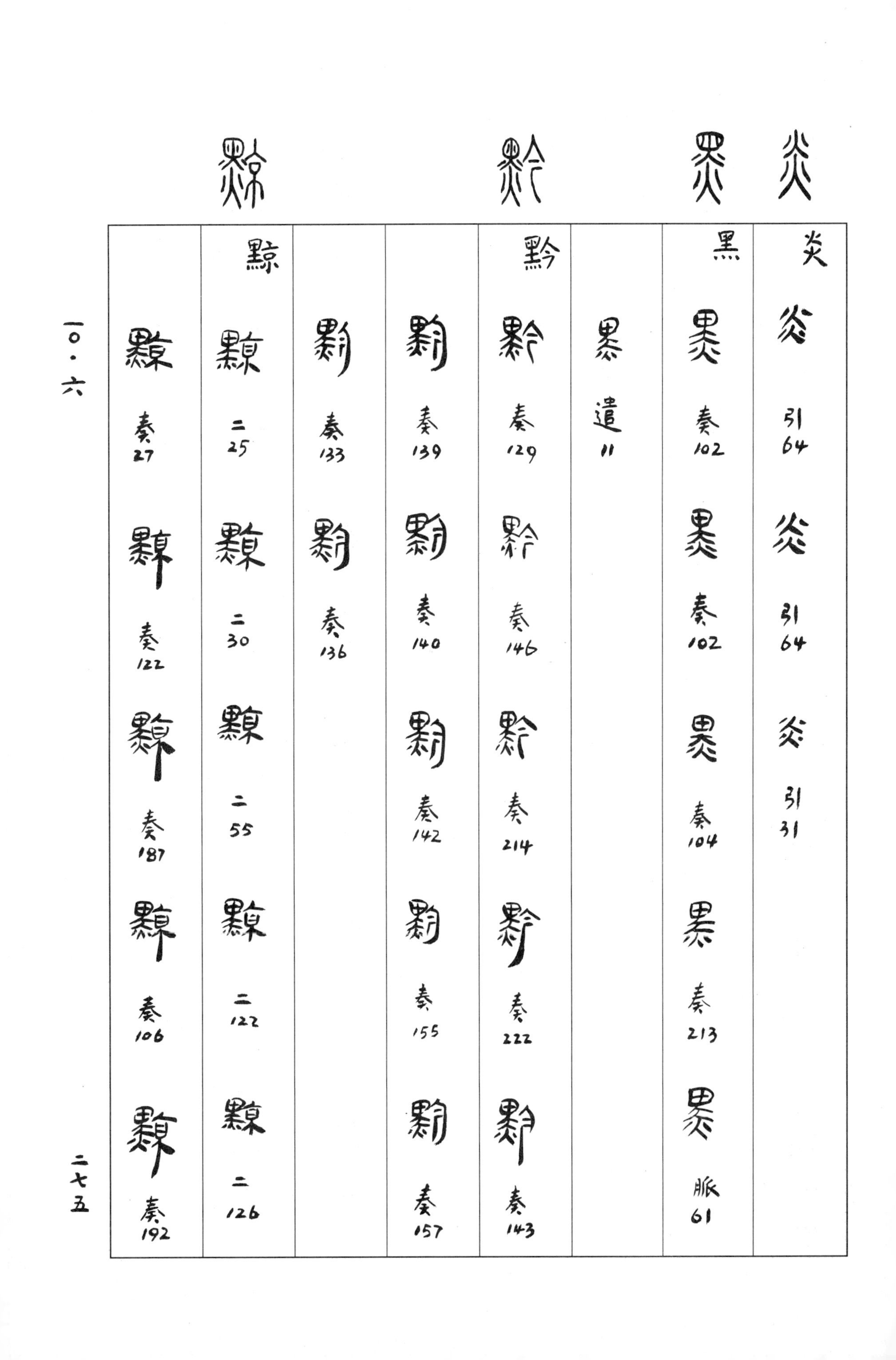

炎
- 引64
- 引64
- 引31

黑
- 奏102
- 奏102
- 奏104
- 奏213
- 脈61
- 遣11

黔
- 奏129
- 奏146
- 奏214
- 奏222
- 奏143
- 奏139
- 奏140
- 奏142
- 奏155
- 奏157
- 奏133
- 奏136

黥
- 二25
- 二30
- 二55
- 二122
- 二126
- 奏27
- 奏122
- 奏187
- 奏106
- 奏192

炙	熒	黯	黨		點	䵣	
奏162	二456	脈40	奏201	奏13	奏8	二458	二63
奏164	奏88			奏14	奏9		二100
奏165					奏10		二115
奏170					奏11		二394
奏171					奏12		

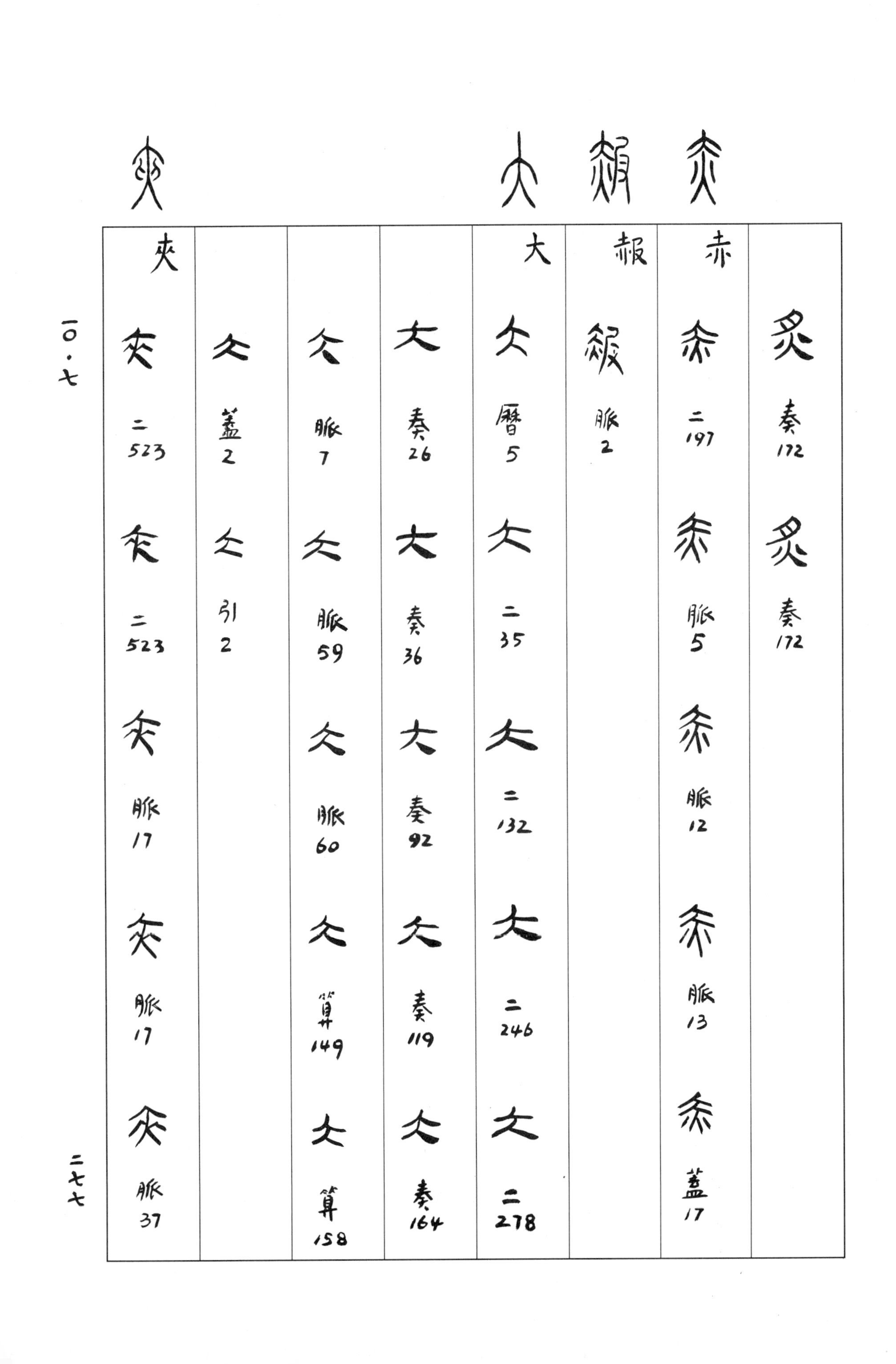

一〇・七

字頭	出處
	奏172；奏172
赤	二197；脈5；脈12；脈13；蓋17
赧	脈2
大	曆5；二35；二132；二246；二278
	奏26；奏36；奏92；奏119；奏164
	脈7；脈59；脈60；算149；算158
	蓋2；引2
夾	二523；二523；脈17；脈17；脈37

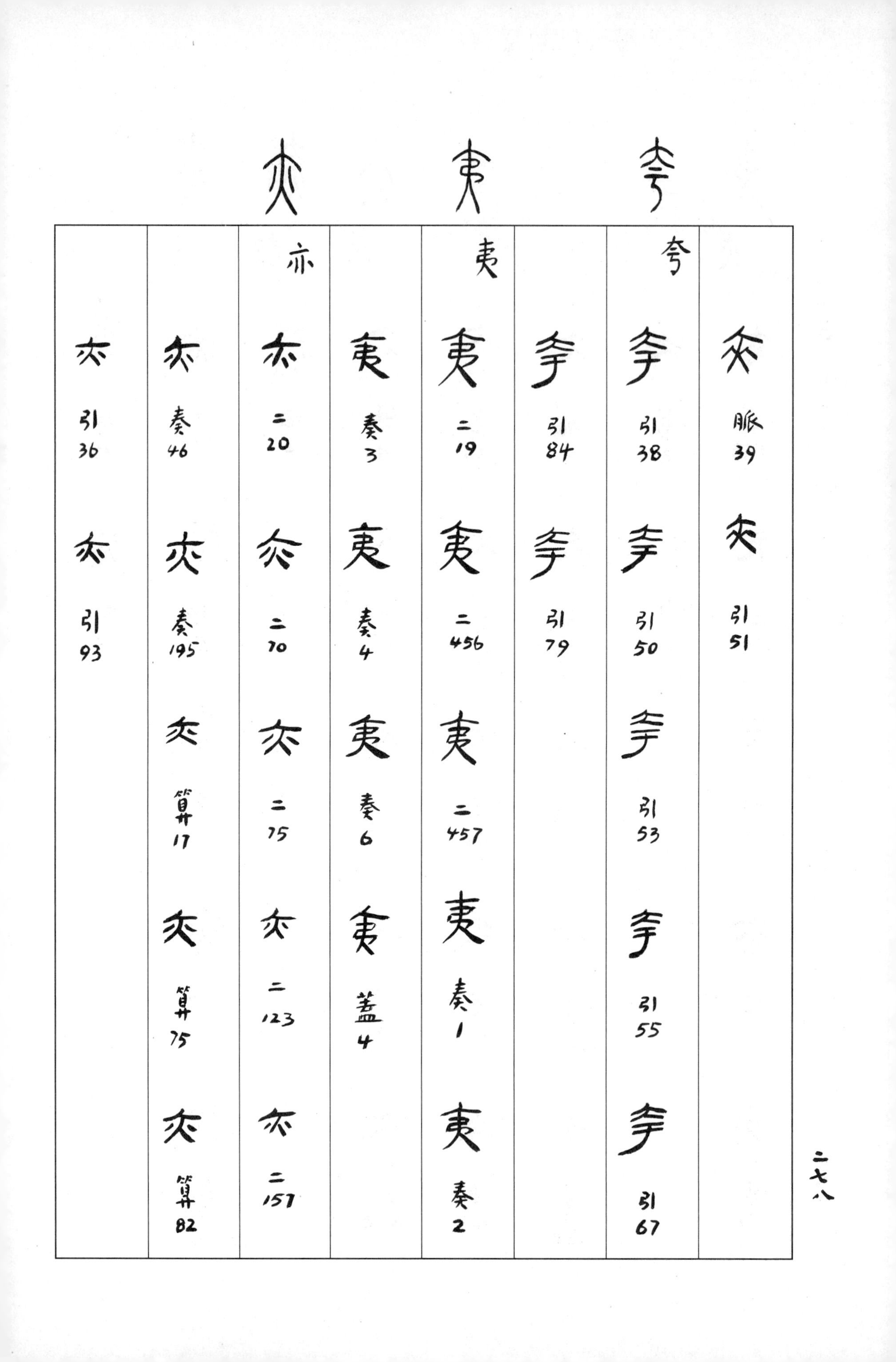

夸　夷　亦

	夸		夷		亦		
脈39	引38	引84	二19	奏3	二20	奏46	引36
引51	引50	引79	二456	奏4	二70	奏195	引93
	引53		二457	奏6	二75	算17	
	引55		奏1	蓋4	二123	算75	
	引67		奏2		二157	算82	

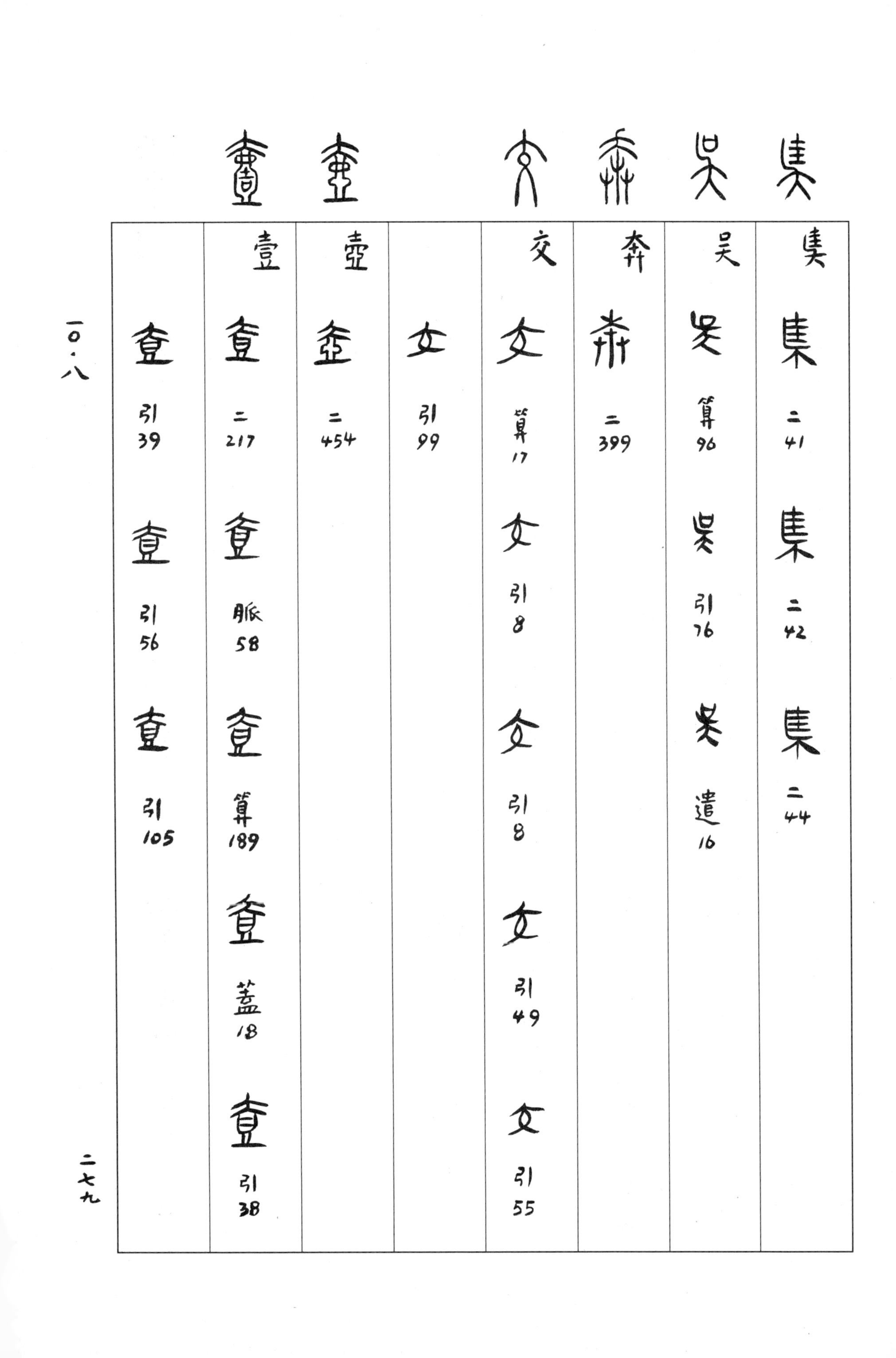

奊	吴	奔	交		壺	壹	
二41	算96	二399	算17	引99	二454	二217	引39
二42	引76		引8			脈58	引56
二44	遣16		引8			算189	引105
			引49			蓋18	
			引55			引38	

幸

- 二 377
- 二 430
- 二 500
- 奏 144
- 奏 147
- 二 312

執

- 二 504
- 二 504

報

- 二 93
- 二 205
- 奏 7
- 奏 50
- 奏 52
- 奏 55
- 奏 60
- 奏 62

奏

- 二 332
- 二 502
- 奏 68
- 奏 149
- 奏 154
- 奏 176
- 奏 228
- 引 99
- 引 103
- 引 111

皋

- 二 456

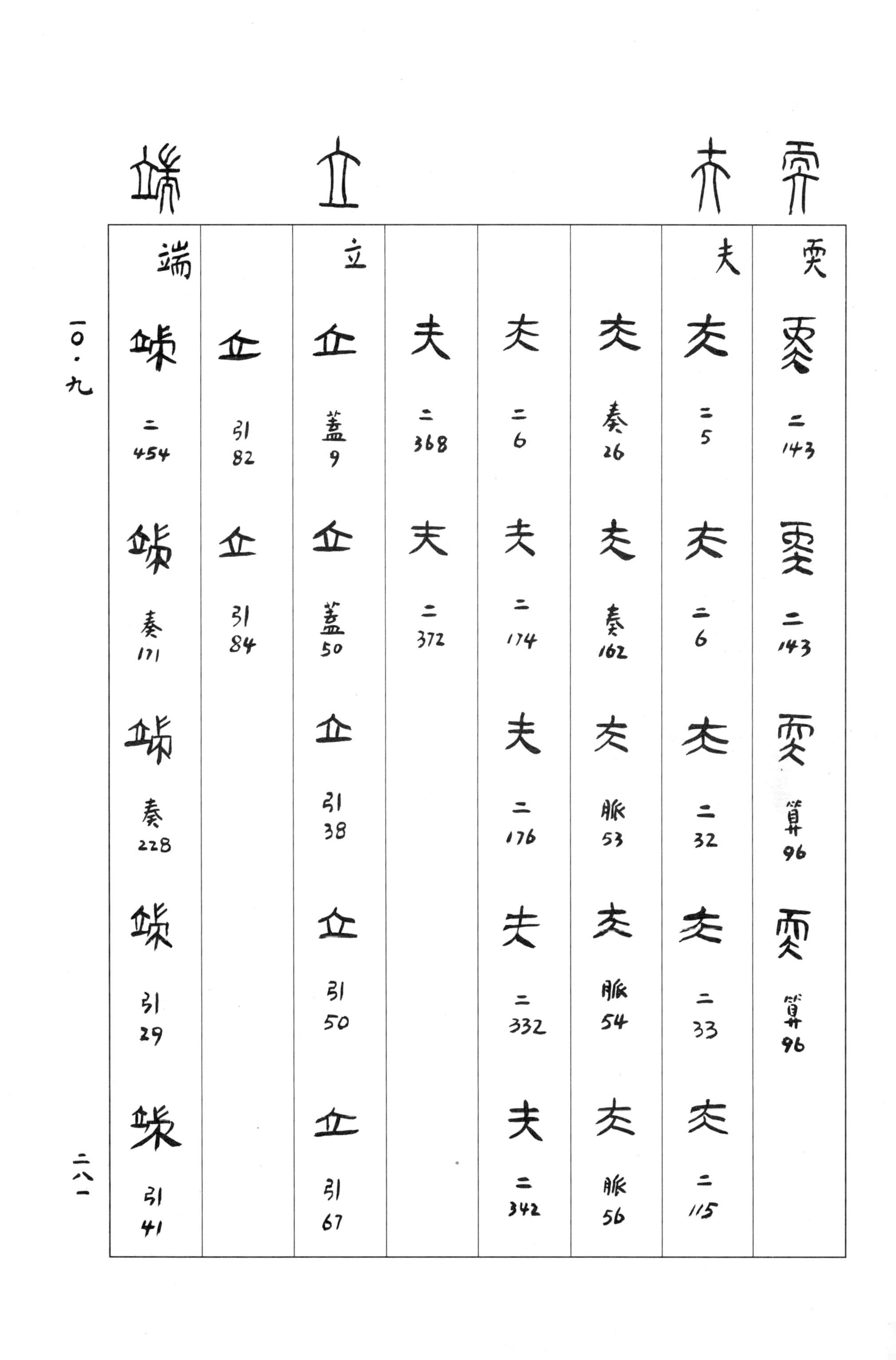

一〇・九

奕	夫				立		端
二 143	二 5	奏 26	二 6	二 368	蓋 9	引 82	二 454
二 143	二 6	奏 162	二 174	二 372	蓋 50	引 84	奏 171
算 96	二 32	脈 53	二 176		引 38		奏 228
算 96	二 33	脈 54	二 332		引 50		引 29
	二 115	脈 56	二 342		引 67		引 41

	竝	思	慮	心			
引48	蓋19	奏225	二459	脈24	引67	奏43	脈38
引49			蓋40	脈25	引84	奏144	
引67			蓋41	蓋38	引100	奏178	
引95			蓋52	蓋43	引101	奏178	
				引66	脈46	脈56	

一〇・一〇

志	忠	悳	應	息
二216	奏63	奏206	奏213	二265
蓋30	奏69		奏83	二385
蓋37			引72	脈43
蓋37			引103	算65
蓋39			引112	算65
蓋44				引32
				引36
				引49
				引60
				引99
				算64
				算64

意		慎	恢		急		
蓋5	引35	二448	奏29	奏73	二213	奏220	二272
蓋39		蓋1	奏69		二232	蓋33	
蓋37		蓋29	奏71		二265	蓋51	
蓋42			奏71		奏211	引33	
引33			奏71		奏220	引108	

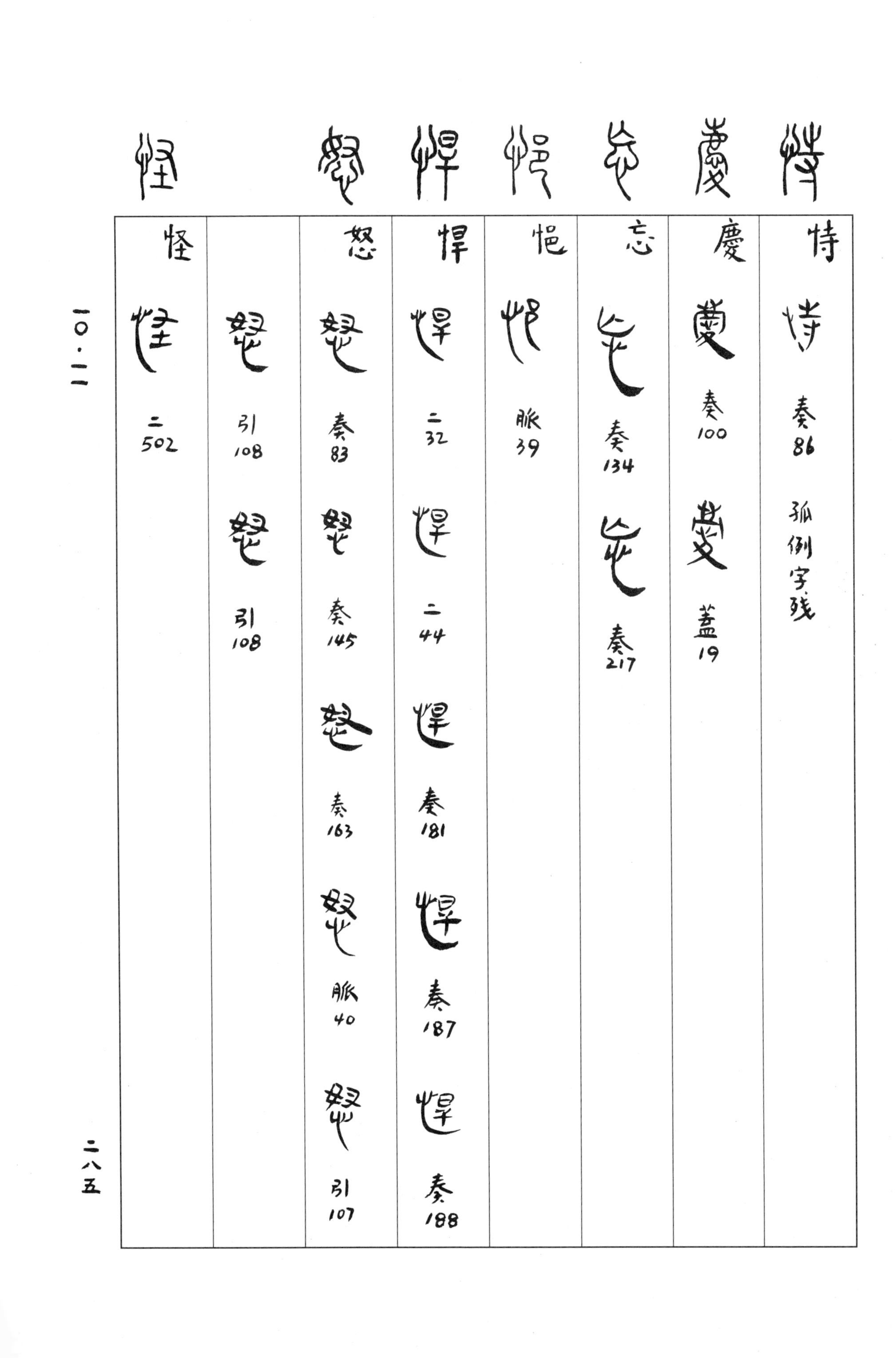

一〇·二

字	出處
恃	奏86；孤例字残
慶	奏100；蓋19
忘	奏134；奏217
悒	脈39
悍	二32；二44；奏181；奏187；奏188
怒	奏83；奏145；奏163；脈40；引107；引108；引108
怪	二502

字頭	出處
惑	蓋18
悲	奏187、蓋37、蓋39
惡	二240、奏144、脈24、脈60、算40
悔	引53
恐	蓋36、蓋33、蓋13、脈40、奏134
(恐)	二65、奏39、奏117、奏220
惷	奏43
忍	二518

患

蓋52

惕

脈24

奏210

說文所無

奏222

奏56

說文所無

奏57

奏228

說文所無

文一百一十三

重四百四十二

張家山漢簡文字編　張守中撰集

第十一

水

水 二249
水 算66
水 蓋12
水 蓋13
水 蓋21

水 二267
水 二461
水 算80
水 蓋25
水 引4

水 引33
水 引97

河

河 二455
河 二456
河 二458
河 二506
河 二523

河 二523
河 奏61

潼

潼 二447

一一·一

涪	江		池		温	沫	沮
二447	二264	奏8	二413	奏37	脈15	二451	二456
二453	二449	奏36	二429	奏39	脈22	脈15	
	二449	奏69	二449	奏40	引7		
	二453		奏36		二447		
			奏36				

一一·二

涂	汧	漢		湔	灊	淶	洛
涂 秦166	汧 二451	漢 二440	漢 二436	湔 二465	灊 脈19	淶 二452	洛 二452
	汧 秦121	漢 秦9					
	汧 秦121	漢 秦12					
		漢 秦13					
		漢 秦38					

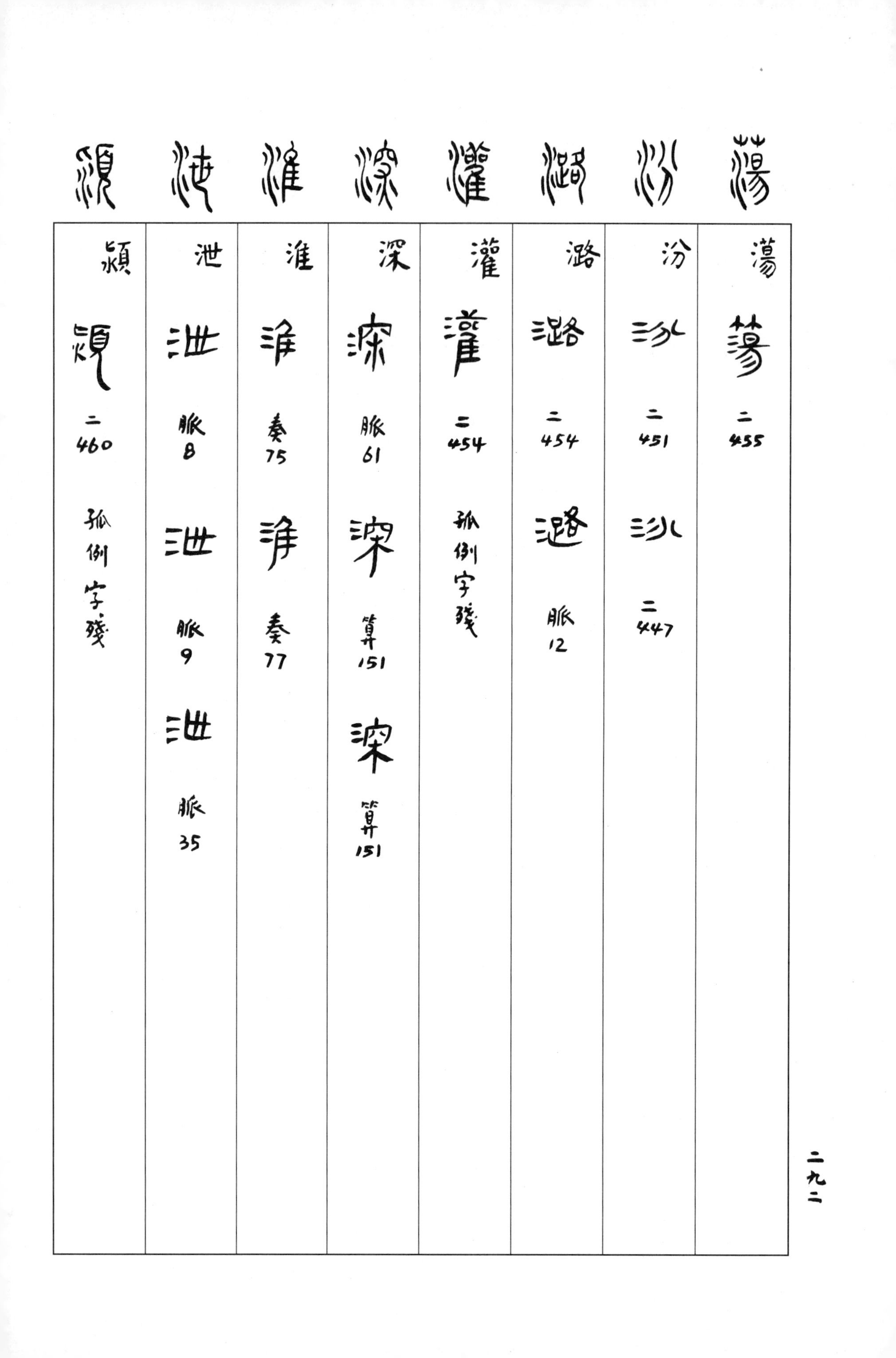

蕩	汾	潞	灌	深	淮	泄	潁
二455	二451	二454	二454	脈61	奏75	脈8	二460
	二447	脈12	孤例字殘	算151	奏77	脈9	孤例字殘
				算151		脈35	

一一・三

沂	濁	濕	治	濟	濡
二448	蓋30	二516	二104	二436	脈54
		引103	二113		
		引112	二117		
		引112	二215		
			奏74		
			奏115		
			奏118		
			脈25		
			脈47		
			脈55		
			引33		
			引104		

沛	沽	衍	清		泫	波	浮
沛 二443	沽 脈52	衍 二451	清 奏23	清 蓋30	泫 二455	波 二413	浮 脈55
		衍 二452	清 奏24	清 引2		孤例字殘	
		衍 二451	清 脈10	清 引106			
			清 脈57				
			清 蓋12				

湍	滑	澤	淫	沙	淺	湼	洫
湍 引48	滑 脈63	澤 二454	淫 脈12	沙 二456	淺 脈61	湼 二452	洫 脈53
孤例字殘			淫 脈56	沙 二458	淺 脈61	湼 二455	
				沙 二516			
				沙 二516			

溝	瀆	渠	津		沒	渡	泛
二413	脈54	二413	二498	二504	二95	二6	脈60
		二451	二510	二525	二97		孤例字殘
		二453	二507	二505	二258		
		二459	二508		二319		
			二509		二260		

沈	漬	決	浞	渴	汙	湯	浚
脈 56	引 33	二 115	脈 54	脈 9	奏 114	二 519	脈 10
	引 97	二 178		脈 15	引 8		
		二 182		脈 15			
		引 19		脈 46			
		引 20		引 109			

汲	澡	浴	沐	淬	洒	汁	澆
汲 二 455	澡 引 2	浴 二 462	沐 脈 10	淬 奏 167	洒 引 2	汁 脈 12	澆 脈 3 孤例字殘
	澡 引 4	浴 引 4	沐 引 4	淬 奏 167	洒 脈 23		
	澡 遣 28	浴 引 6	沐 引 6	淬 奏 168			
		浴 引 7	沐 引 7				
			沐 遣 40				

泣	汗	泰		灋			漕
脈2	脈14	二35	算88	奏1	奏28	二102	二523
	脈21	二40	算89	奏8	奏35	奏228背	
	脈51	脈33		奏17	奏53		
	引32	算52		奏23	奏54		
	引109			奏26	奏58		

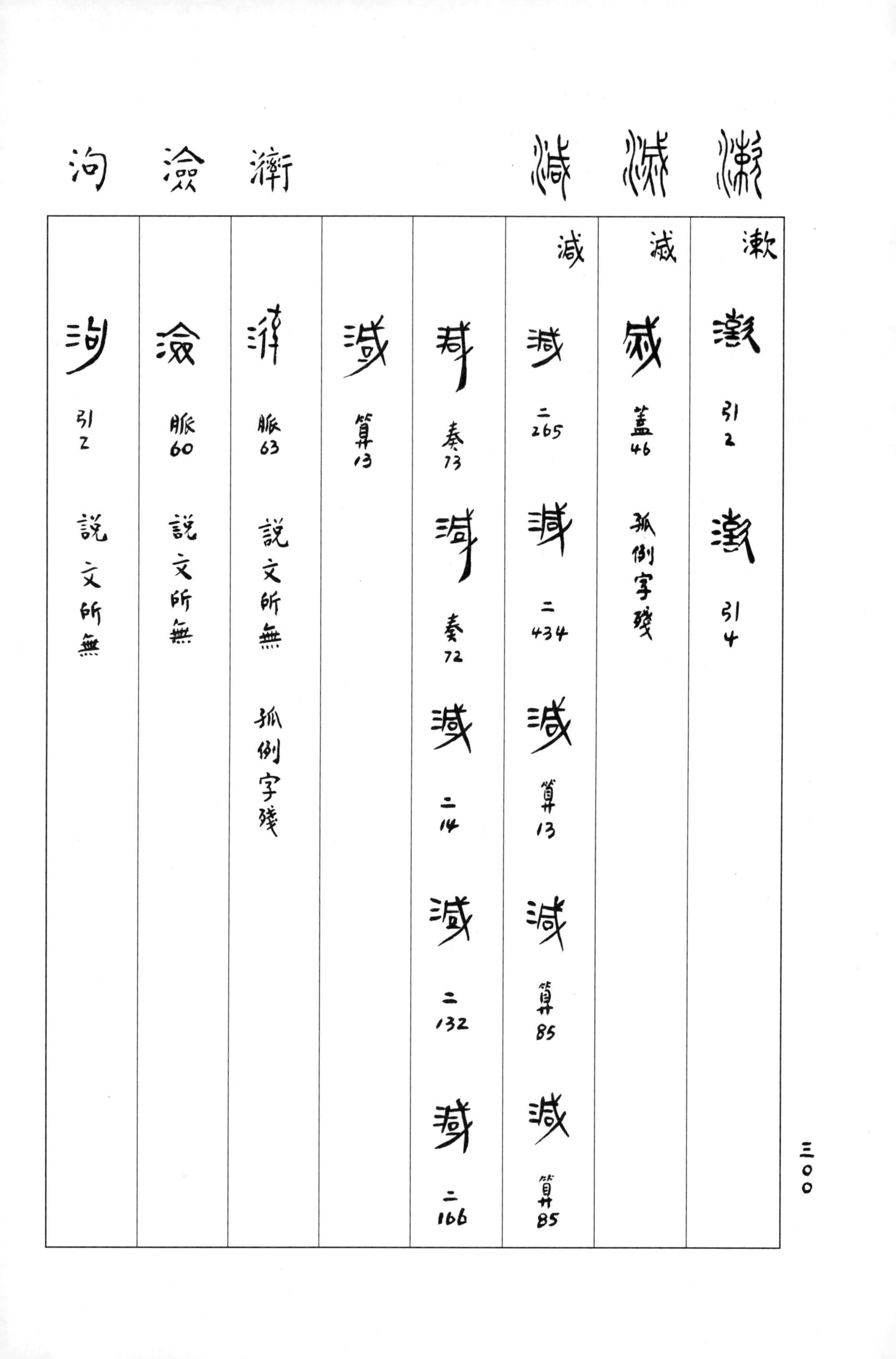

漱	減	減			[氵衛]	澰	泃
漱	減	減					
引2	蓋46	二265	奏73	算13	脈63	脈60	引2
引4	孤例字殘	二434	奏72		說文所無	說文所無	說文所無
		算13	二14		孤例字殘		
		算85	二132				
		算85	二166				

沃

沃 引15 說文所無

沃 引64

沃 引64

沃 引81

沃 引99

涿

涿 引98 說文所無

涿 引98

湢

湢 脤2 說文所無

湢 脤2

湢 引33

滔

滔 脤53 說文所無

滔 脤53

㬥

㬥 脤10 說文所無

㬥 蓋4

㬥 蓋48

㬥 蓋50

㬥 蓋51

㬥 蓋52

漿

漿 二267 說文所無

漿 遣23

⿰氵⿱业夫	⿰氵⿱虍學	⿰氵暨	冰	流	涉	州	泉
⿰氵⿱业夫 二450 說文所無	⿰氵⿱虍學 奏183 說文所無	⿰氵暨 奏166 說文所無	冰 奏54	流 二6	涉 二454	州 二449	泉 二249
				流 二430		州 二456	泉 二448
				流 二431		州 二463	泉 二458
				流 脈55		州 蓋9	
				流 引37			

原	永	谷	谿	冬			
二 448	二 463	二 245	二 523	二 418	盖 16	引 104	奏 1
二 447		二 492	二 523	二 419	盖 23		說文所無
二 452		二 502		二 422	盖 25		
		奏 144		盖 11	盖 26		
				盖 15	引 1		

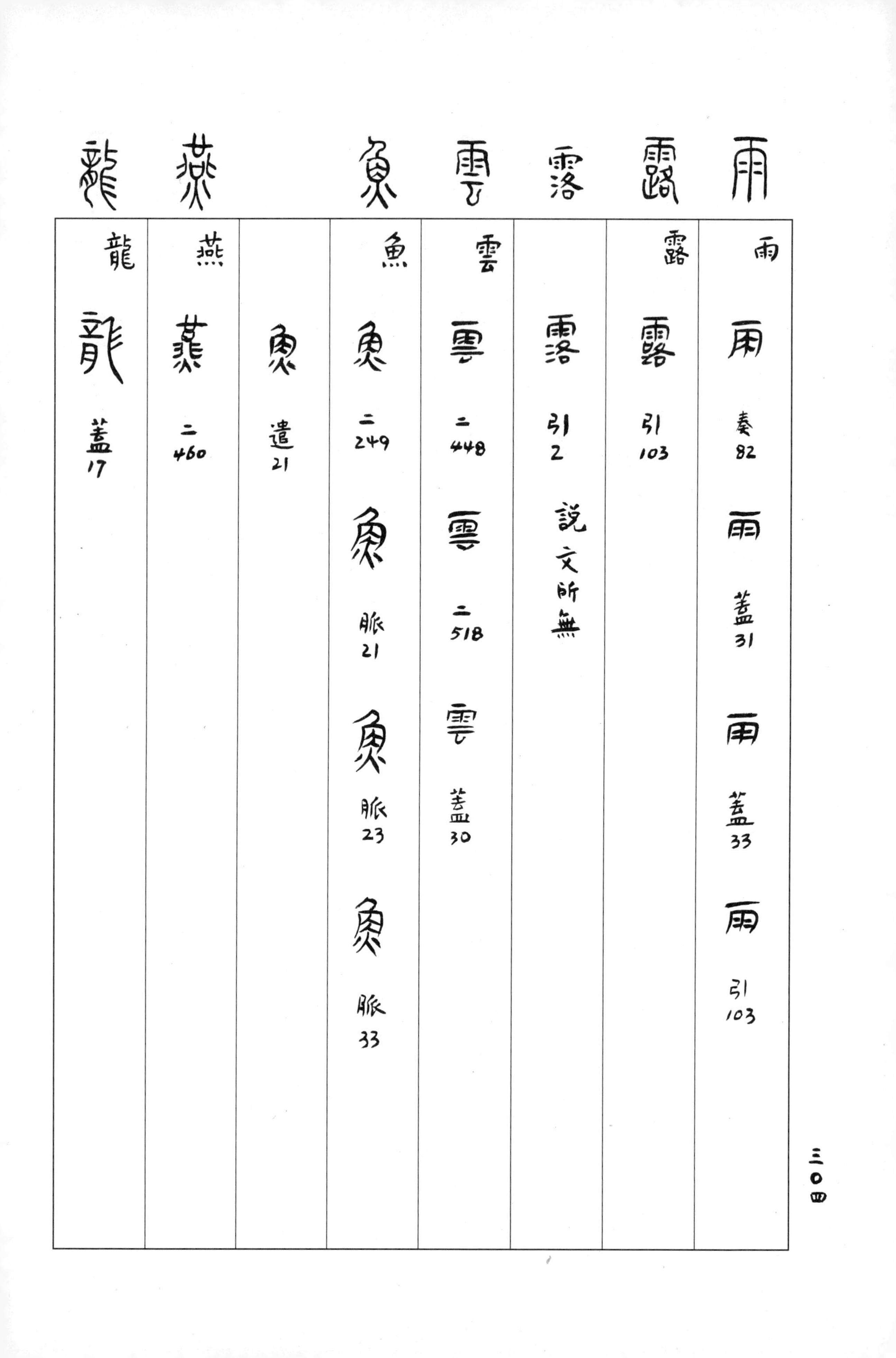

字	出處
雨	秦82；蓋31；蓋33；引103
露	引103
	引2；說文所無
雲	二448；二518；蓋30
魚	二249；脈21；脈23；脈33
	遣21
燕	二460
龍	蓋17

非

非

非 二27

非 二32

非 二95

非 二104

非 二105

非 二154

非 二216

非 奏19

非 奏20

非 奏43

非 脈10

非 蓋18

靡

靡

靡 脈2

靡 引11

文一百零八　重二百零五

孔 乳 不

張家山漢簡文字編

張守中撰集

第十二

孔

孔 奏212
孔 奏214
孔 奏215
孔 奏217
孔 奏218
孔 奏216
孔 奏224

乳

乳 脈10
乳 脈23
乳 脈25
乳 引83
乳 引94

不

不 二1
不 二11
不 二18
不 二35
不 二172
不 奏3
不 奏7
不 算134
不 蓋4
不 蓋33
不 奏75
不 奏77
不 奏115
不 奏181
不 奏189

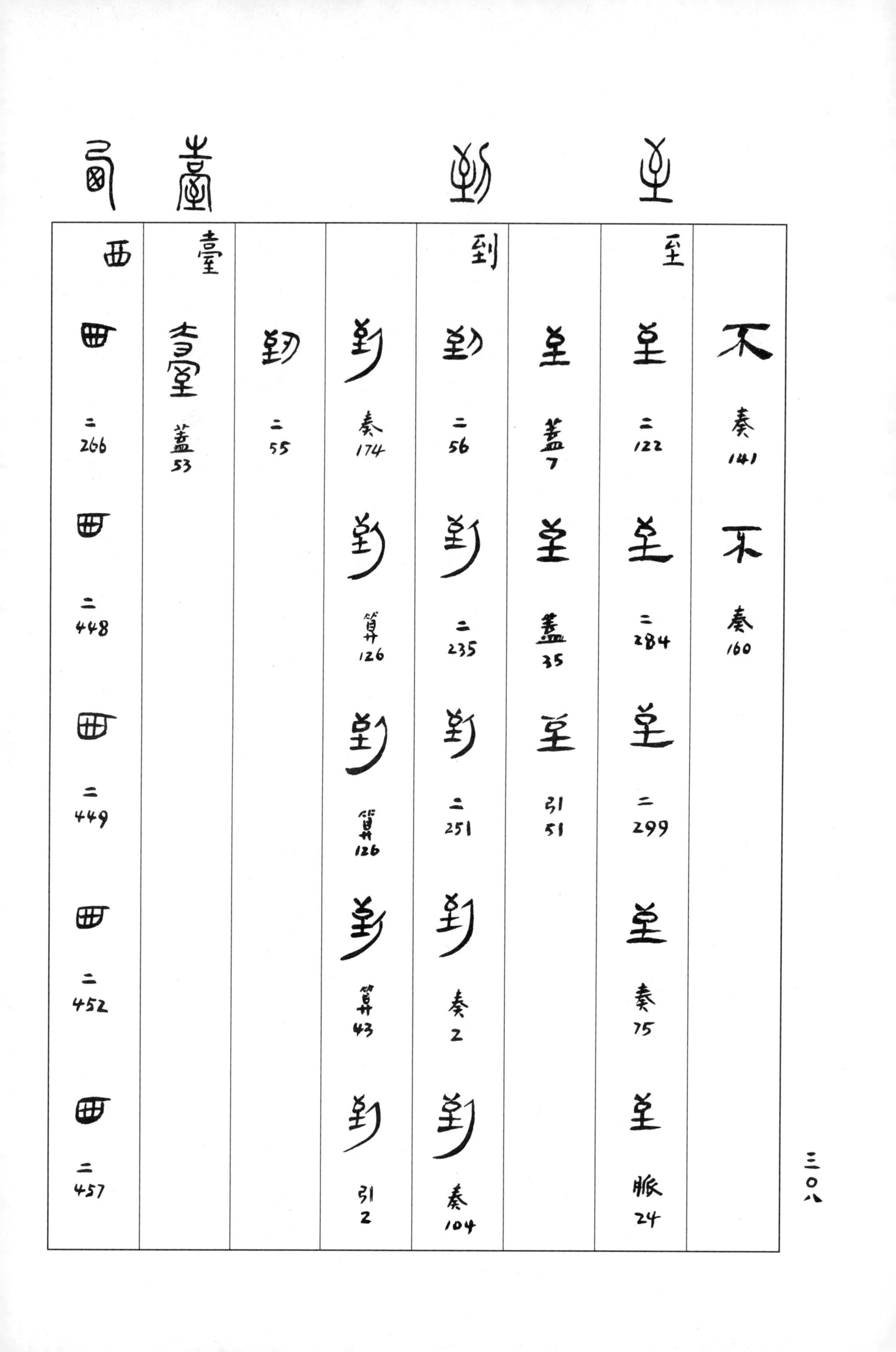

至			到			臺	西
奏141	二122	蓋7	二56	奏174	二55	蓋53	二266
奏160	二284	蓋35	二235	算126			二448
	二299	引51	二251	算126			二449
	奏75		奏2	算43			二452
	脈24		奏104	引2			二457

一二·二

鹵　鹽　戶　扇　房

	鹵	鹽		戶		扇	房
二458	蓋41	二233	秦181	二174	脈24	秦171	二454
秦37	蓋42	二293	算76	二176	二344	秦172	
秦40		二436		二255			
蓋7		二461		二268			
蓋20		遣16		脈52			

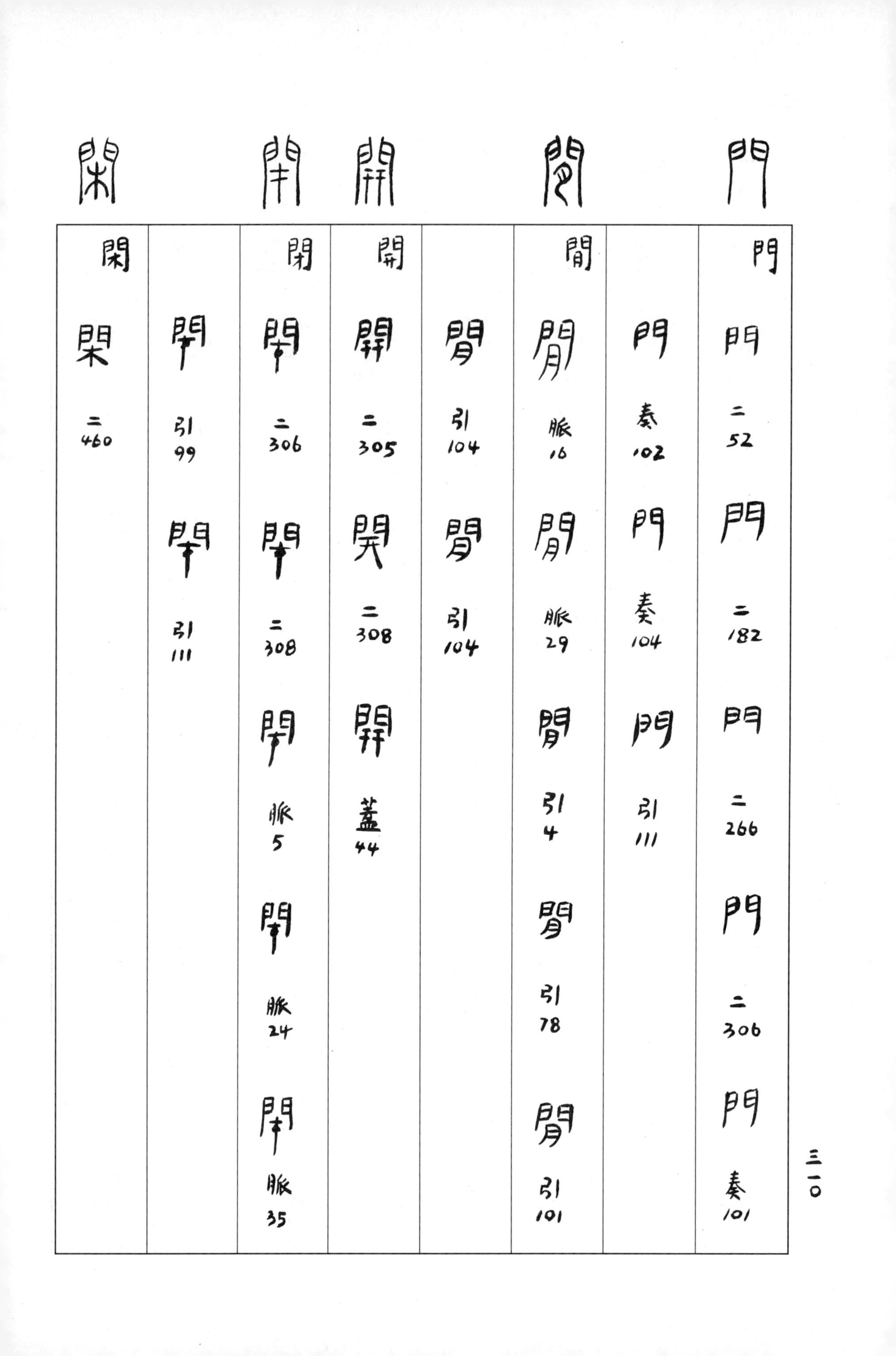

門	門	閒	閒	開	閉	閉	閑
二 52	奏 102	脈 16	引 104	二 305	二 306	引 99	二 460
二 182	奏 104	脈 29	引 104	二 308	二 308	引 111	
二 266	引 111	引 4		蓋 44	脈 5		
二 306		引 78			脈 24		
奏 101		引 101			脈 35		

一二・三

關　闌　關　閱

字	出處
關	算144（孤例字殘）
闌	二488、二523、二524、奏17、奏18
	奏19、奏20、奏22、奏24、脈50
	脈53、脈56
關	二74、二291、二506、算38、算39
	二215、二310、二314、二504、二508
	奏23、奏88、算34
閱	二493、二498、二505、二507、二509

			耳			聽	
引103	秦203	秦214	二27	脈6	引95	二114	秦42
説文所無	説文所無	秦216	二82	脈19	引96	二115	秦190
引111	秦203	秦226	二85	脈27	引99	二133	秦191
引111	秦205		二379	蓋18		二216	
	秦210		脈3	蓋47			

聯
- 二 460

聾
- 脈 19
- 脈 30
- 引 95

職
- 二 498
- 二 509
- 奏 58

聖
- 脈 56
- 脈 57

聞
- 二 508
- 二 511
- 二 512
- 二 520
- 二 521
- 二 522
- 奏 143
- 奏 147
- 脈 24
- 脈 56
- 奏 26
- 奏 47
- 奏 68

聲
- 奏 200

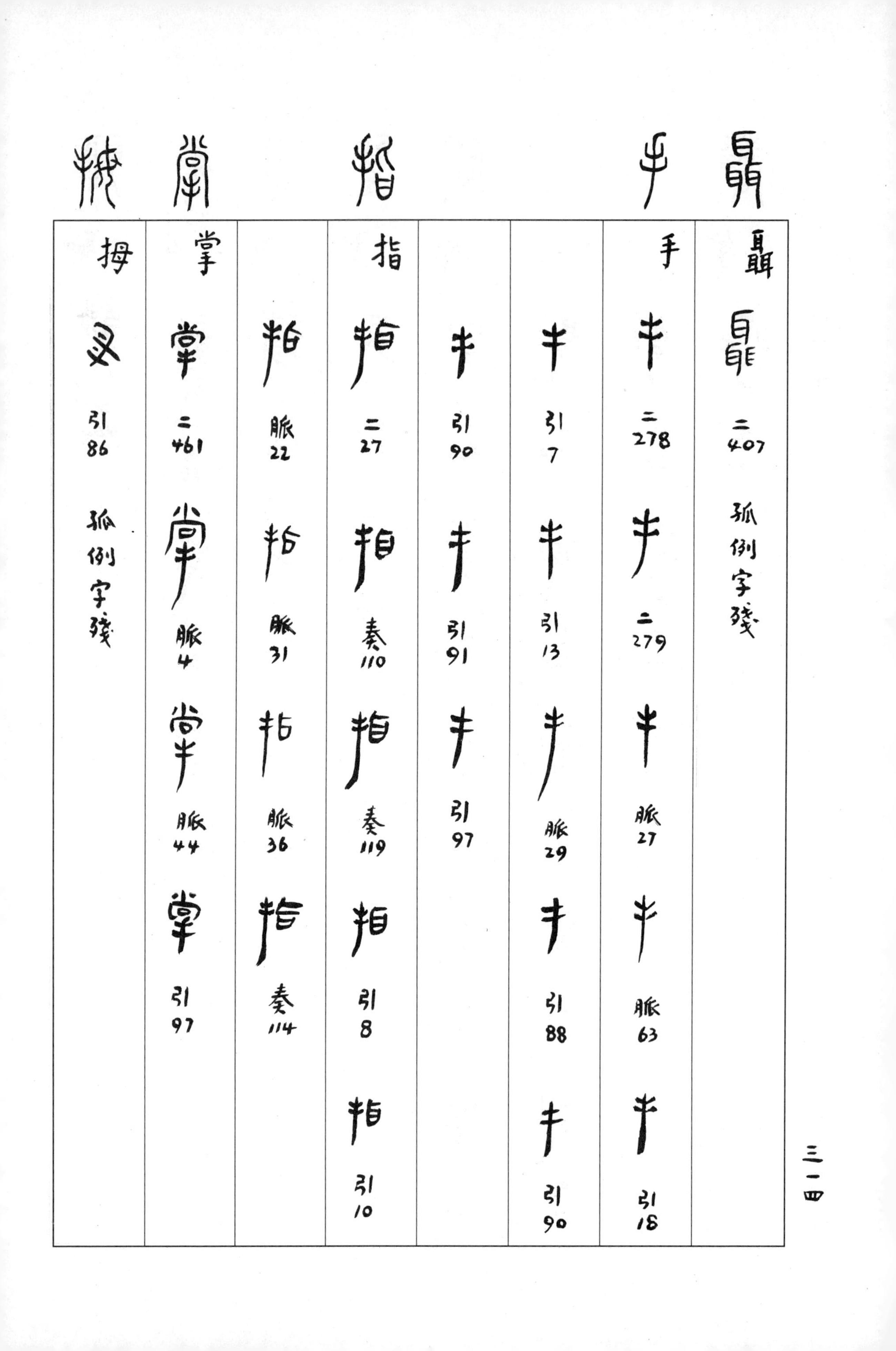

聶	手			指		掌	拇
二 407	二 278	引 7	引 90	二 27	脈 22	二 461	引 86
孤例字殘	二 279	引 13	引 91	奏 110	脈 31	脈 4	孤例字殘
	脈 27	脈 29	引 97	奏 119	脈 36	脈 44	
	脈 63	引 88		引 8	奏 114	引 97	
	引 18	引 90		引 10			

擧	拳	捾	捧	捧（續）	操	操（續）	摯
引102	脈10	引88	二61	二393	奏131	奏221	奏124
	脈52	引87	二150	二392	奏139	引68	孤例字残
		引87	二150	二392	奏169		
				二392	奏198		
					奏200		

提	挾	據			把	擪	攠
算 188	二 18	引 17	引 45	引 81	引 36	脈 17	引 12
	二 18	引 19	引 45	引 84	引 41	引 86	引 68
	二 305	引 21	引 46		引 53		引 56
			引 53		引 79		引 91
			引 57		引 87		

招	揗	掾	擇	撫	投	据	抱
引 27	引 51	奏 75	二 197	奏 147	二 118	奏 83	引 60
	孤例字殘	奏 144	奏 147	引 52			
		奏 146	脈 66	引 59			
				引 61			
				引 100			

搖　舉　撟　擅

搖
- 搖 引10
- 搖 蓋43

舉
- 舉 秦203
- 舉 秦205
- 舉 秦209
- 舉 秦216
- 舉 秦227
- 舉 蓋1
- 舉 蓋11
- 舉 引8
- 舉 引100
- 舉 引94
- 舉 引68

撟
- 撟 二11
- 撟 引15
- 撟 引18
- 撟 引21
- 撟 引22
- 撟 引24
- 撟 引95

擅
- 擅 二113
- 擅 二185
- 擅 二216
- 擅 二272
- 擅 二410
- 擅 秦87

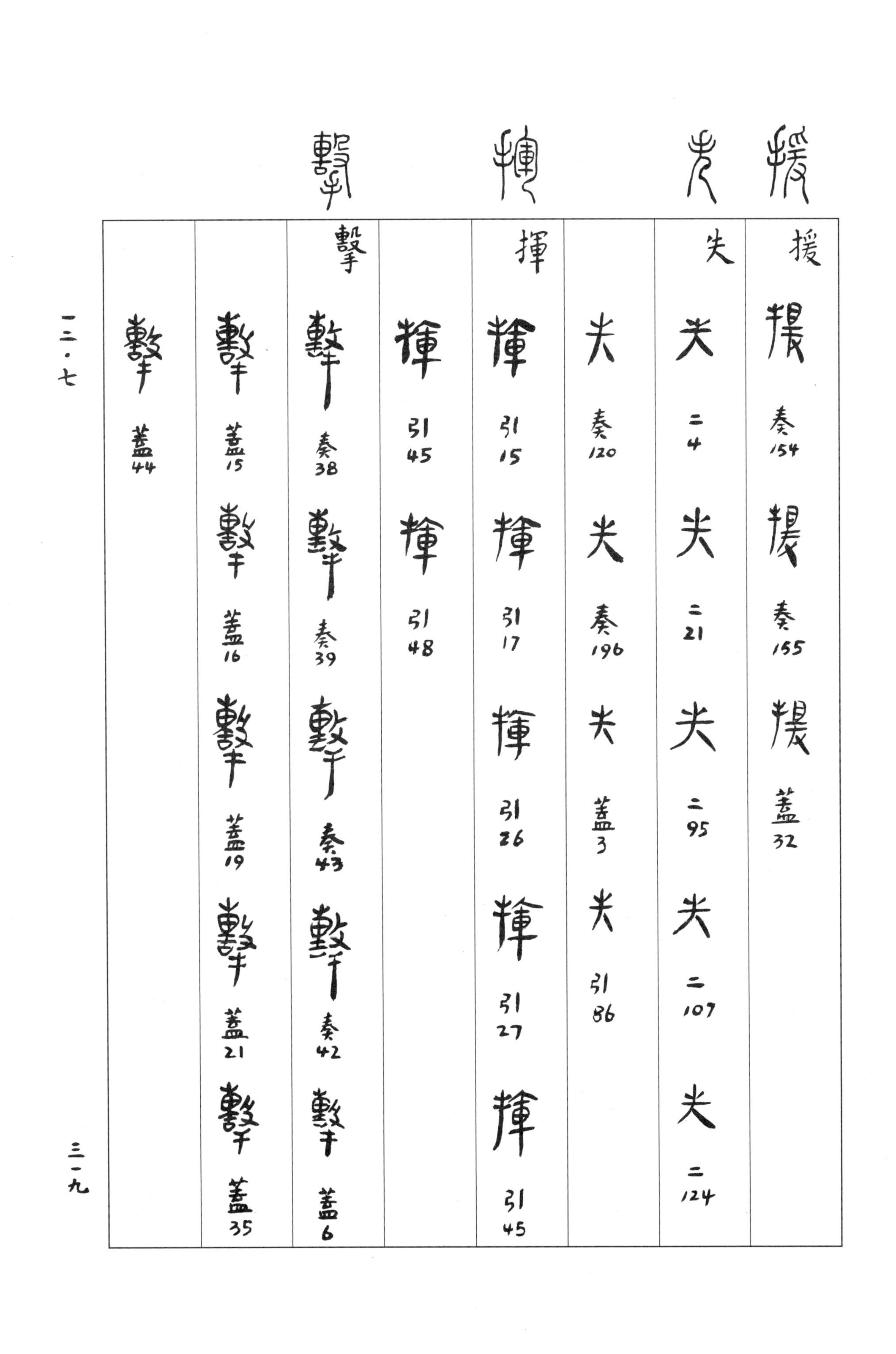

援	失		揮		擊		
奏154	二4	奏120	引15	引45	奏38	蓋15	蓋44
奏155	二21	奏196	引17	引48	奏39	蓋16	
蓋32	二95	蓋3	引26		奏43	蓋19	
	二107	引86	引27		奏42	蓋21	
	二124		引45		蓋6	蓋35	

捕 挐 挌 扜

捕			挐		挌		扜
捕 奏81	捕 二61	捕 奏40	挐 算79	挐 算82	挌 奏146	挌 奏42	扜 二492
捕 奏144	捕 二140	捕 奏92	挐 算79	挐 算81	挌 二152	挌 奏45	扜 二506
捕 奏193	捕 二141	捕 奏41	挐 算79		挌 奏37	挌 奏46	扜 二518
捕 奏195	捕 二154	捕 奏44	挐 算80		挌 奏38		扜 二518
捕 奏177	捕 二152		挐 算81		挌 奏39		

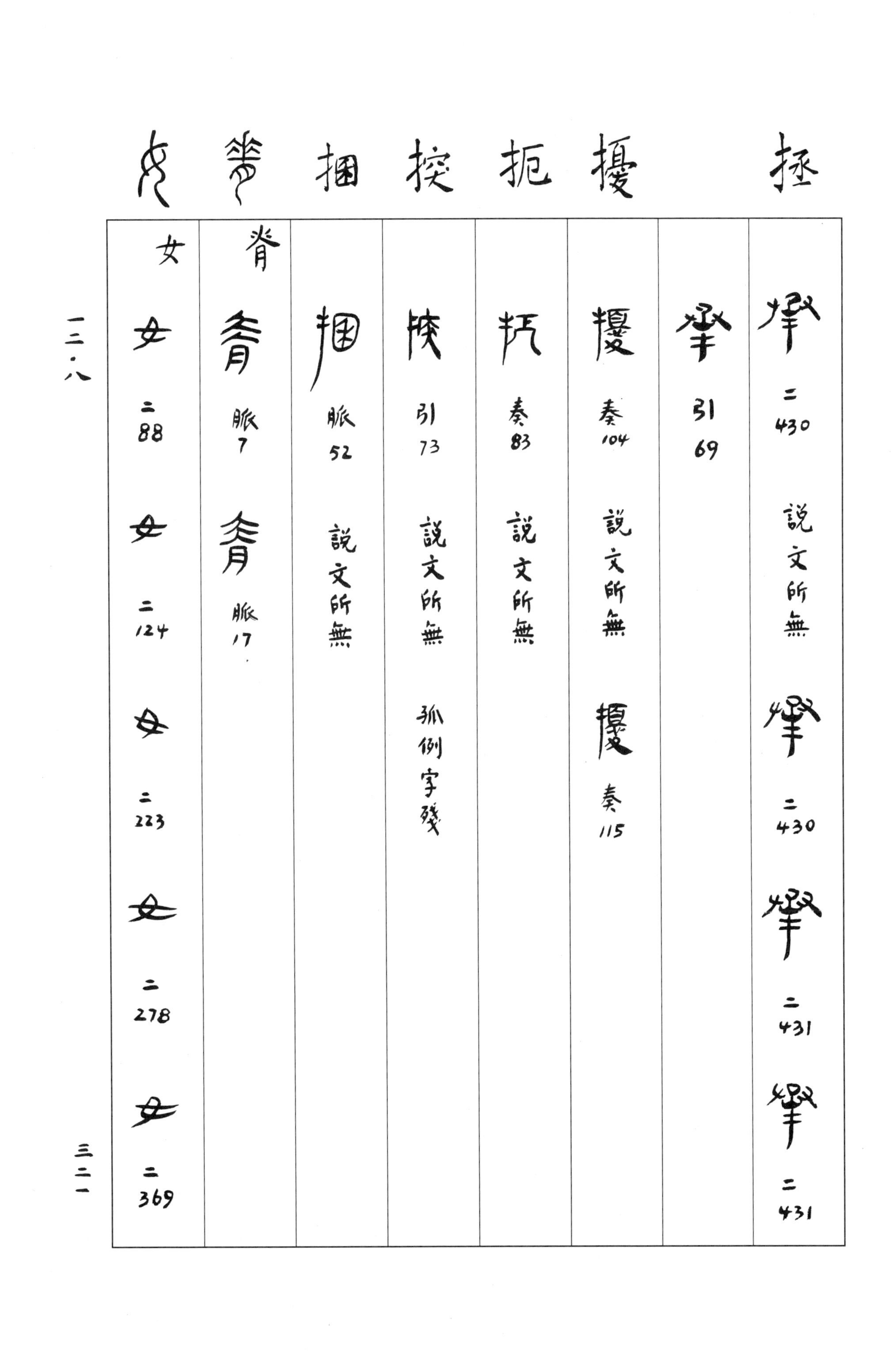

拯		擾	扼	揬	捆	脊	女
						脊	女
二 430	引 69	奏 104	奏 83	引 73	脈 52	脈 7	二 88
說文所無		說文所無	說文所無	說文所無	說文所無	脈 17	二 124
二 430		奏 115		孤例字殘			二 223
二 431							二 278
二 431							二 369

女	女	女	妻	妻	妻	嫁	嫁
女 二370	女 奏28	女 算40	妻 二2	妻 二192	妻 奏185	嫁 奏29	嫁 奏192
女 二372	女 奏17	女 遣16	妻 二32	妻 奏122	妻 奏18	嫁 奏33	
女 二379	女 奏180		妻 二38	妻 奏180		嫁 奏191	
女 二412	女 奏183		妻 二42	妻 奏180		嫁 奏192	
女 二418	女 奏218		妻 二44	妻 奏180		嫁 奏192	

一二·九

姬	婦	母				姊	威
姬 二221	婦 二40	母 二2	母 奏61	母 算7	母 引95	姊 二41	威 二133
	婦 二133	母 二34	母 奏180	母 算13		姊 二115	威 奏89
	婦 脈37	母 二35	母 奏183	母 算18		姊 二456	
		母 二38	母 奏185	母 算24			
		母 二115	母 奏187	母 蓋6			

婢

婢 二30
婢 二34
婢 二39
婢 二385
婢 二188

婢 奏8
婢 奏9
婢 奏10
婢 奏13
婢 奏199

婢 奏162
婢 奏197

奴

奴 二30
奴 二34
奴 二39
奴 二107
奴 二122

奴 奏36
奴 奏38
奴 奏40
奴 奏41
奴 奏44

奴 二70

始

始 算38
始 算40
始 算40
始 蓋6
始 蓋7

始 蓋24
始 蓋35

委 好 媚 如

委	好	媚			如		
委 二412	好 二443	媚 奏8	媚 奏13	媚 奏167	如 二63	如 奏39	如 引22
	好 奏137	媚 奏9	媚 奏14		如 二85	如 奏64	如 二61
		媚 奏10	媚 奏15		如 二162	如 脈7	
		媚 奏11	媚 奏162		如 二279	如 脈8	
		媚 奏12	媚 奏167		如 二422	如 算62	

嬰

二243

媱

奏138

奏135

婁

引112

引112

引112

引112

遣23

遣24

遣40

奸

二174

二175

二188

二189

二192

二193

奏20

奏182

奏186

奏187

奏193

奏195

嬐

奏61

奏62

姦 奻 毋 民

姦	（說文所無）	毋			民		
姦 秦78	奻 二81	毋 二15	毋 秦2	毋 引4	民 二70	民 秦22	民 蓋1
姦 秦78	說文所無	毋 二28	毋 秦3	毋 引37	民 二86	民 秦38	民 蓋2
		毋 二72	毋 秦29		民 二188	民 秦49	
		毋 二74	毋 算93		民 二249	民 秦82	
		毋 秦1	毋 蓋4		民 二308	民 秦144	

弗

弗

- 弗 奏61
- 弗 奏132
- 弗 奏155
- 弗 奏200
- 弗 蓋42
- 弗 二5
- 弗 二14
- 弗 二19
- 弗 二20
- 弗 奏58
- 弗 二76

也

也

- 也 二12
- 也 二15
- 也 二32
- 也 二254
- 也 奏12
- 也 算12
- 也 算40
- 也 蓋5
- 也 蓋25
- 也 蓋28
- 也 二95
- 也 二105
- 也 二132
- 也 二154
- 也 奏5
- 也 奏20
- 也 奏30
- 也 奏52
- 也 奏59
- 也 奏214
- 也 奏133
- 也 奏145

一二・一二

字頭	出處
氏	二451
	二454
	二455
	二456
	二457
	奏137
	奏138
	奏139
	奏141
	奏144
	奏18
	奏130
	奏134
	奏152
氐	二459
	二465
	二465
戍	二76
	二96
	二141
	二143
	二144
	二186
	二210
	二262
	二268
	二414
	奏53
	奏147
戎	二453 孤例字殘

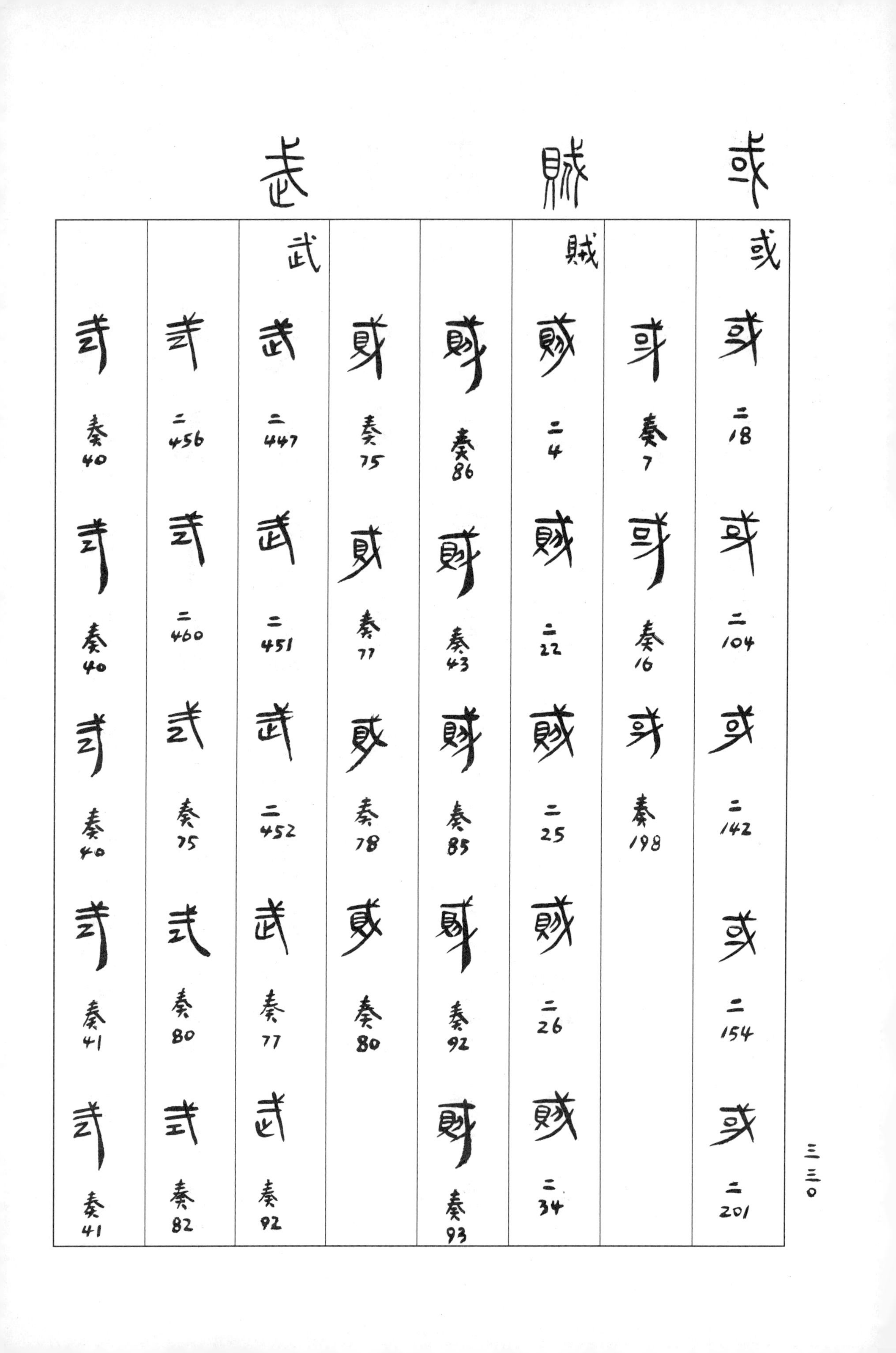

或		賊			武		
二 18	奏 7	二 4	奏 86	奏 75	二 447	二 456	奏 40
二 104	奏 16	二 22	奏 43	奏 77	二 451	二 460	奏 40
二 142	奏 198	二 25	奏 85	奏 78	二 452	奏 75	奏 40
二 154		二 26	奏 92	奏 80	奏 77	奏 80	奏 41
二 201		二 34	奏 93		奏 92	奏 82	奏 41

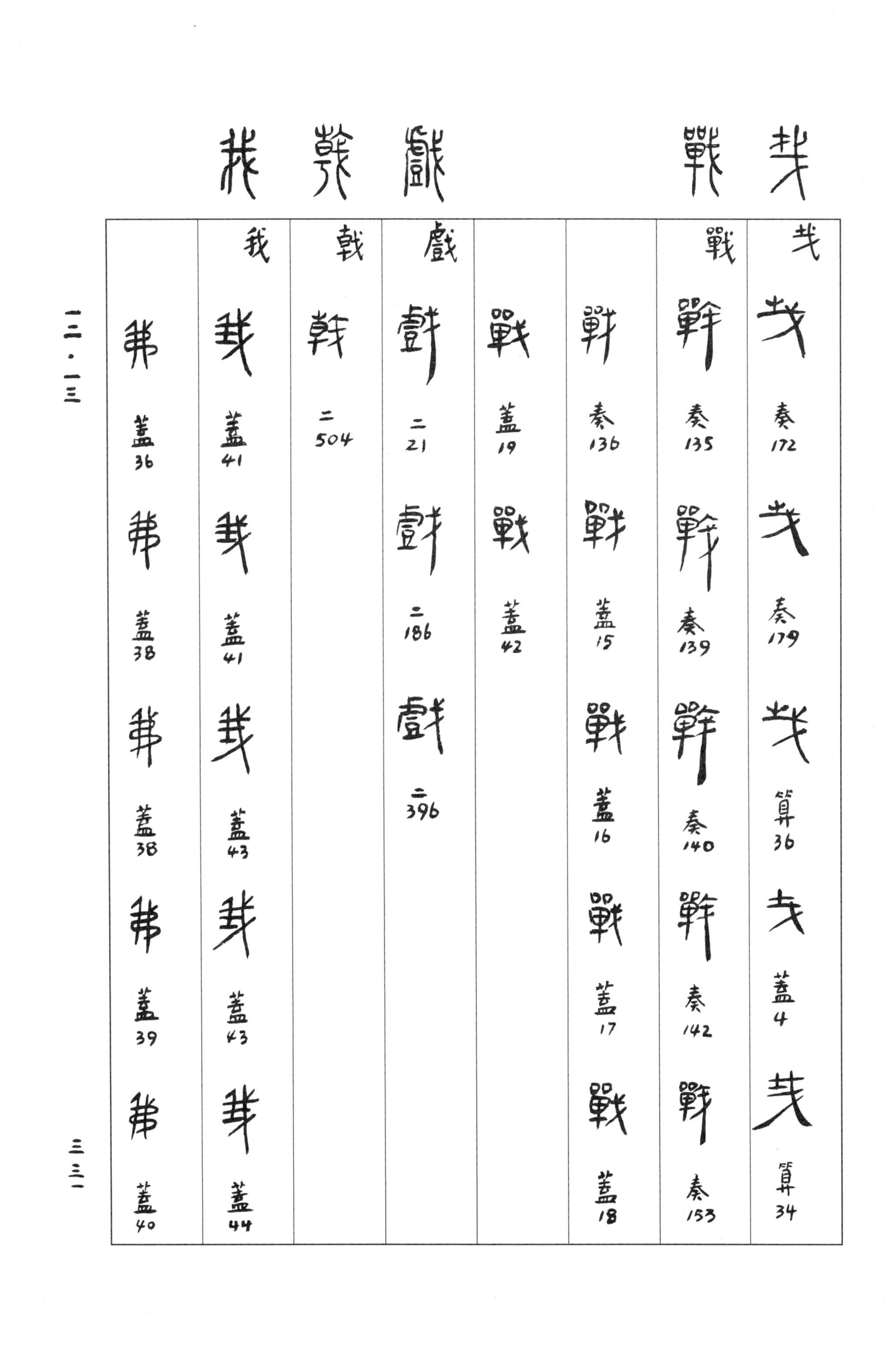

戋	戰			戲	戟	我	
奏172	奏135	奏136	蓋19	二21	二504	蓋41	蓋36
奏179	奏139	蓋15	蓋42	二186		蓋41	蓋38
算36	奏140	蓋16		二396		蓋43	蓋38
蓋4	奏142	蓋17				蓋43	蓋39
算34	奏153	蓋18				蓋44	蓋40

義　直　亾

義

- 蓋42
- 蓋44
- 奏135
- 奏139
- 奏143
- 奏151
- 奏154
- 奏155
- 蓋2
- 蓋2
- 蓋24
- 蓋37
- 蓋46

直

- 二55
- 二58
- 二93
- 二95
- 二113
- 奏72
- 奏176
- 算39
- 算50
- 算52
- 算188
- 蓋48

亡

- 二6
- 二8
- 二51
- 二108
- 二123

亾	亾	望	匃	匿	匿	四	四
奏3	奏100	二243	奏200	二19	二168	二507	算52
奏9	奏71	二256	引66	二146	二180	二509	
奏10		蓋30	引102	二167	二260	二513	
奏43		蓋30		二167	二260	奏58	
奏199				二167		算52	

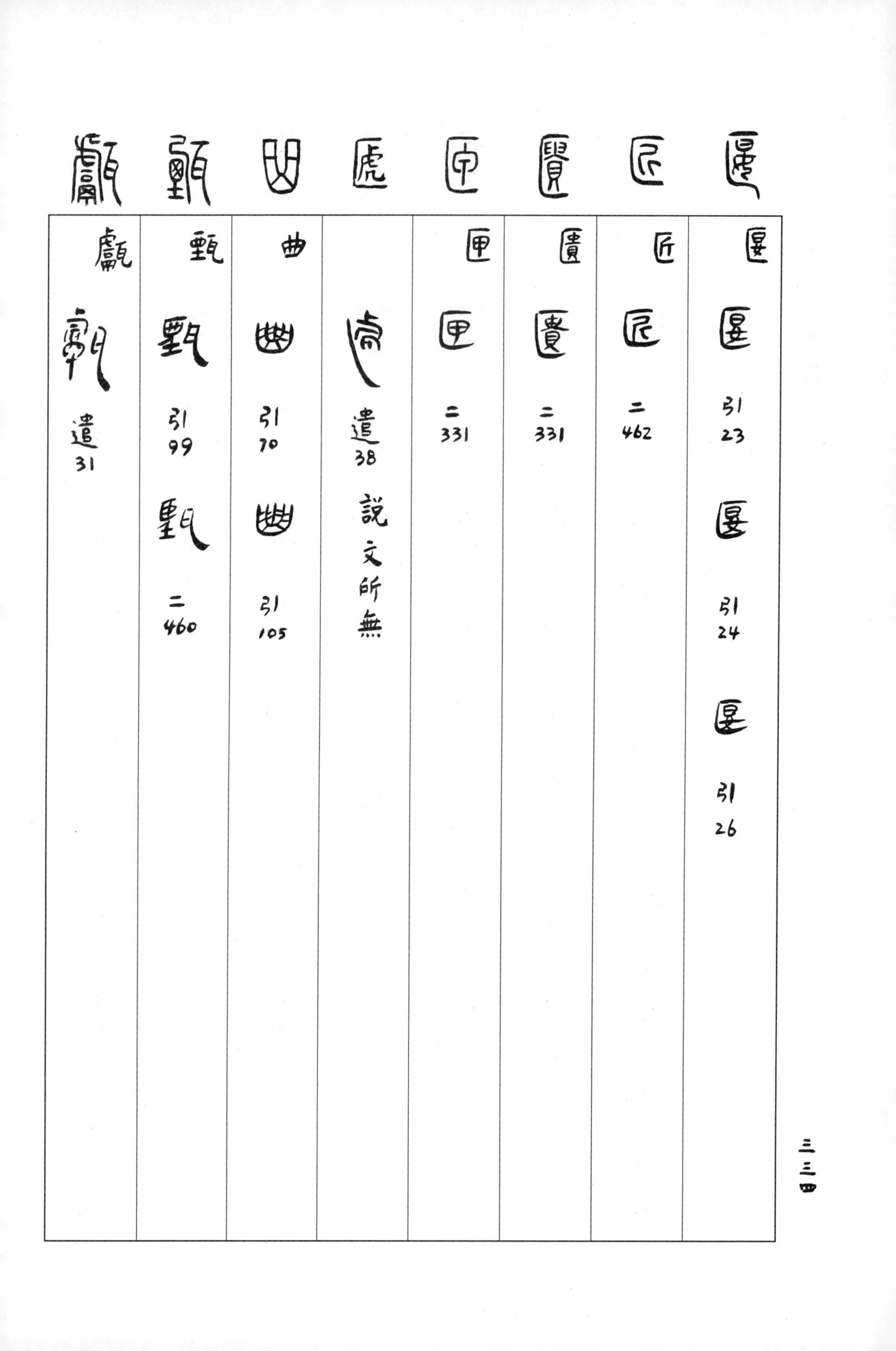

字	出處
匽	引23；引24；引26
匠	二462
匱	二331
匣	二331
	遺38　說文所無
曲	引70；引105
甄	引99；二460
甗	遺31

一三·一五

甑

甑：奏51、奏51、奏52

張

張：奏166、脈7、脈8、脈13、脈35

張：引35、引35、引69、引74、引85

張：引85

引

引：二502、引1背、引11、引13、引18

引：引21、引36、引45、引43、引46

引：引67

弘

弘：奏184、引22

弩

二414

二445

二445

秦1

秦41

秦81

發

二66

二140

二144

二145

二146

二147

二230

二413

二523

秦1

秦15

秦81

秦82

秦135

秦142

二332

秦226

弦

秦128

孫

二82

二82

二85

二85

二338

二379
二379
二379
二379
二177
蓋47
二268
二278
二279
二413
二414
二414
二415
二416
二500
奏5
奏2
奏189

文一百三十六 重六百八十六

張家山漢簡文字編

張守中撰集

第十三

紀　絕　經　織　繹

一三・一

紀
- 紀 蓋6
- 紀 蓋12

絕
- 絕 奏167
- 絕 蓋12
- 絕 蓋32
- 絕 引109

經
- 經 奏167
- 經 引33
- 經 引74
- 經 引101
- 經 引104

織
- 織 二462
- 織 算40
- 織 算40
- 織 算40
- 織 算40
- 織 算40
- 織 算54

繹
- 繹 奏150
- 繹 奏147
- 繹 奏149

紿	緒	約		級		細	縛
二261	二258	二411	算20	二61	二393	二331	二65
二261		奏50	蓋47	二150	二483	二328	引48
		脈8		二186			
		算17		二204			
		算17		二289			

繙 結 縱 給 總

繙	結	縱			給		總
繙 二258	結 脈18	縱 二93	縱 奏91	縱 奏85	給 二157	給 二436	總 奏106
		縱 二107	縱 奏92		給 二233	給 二516	
		縱 二108	縱 奏81		給 二267	給 二522	
		縱 二109	縱 奏110		給 二288		
		縱 二146	縱 奏104		給 二412		

字	出處
續	二235；孤例字殘
綈	遣6；遣7
練	算78；算78
繒	二258；奏204；奏205；算61
縵	二285；二285
縑	遣8；遣13
絹	奏215
縞	二258

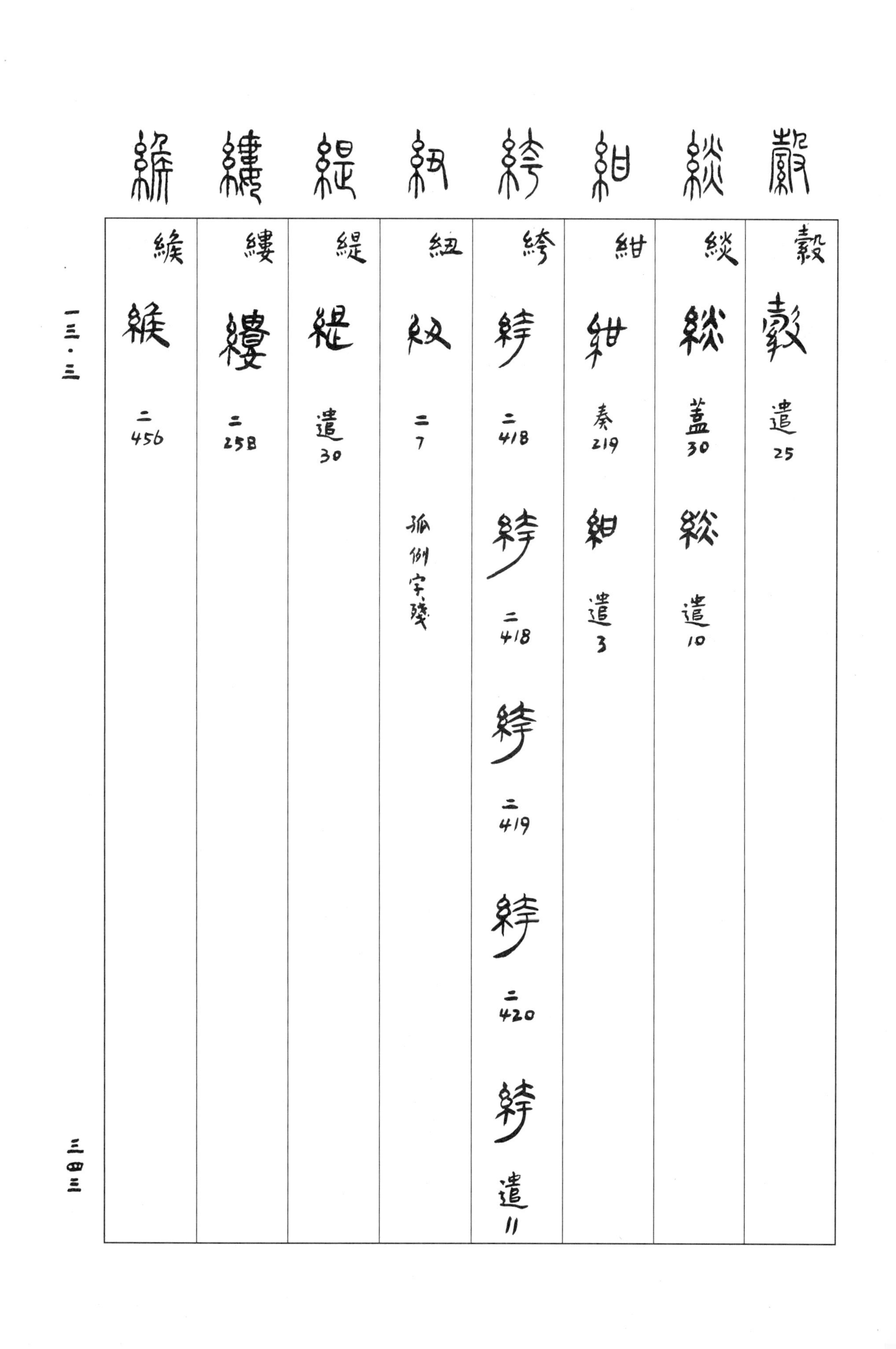

縠	緂	紺	絝	紐	緹	縷	緱
遣25	蓋30	奏219	二418	二7	遣30	二258	二456
	遣10	遣3	二418	孤例字殘			
			二419				
			二420				
			遣11				

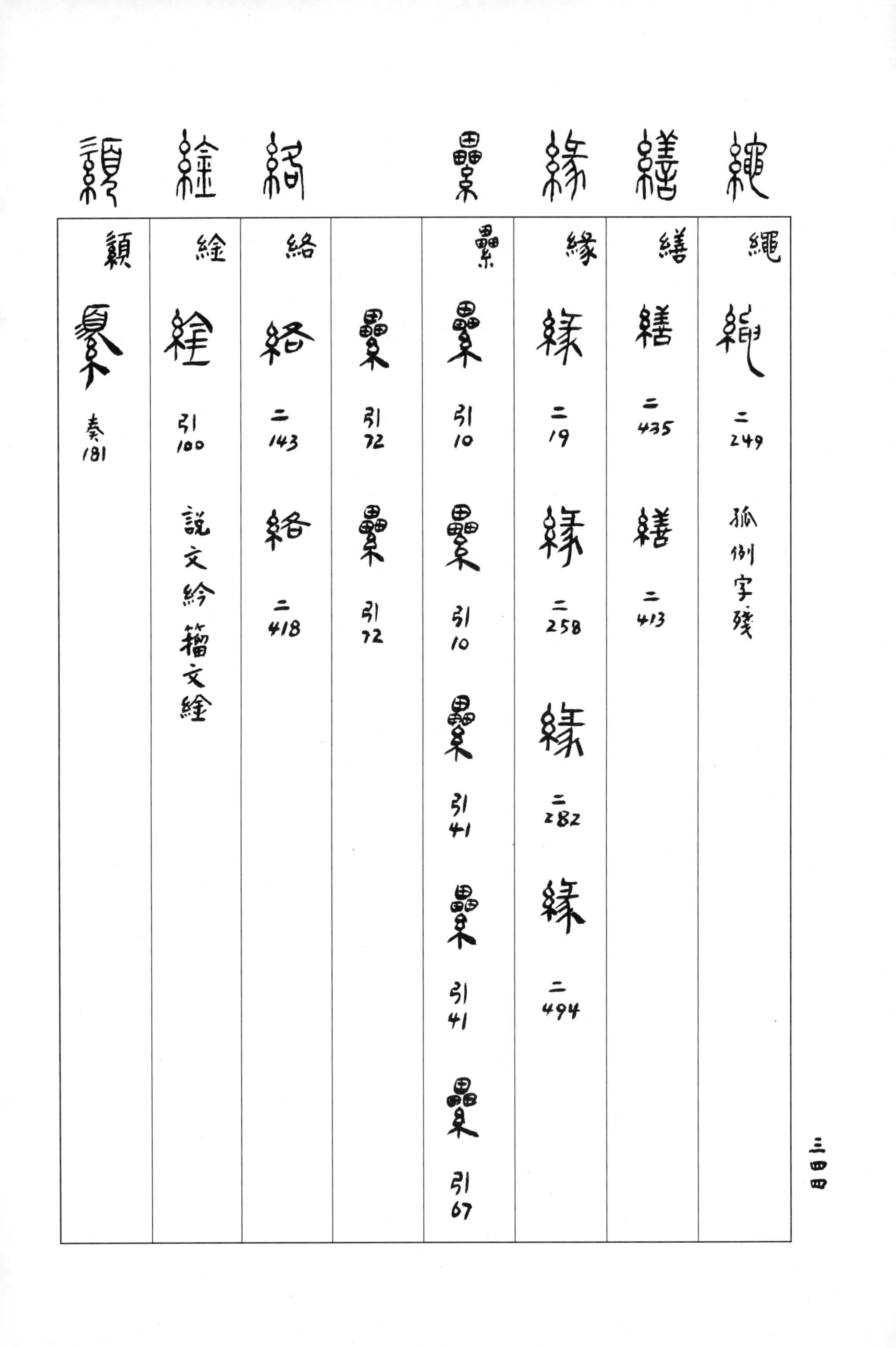

繩	繕	緣	纍		絡	絟	纇
二249	二435	二19	引10	引72	二143	引100	奏181
孤例字殘	二413	二258	引10	引72	二418	說文紷籀文絟	
		二282	引41				
		二494	引41				
			引67				

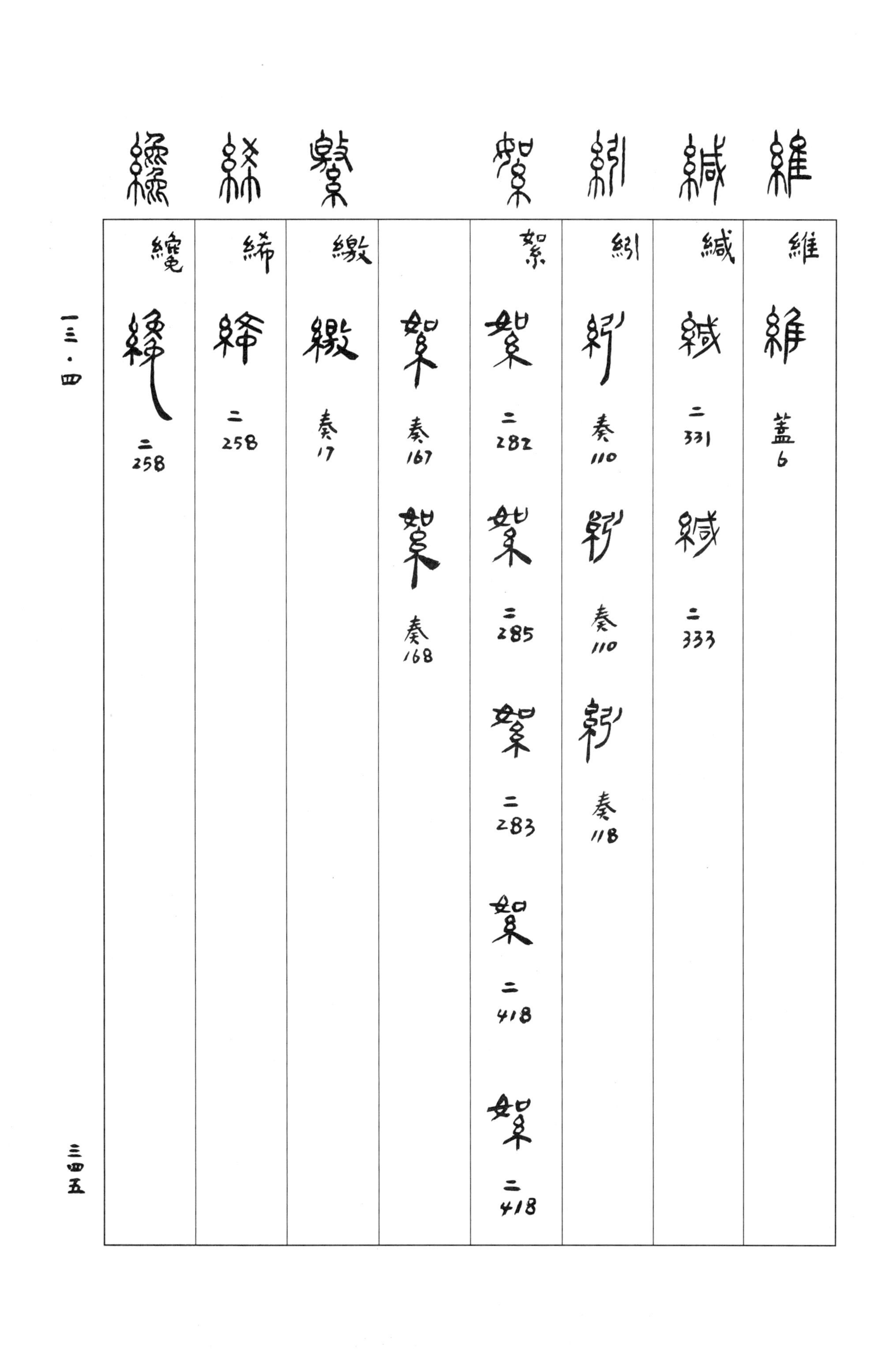

一三·四

維	緘	紖	絮		繳	絺	纔
蓋6	二331	奏110	二282	奏167	奏17	二258	二258
	二333	奏110	二285	奏168			
		奏118	二283				
			二418				
			二418				

字頭	隸定	字形	出處	備注
絜	絜	絜	奏228	
繆	繆	繆	引111	
絇	絇	絇	引76	孤例字殘
紼		紼	脈37	說文所無
繬		繬	遣32	說文所無
緒		緒	二258	說文所無 孤例字殘
罽		罽	二258	說文所無
徽		徽	蓋6	說文所無 孤例字殘

一三·五

綷	素		緩	絲	虫	蛸	蜀
	素		緩	絲	虫	蛸	蜀
綷 遣9	素 奏184	素 奏183	緩 蓋51	絲 算78	虫 脈3	蛸 脈6	蜀 奏54
說文所無	素 遣5	素 遣25	緩 脈43	絲 算78			蜀 奏56
孤例字殘	素 遣9						蜀 奏58
	素 遣11						蜀 二268
							蜀 二465

雖			强			龔	鑾
二 31	奏 4	算 16	二 65	二 193	蓋 25	引 17	二 19
二 32	奏 34		二 140	二 194	蓋 51		
二 68	奏 30		二 187	脉 19			
二 251	奏 31		二 190	脉 35			
二 378	奏 188		二 192	蓋 25			

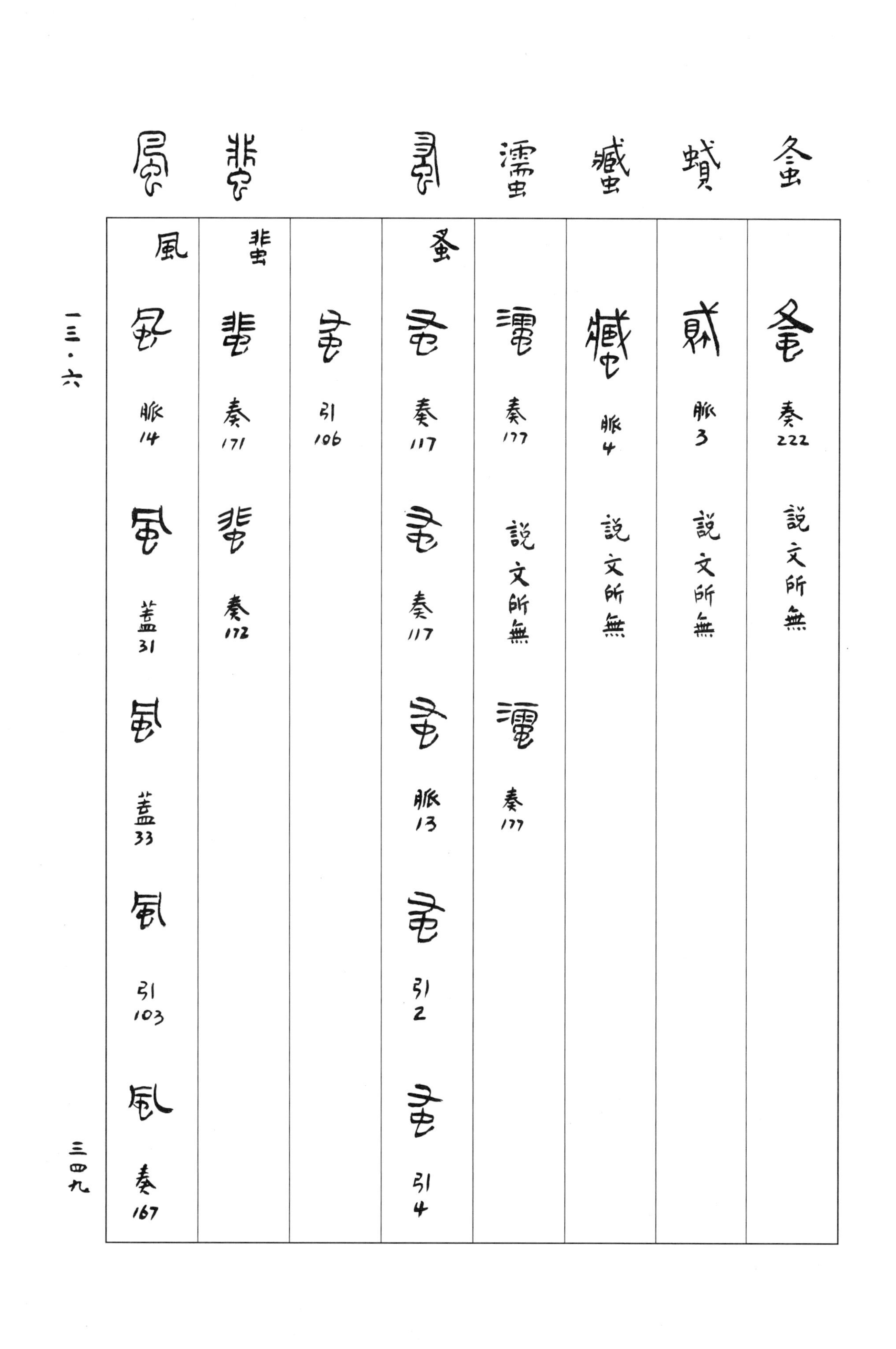

			蚤			蜚	風
秦222	脈3	脈4	秦177	秦117	引106	秦171	脈14
說文所無	說文所無	說文所無	說文所無	秦117		秦172	蓋31
			秦177	脈13			蓋33
				引2			引103
				引4			秦167

它　龜　卵　二

字頭	出處
它	二7、二8、二16、二93、二104
它	奏3、奏23、奏38、奏40、奏100
蛇	引18；說文它或从虫；引99
龜	脈8
卵	二249、遣26
二	曆5、曆8、曆11、曆12、二5
二	二7、奏11、奏121、奏136、脈26
二	脈58、算8、蓋28、遣38

亟

- 亟 引 83
- 亟 奏 172
- 亟 二 20
- 亟 二 140

恒

- 恒 二 246
- 恒 二 256
- 恒 二 333
- 恒 二 516
- 恒 奏 221
- 恒 蓋 46
- 恒 引 37
- 恒 引 99

凡

- 凡 蓋 1
- 凡 蓋 4
- 凡 蓋 11
- 凡 蓋 15
- 凡 蓋 35
- 凡 奏 136
- 凡 脈 50
- 凡 脈 51
- 凡 脈 52

土

- 土 二 250
- 土 蓋 16
- 土 蓋 21
- 土 蓋 25
- 土 蓋 25
- 土 蓋 25

坐 在 地 均

	坐		在			地	均
脈 39	二 2	奏 114	二 78	引 104	脈 50	二 240	二 227
奏 214	二 14	脈 2	二 79	引 108	蓋 1	二 266	蓋 25
引 91	二 20	脈 3	二 105		蓋 3	奏 24	
二 174	奏 76	蓋 16	二 116		蓋 9	奏 53	
引 53	奏 77	引 95	奏 76		引 72	奏 157	

一三・八

垣 堂 壁 填

填		壁		堂		垣	
填 蓋29	壁 引77	壁 引36	室 引4	堂 二288	垣 二494	垣 二182	垣 引57
	壁 引80	壁 引36		堂 奏183		垣 二183	垣 引64
		壁 引36		堂 蓋19		垣 二414	垣 引69
		壁 引72		堂 引2		垣 二452	
		壁 引76		堂 引99		垣 二455	

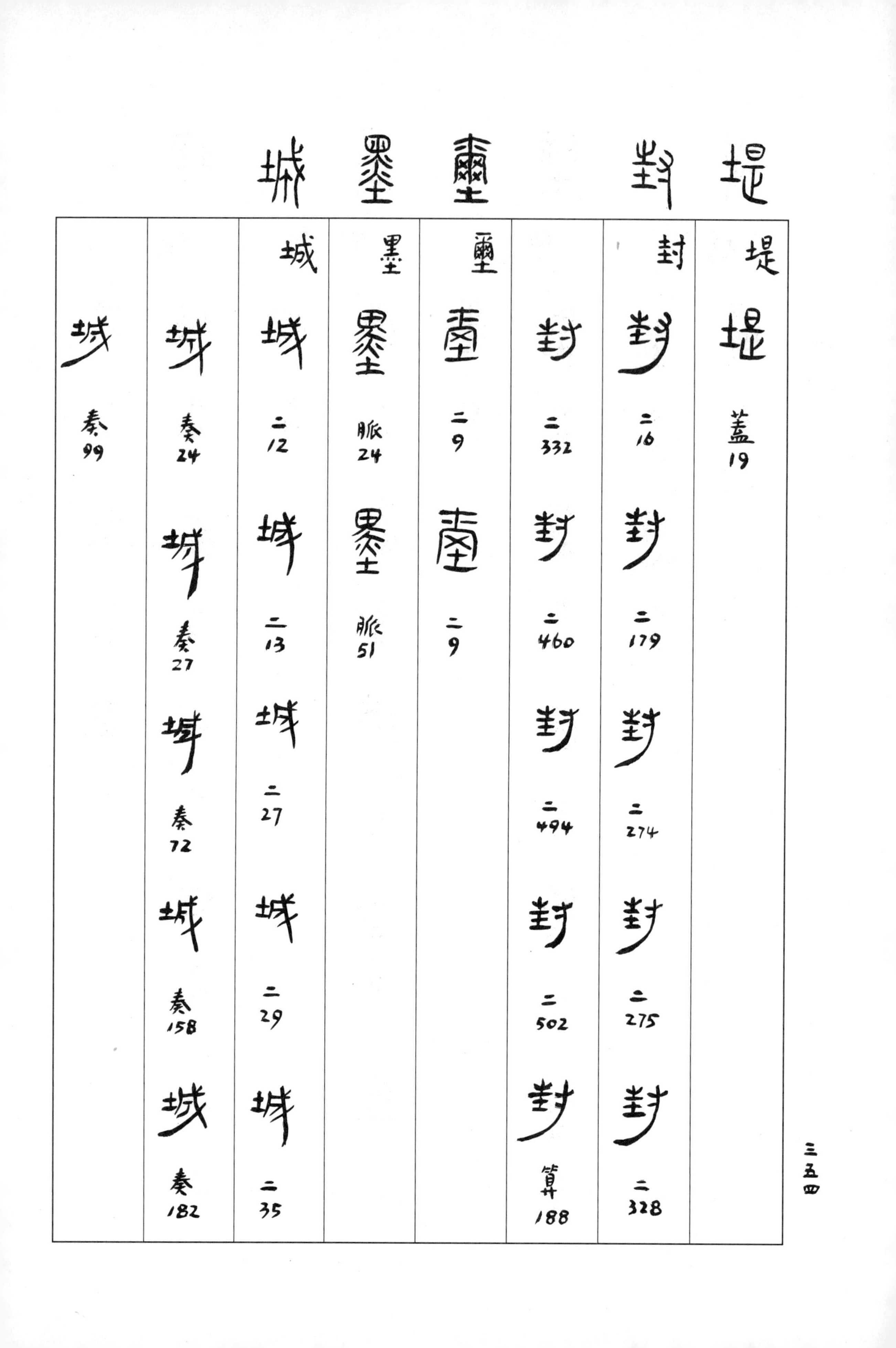

堤　封　壐　墨　城

堤	封		壐	墨	城		
蓋19	二16	二332	二9	脈24	二12	奏24	奏99
	二179	二460	二9	脈51	二13	奏27	
	二274	二494			二27	奏72	
	二275	二502			二29	奏158	
	二328	算188			二35	奏182	

一三·九

壘
- 壘 蓋35

埤
- 埤 蓋11
- 埤 引9

塹
- 塹 奏198
- 塹 二494
- 塹 二413

增
- 增 二14
- 增 二333
- 增 算13
- 增 算13
- 增 算13
- 增 算132
- 增 算143
- 增 蓋13

塞
- 塞 二52
- 塞 二440
- 塞 二488
- 塞 二490
- 塞 二495
- 塞 脈6
- 塞 脈9
- 塞 脈15
- 塞 脈21
- 塞 引33
- 塞 脈24
- 塞 引40
- 塞 奏53

垔

垔 引16

垔 引18

垔 引18

毀

毀 二16

毀 二199

毀 二274

毀 二275

毀 二434

毀 算88

毀 算89

毀 算90

毀 算98

毀 算100

毀 算102

毀 算104

毀 算103

壞

壞 二182

壞 二182

壞 二410

壞 二459

埃

埃 蓋29

埃 蓋30

埃 蓋30

垂

垂 引53

墥

墥 蓋30

說文所無

墥 蓋33

垷　鏺　厓　里　野　田

垷
- 垷 引9
- 說文所無

鏺
- 鏺 奏204
- 說文所無
- 鏺 奏205

厓
- 厓 算80
- 說文所無
- 厓 算82

里
- 里 二183
- 里 二217
- 里 二266
- 里 二305
- 里 奏64
- 里 奏74
- 里 算40
- 里 蓋13
- 里 蓋47

野
- 野 二448
- 野 二455
- 野 蓋9
- 野 蓋31

田
- 田 二174
- 田 二201
- 田 二243
- 田 二244
- 田 二265
- 田 奏222
- 田 算68
- 田 算69
- 田 蓋48

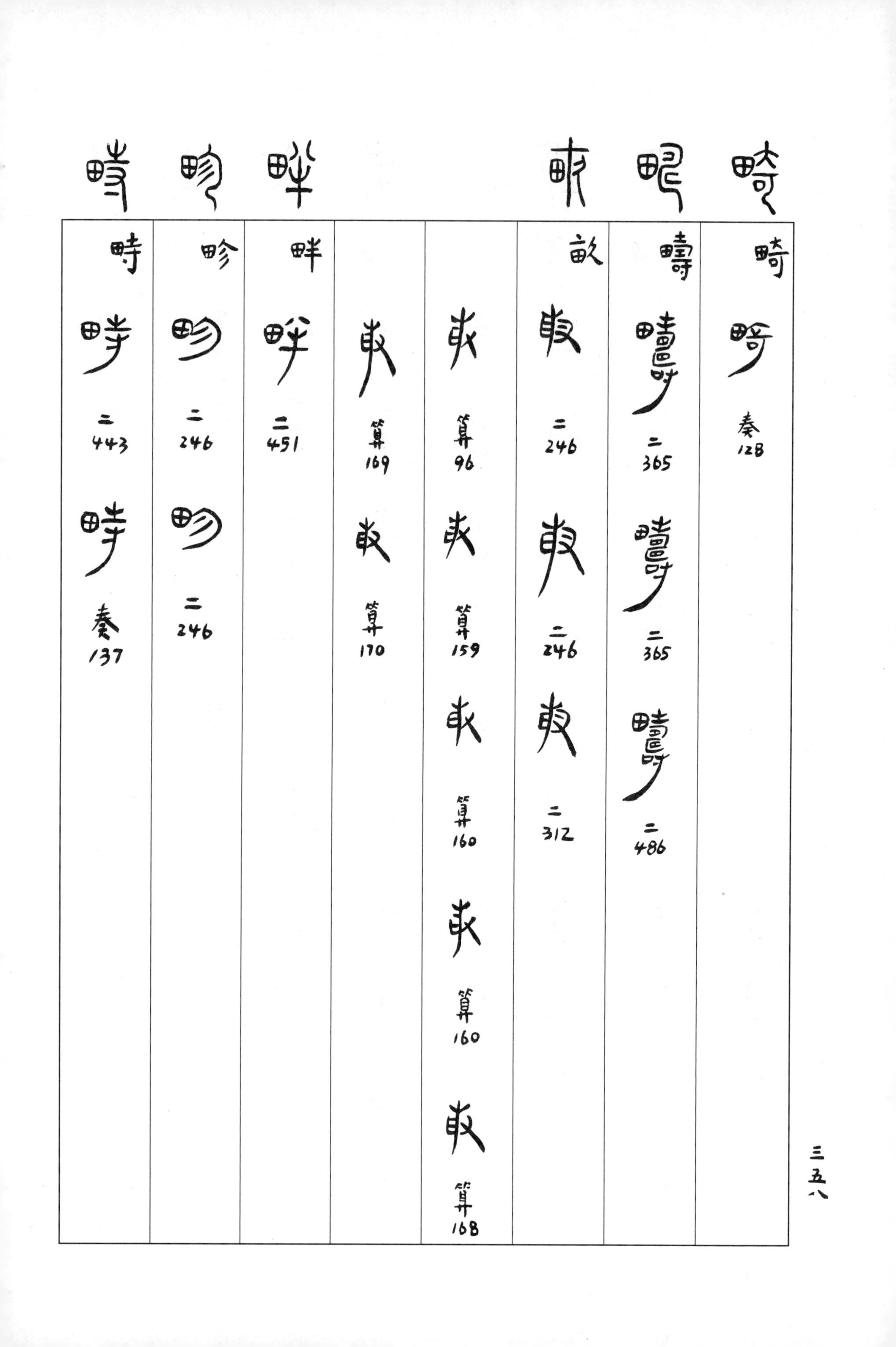

畸	疇	畝			畔	畛	時
奏128	二365	二246	算96	算169	二451	二246	二443
	二365	二246	算159	算170		二246	奏137
	二486	二312	算160				
			算160				
			算168				

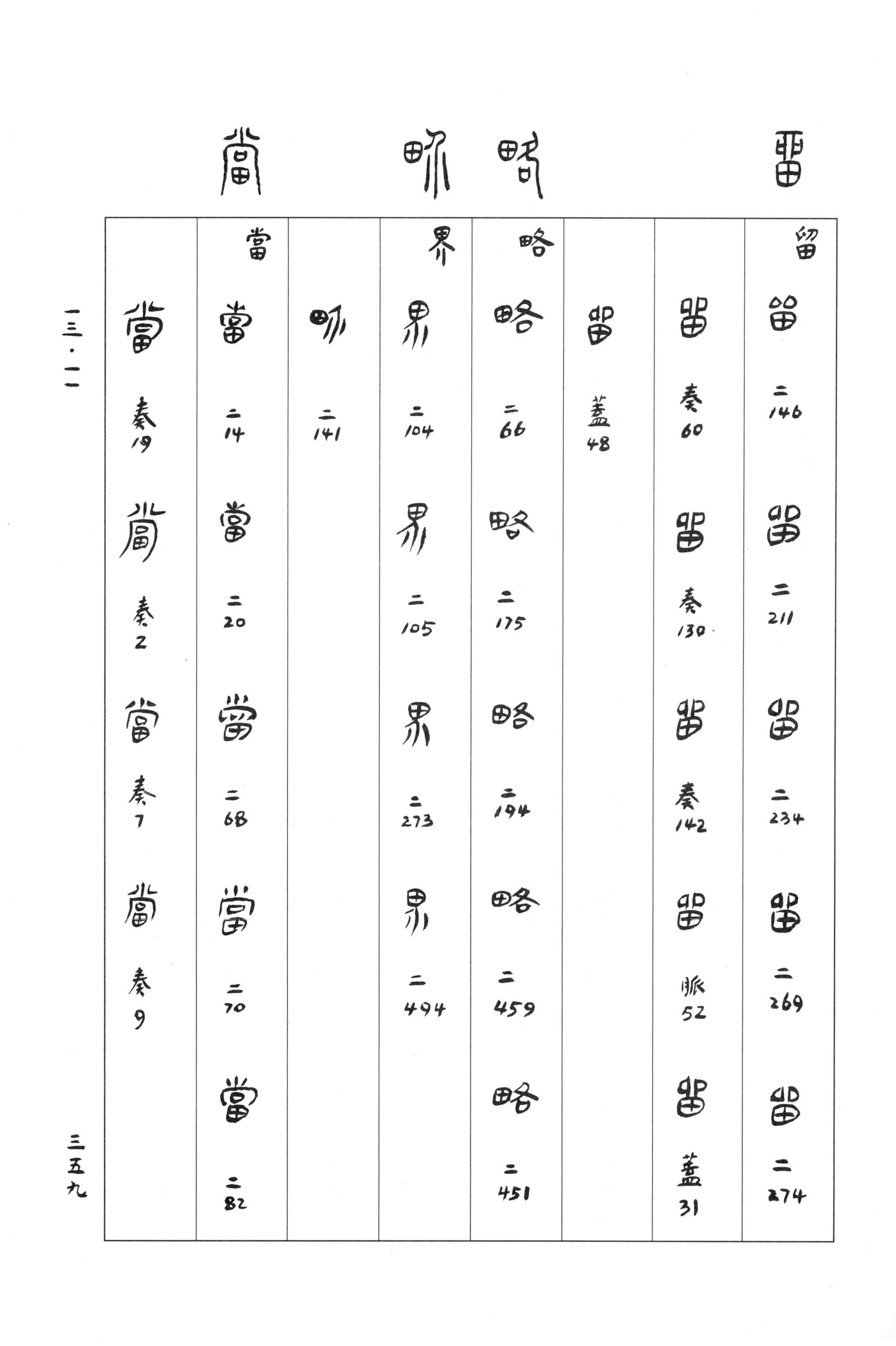

留　略　畍　當

留			略	界	畍	當	
二146	奏60	蓋48	二66	二104	二141	二14	奏19
二211	奏130		二175	二105		二20	奏2
二234	奏142		二194	二273		二68	奏7
二269	脈52		二459	二494		二70	奏9
二274	蓋31		二451			二82	

富　黃　男　力

字頭					
富	富 二49	富 二308	富 二49	富 二49	
黃	黃 二76	黃 二240	黃 二465	黃 二492	黃 脈13
	黃 脈13	黃 脈32	黃 蓋5	黃 蓋16	黃 蓋16
	黃 遣8				
男	男 二369	男 二370	男 二418	男 二438	男 奏1
	男 奏2	男 奏63	男 奏183	男 奏187	男 奏193
	男 奏195	男 遣16			
力	力 二142	力 奏134	力 引23	力 引45	力 引47

功 助 務 勝

		功	助	務	勝		
力 引48	力 引56	功 二62	助 二194	務 蓋51	勝 二145	勝 蓋23	勝 奏45
力 引49	力 引104	功 奏177	助 奏24	務 二429	勝 二210	勝 蓋24	勝 脈55
力 引51		功 奏178			勝 蓋11	勝 蓋37	
力 引52					勝 蓋20	勝 蓋38	
力 引53					勝 蓋22	勝 蓋40	

勉	勞		劫		勢	加	勸
秦105	二382	引112	二68	二72	秦181	二373	秦228
	二482		二68	二72	秦187	引49	
	蓋31		二68		秦188		
	蓋52		二70				
	引109		二71				

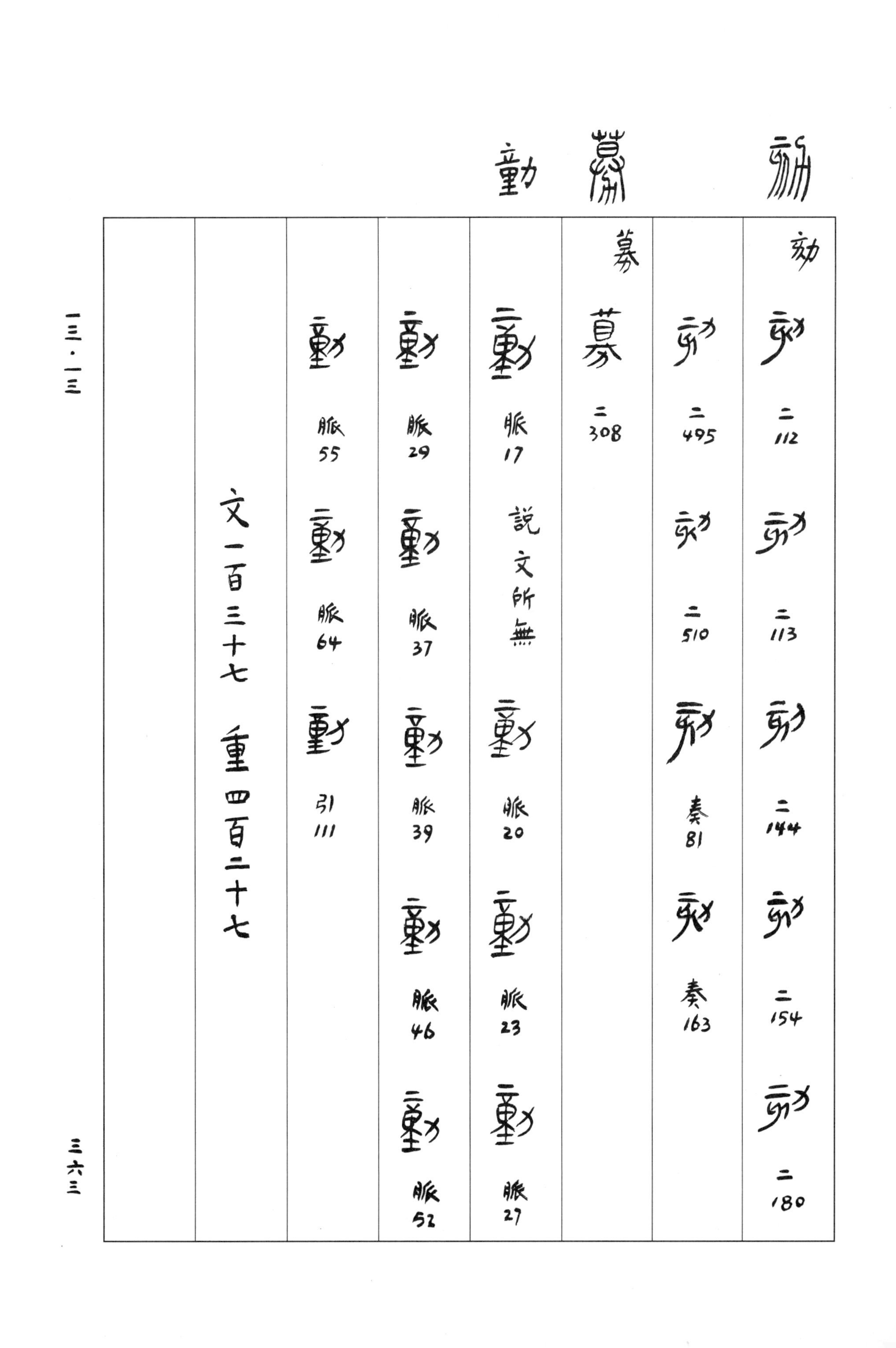

劾

二112

二113

二144

二154

二180

二495

二510

奏81

奏163

募

二308

勤

脈17

說文所無

脈20

脈23

脈27

脈29

脈37

脈39

脈46

脈52

脈55

脈64

引111

文一百三十七　重四百二十七

張家山漢簡文字編

張守中撰集

第十四

一四·一

金　銅　鐵　鉛

金

金 二52
金 二56
金 奏174
金 算28
金 算28

金 二4
金 二8
金 二15
金 二27
金 二28

金 奏62
金 奏70

銅

銅 二199
銅 二455
銅 算50
銅 算50

鐵

鐵 二27
鐵 二437

鉛

鉛 二197

錫	銀	銷	錮	鑄		鑠	鍑
二 454	二 436	二 199	二 38	二 201	二 208	二 197	遺 31
		二 437	奏 65	二 206	算 50		
		二 456	奏 66	二 206			
				二 208			
				二 208			

錄	鋌	鋏	鏊	銚	鈞	錯	鉥
二397	遣36	奏165	遣26	奏106	二421	奏50	奏177
				奏108	二422	奏50	
				奏109	引40		
				奏114			
				奏119			

錘

錘 二27

銳

銳 二27

錢

錢 奏105 二176 算135 算32 算76

奏71 奏72 奏70 奏174 奏176

二55 二55 二56 二66 二72

奏176

鉅

鉅 脈17 脈19 脈64

銖

銖 二438

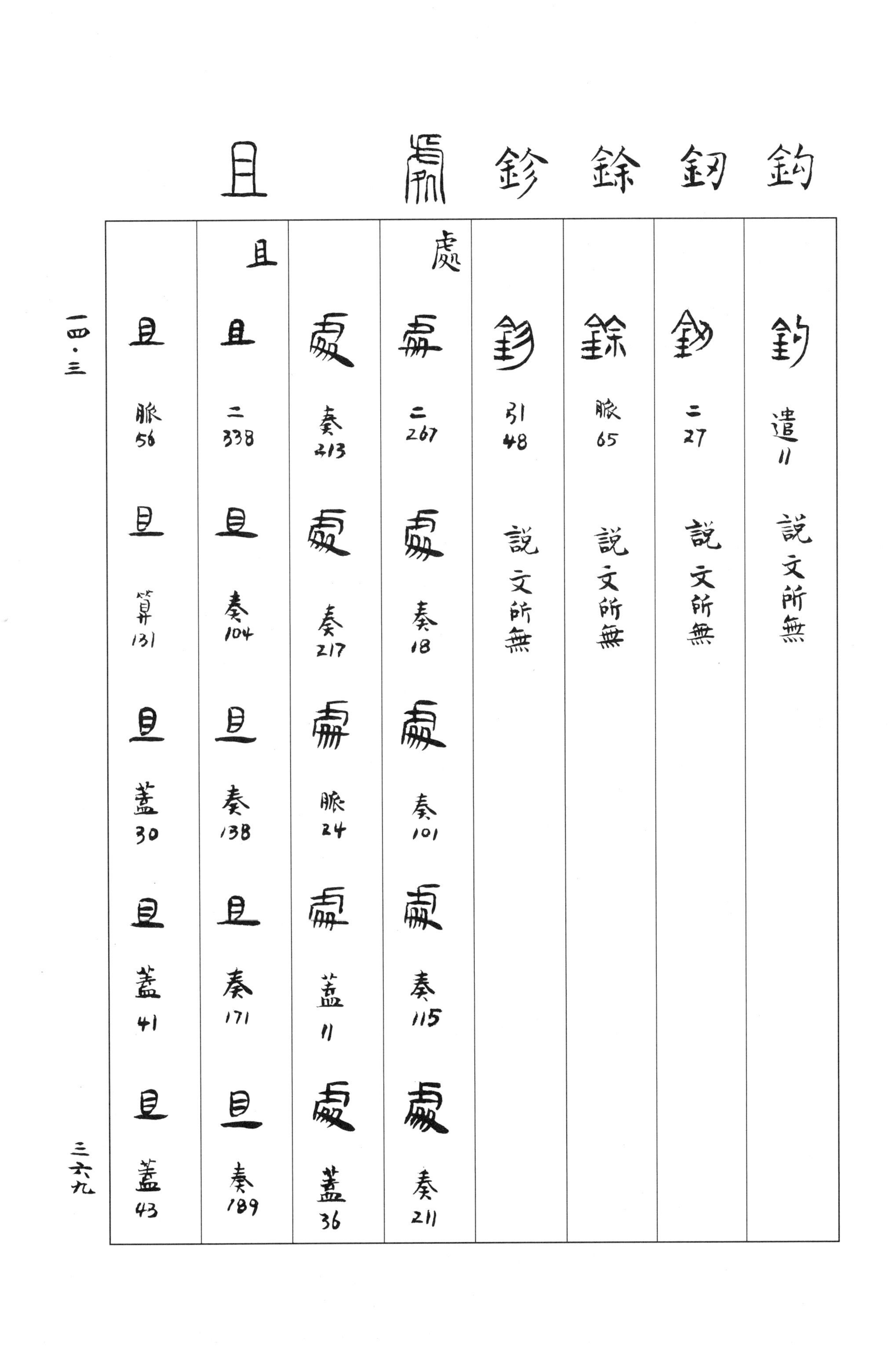

一四·三

鉤	釼	𨦫	釤	處		且	
遺11	二27	脈65	引48	二267	奏213	二338	脈56
說文所無	說文所無	說文所無	說文所無	奏18	奏217	奏104	算131
				奏101	脈24	奏138	蓋30
				奏115	蓋11	奏171	蓋41
				奏211	蓋36	奏189	蓋43

俎 雎 斤 新 斲

俎

俎 奏164

雎 二443

說文所無

孤例字殘

斤

斤 二97

斤 二119

斤 二260

斤 二282

斤 二292

斤 二293

斤 二297

斤 奏70

斤 算74

斤 算79

斤 算50

斤 算51

斤 算81

新

新 二232

新 二448

新 二455

新 奏133

新 奏139

新 奏80

新 奏129

新 奏89

新 奏142

斲

斲 脈54

一四·四

所

二5
二14
奏29
奏11
奏152
脈47
脈56
算63
算75
算118
算164
引108

斷

二27
二102
二105
二106
奏154

斗

二233
二292
二293
二297
算45
奏70
奏176
算38
算38
算126
算138

升

二233
二292
二293
算38
算49

算66
算67
算74
算127

料
二351

魁
奏111
奏116
奏135
奏138

矛
遣37

車
二225
二233
二314
二412
二449
奏17
脈53
算126
引27
二471
遣1
遣18

軺
遣18

一四・五

軹	載	輿	輕	輒		輸	輯
二447	二411	二458	二215	二19	二318	奏181	奏147
	二413	算93	二445	二211	二334	二158	引85
			二506	二247	二337	二225	
			奏194	二265	二429	二412	
				二305	算14		

轉	輩	軍				軵	輔
蓋6	奏136	二232	奏38	奏39	奏44	二157	蓋5
	奏136	二440	蓋11	奏40	奏36	奏198	
	奏140	二446	蓋12	奏40		奏199	
		二471	蓋13	奏41		引56	
		奏116	蓋29	奏43		引105	

斬						官	
二88	二2	奏7	引21	引99	引51	二4	奏29
二119	二61	奏158	說文所無	說文所無	說文所無	二10	奏70
二135	二63					二18	奏122
奏164	二64					二20	奏193
	二93					二98	二482

陵 阪 陰

算126
算127

陵

二448
二449
二450
二452
二456

奏8
奏36
蓋12
二458
蓋11

蓋12
蓋12

阪

二247
孤例字殘

陰

二448
二451
二455
二456
二458

二459
脈33
脈39
脈47
脈50

脈64
引53

陽

陽 二448
陽 二449
陽 二451
陽 二452
陽 二455

陽 二457
陽 奏75
陽 奏77
陽 奏88
陽 脈19

陽 脈17
陽 蓋9
陽 引81

降

降 二1
降 二1
降 二449
降 奏9
降 奏12

降 奏14
降 奏38

陸

陸 二452
陸 二456
陸 奏63
陸 奏64

阿

阿 二454

陷

陷 二247

隤	險	附	隱	隱 (cont.)	陳	陳 (cont.)	隄
二414	二266	二323	二124	奏29	二456	蓋39	二249
	二247	二518	二163	奏122	蓋17	蓋41	
		脈54	二312		蓋18		
			二316		蓋19		
			二365		蓋37		

隴	障	陜	除	除	除	院	陛
二266	二1	二266	二2	二71	二481	二182	奏147
	二1	二455	二21	二72		二183	
			二63	二152			
			算18	二262			
			算19	二38			

際 [阝金] 隊 四

字	出處
際	脈2
[阝金]	引93；說文所無；引93；引93；引107
[阝金]	引108；引112；引105
隊	二405；二405；二405
四	曆5；曆6；二4；二8；二11
四	奏62；奏99；脈15；脈28；算37
四	算41；蓋5；蓋9；引41；蓋24
四	遣17

一四·九

五

曆 6
曆 9
二 19
二 71
奏 45

奏 100
奏 101
奏 118
算 59
算 76

脈 32
脈 38
脈 52
蓋 10
引 111

遣 1

六

曆 10
曆 11
二 55
二 90
二 282

奏 2
奏 9
奏 11
奏 70
脈 55

算 9
算 26
算 41
算 78
算 115

蓋 25

七

七

- 十 曆 1
- 十 曆 5
- 十 二 174
- 十 二 315
- 十 二 418
- 十 奏 45
- 十 奏 160
- 十 算 5
- 十 算 9
- 十 算 10
- 十 算 179
- 十 算 188
- 十 蓋 19
- 十 遣 16
- 十 遣 35
- 十 遣 37

九

九

- 九 曆 1
- 九 曆 5
- 九 二 301
- 九 二 315
- 九 二 357
- 九 奏 1
- 九 奏 113
- 九 奏 128
- 九 算 8
- 九 算 9
- 九 算 20
- 九 算 28
- 九 算 29
- 九 算 37
- 九 蓋 9
- 九 引 111
- 九 遣 35

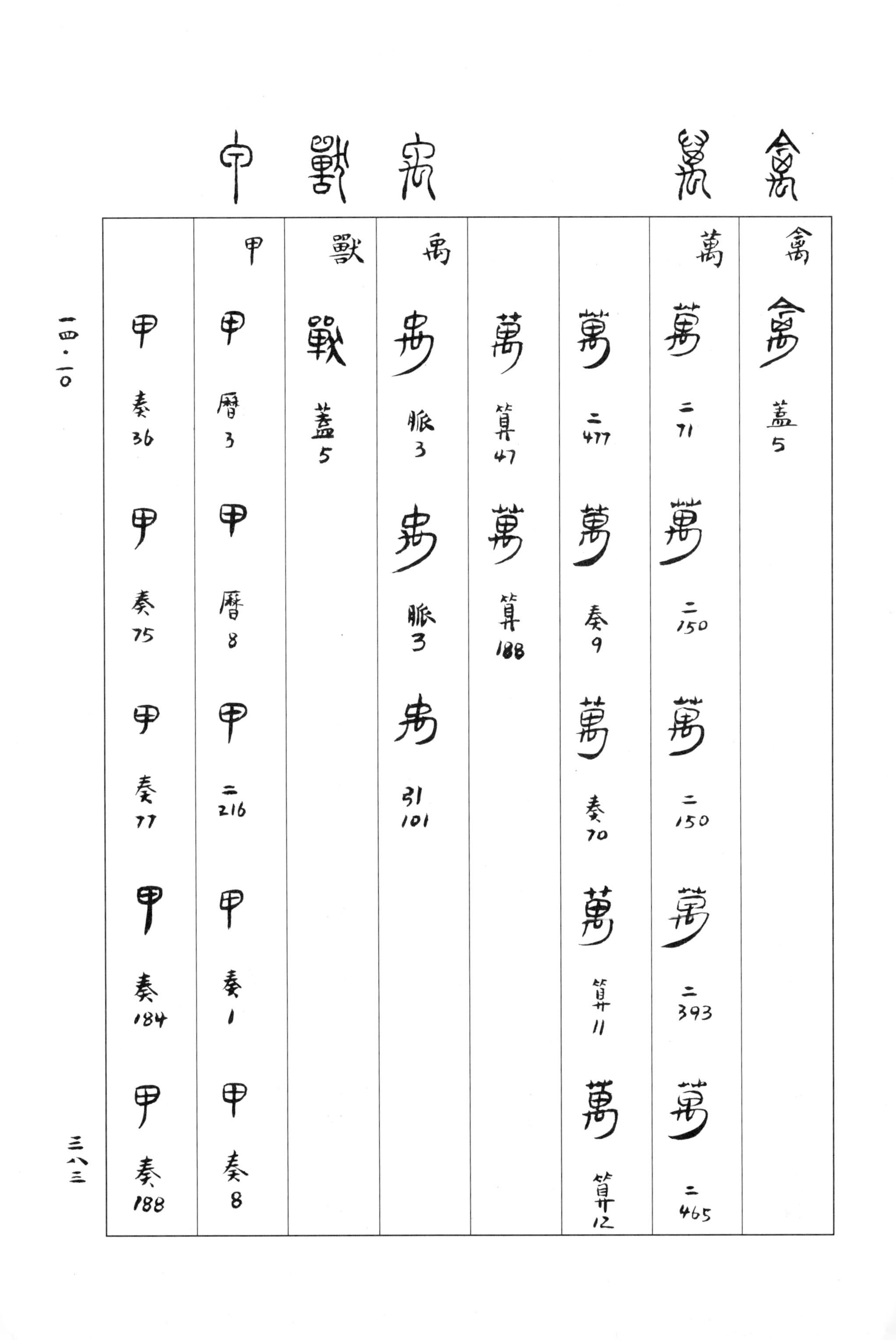

一四・一〇

禽	萬			禹	獸	甲	
蓋5	二71	二477	算47	脈3	蓋5	曆3	奏36
	二150	奏9	算188	脈3		曆8	奏75
	二150	奏70		引101		二216	奏77
	二393	算11				奏1	奏184
	二465	算12				奏8	奏188

乙

甲 算132
甲 蓋55

曆3
曆5
曆6
曆7
曆12

曆13
曆15
曆15
曆18
奏68

奏75
奏97
蓋55

乾

脤32
脤37
脤41
算83
算85

算86
算87
算91

亂

脤39
脤50
引104

蓋4
蓋8
蓋32
蓋51
蓋54

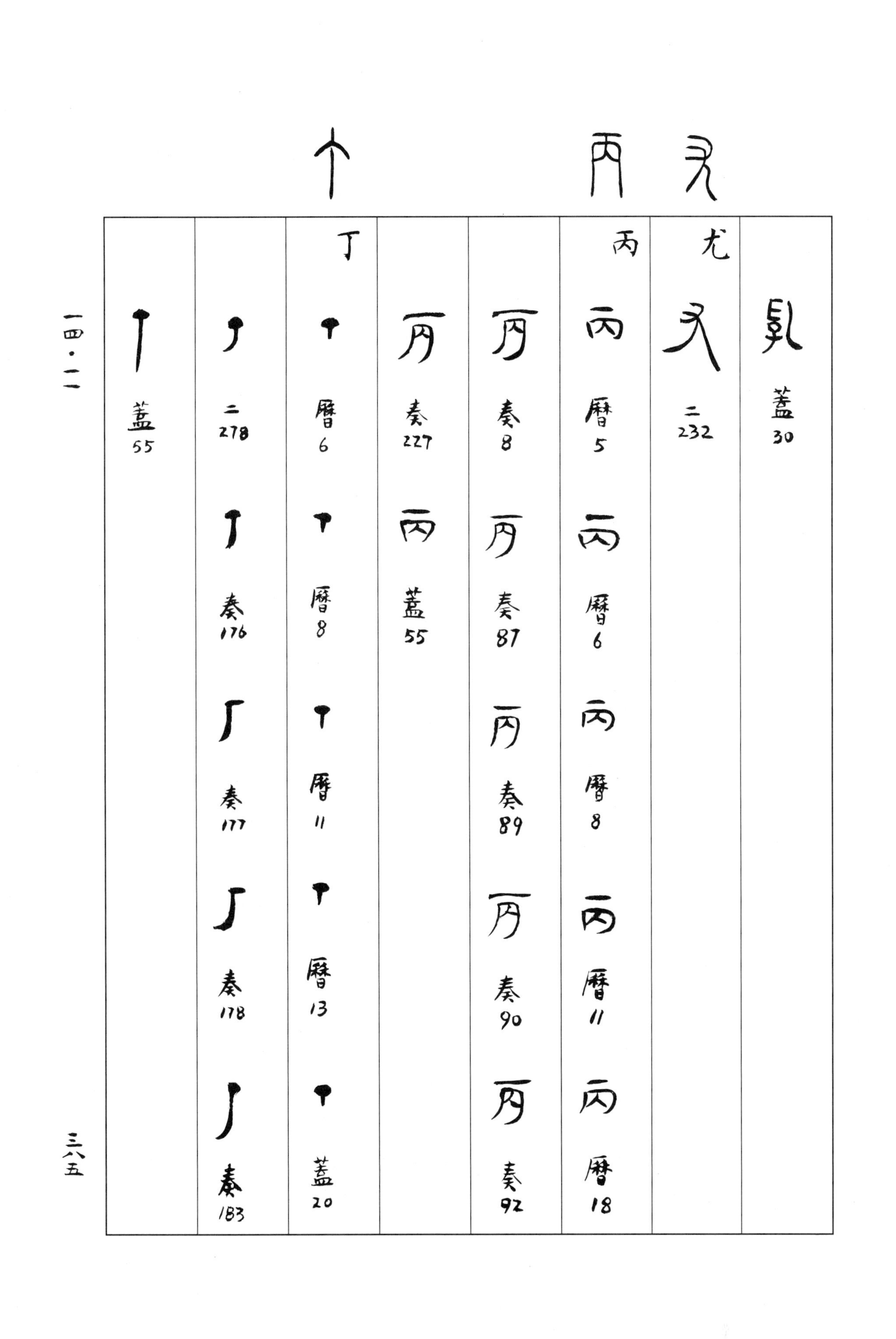

		丁			丙	尤	
蓋 55	二 278	曆 6	奏 227	奏 8	曆 5	二 232	蓋 30
	奏 176	曆 8	蓋 55	奏 87	曆 6		
	奏 177	曆 11		奏 89	曆 8		
	奏 178	曆 13		奏 90	曆 11		
	奏 183	蓋 20		奏 92	曆 18		

戊　成　己

戊		成			己		
戊 曆6	戊 二250	成 二279	成 二457	成 蓋4	己 曆1	己 曆10	己 奏70
戊 曆9	戊 奏1	成 二448	成 奏74		己 曆7	己 二250	
戊 曆11	戊 奏121	成 二449	成 算18		己 曆8	己 奏8	
戊 曆13	戊 蓋20	成 二455	成 算148		己 曆11	己 蓋20	
戊 曆16		成 二456	成 算150		己 曆14	己 曆1	

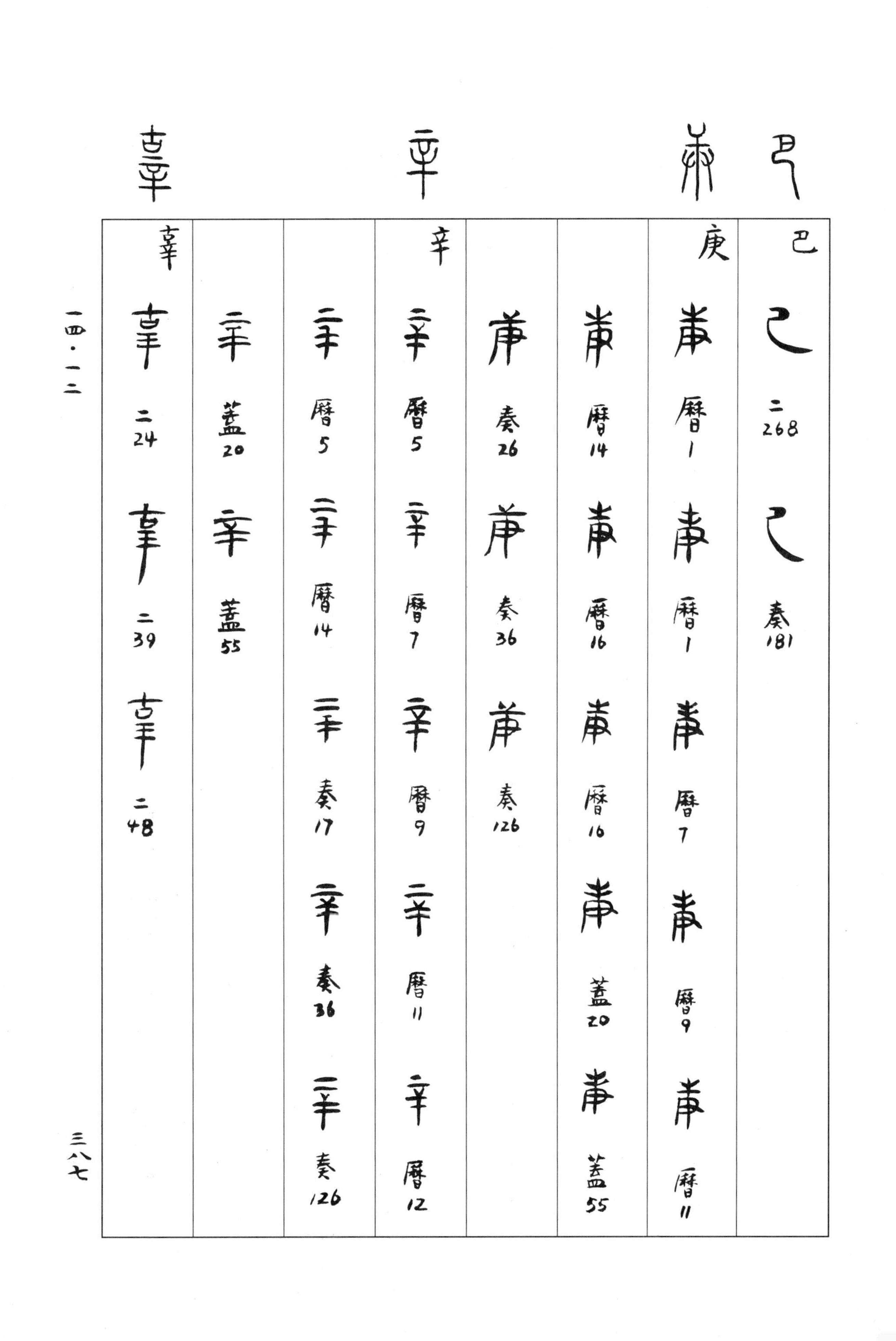

巳

二268

奏181

庚

曆1

曆1

曆7

曆9

曆11

曆14

曆16

曆16

蓋20

蓋55

奏26

奏36

奏126

辛

曆5

曆7

曆9

曆11

曆12

曆5

曆14

奏17

奏36

奏126

蓋20

蓋55

辜

二24

二39

二48

辭　辯　壬

辭

辭 奏8

辭 奏22

辭 奏45

辭 奏64

辭 奏71

辭 二116

辭 奏105

辭 奏32

辭 奏90

辯

辯 奏42

壬

壬 曆5

壬 曆7

壬 曆9

壬 曆9

壬 曆10

壬 曆12

壬 曆14

壬 曆16

壬 曆17

壬 奏28

壬 奏75

壬 奏125

壬 奏227

壬 算132

壬 算132

壬 蓋20

壬 蓋55

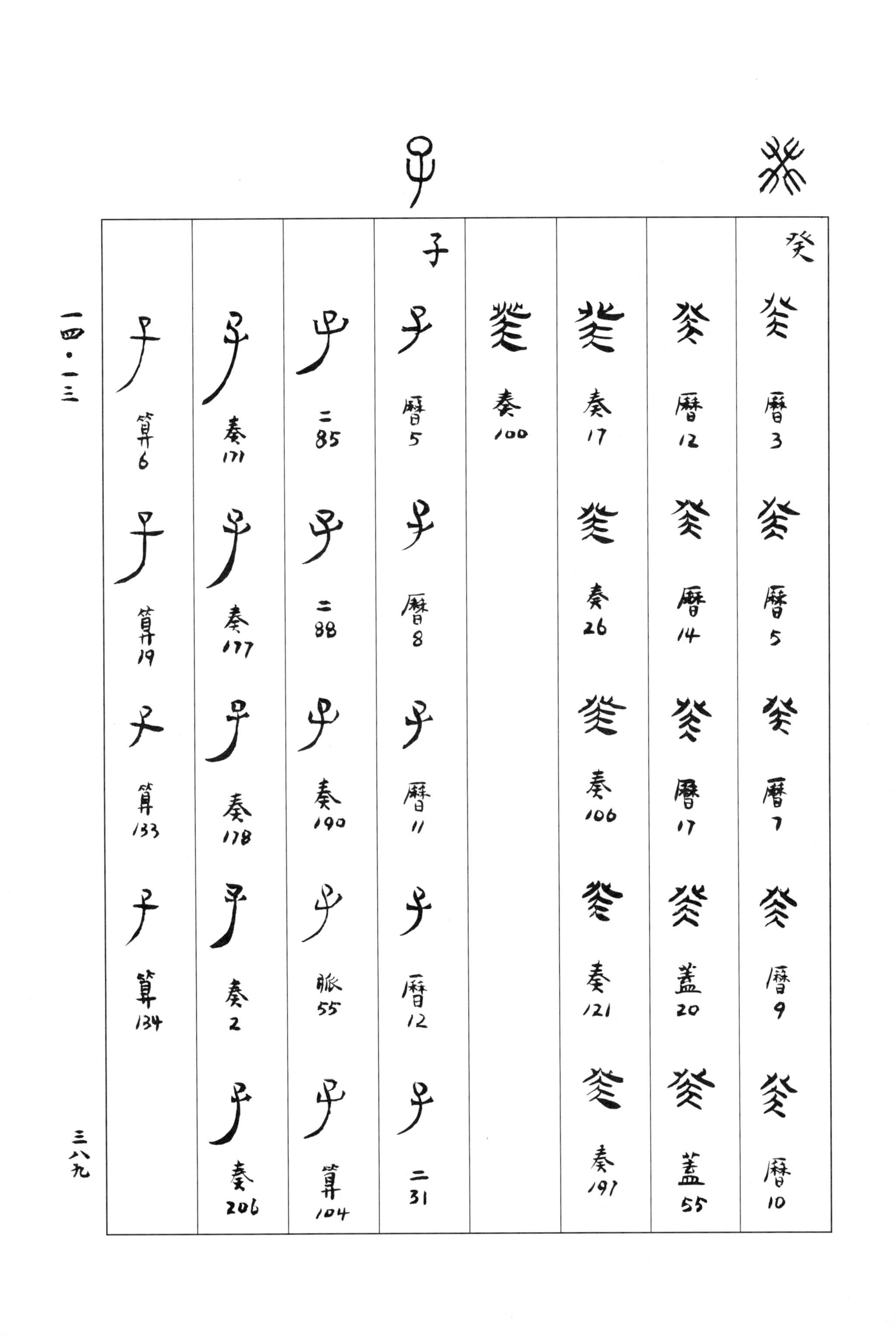

一四・一三

癸

曆3	曆12	奏17	奏100
曆5	曆14	奏26	
曆7	曆17	奏106	
曆9	蓋20	奏121	
曆10	蓋55	奏191	

子

曆5	二85	奏171	算6
曆8	二88	奏177	算19
曆11	奏190	奏178	算133
曆12	脈55	奏2	算134
二31	算104	奏206	

孿	字	存	孺	㝅
蓋30	二184	二104	二221	二249
	二475	二105	二222	二259
	脈10	二106		奏190
		奏5		奏190
		奏43		奏194
		奏161		奏193
		奏218		奏227
		脈55		蓋4
				奏184
				奏191
				奏192

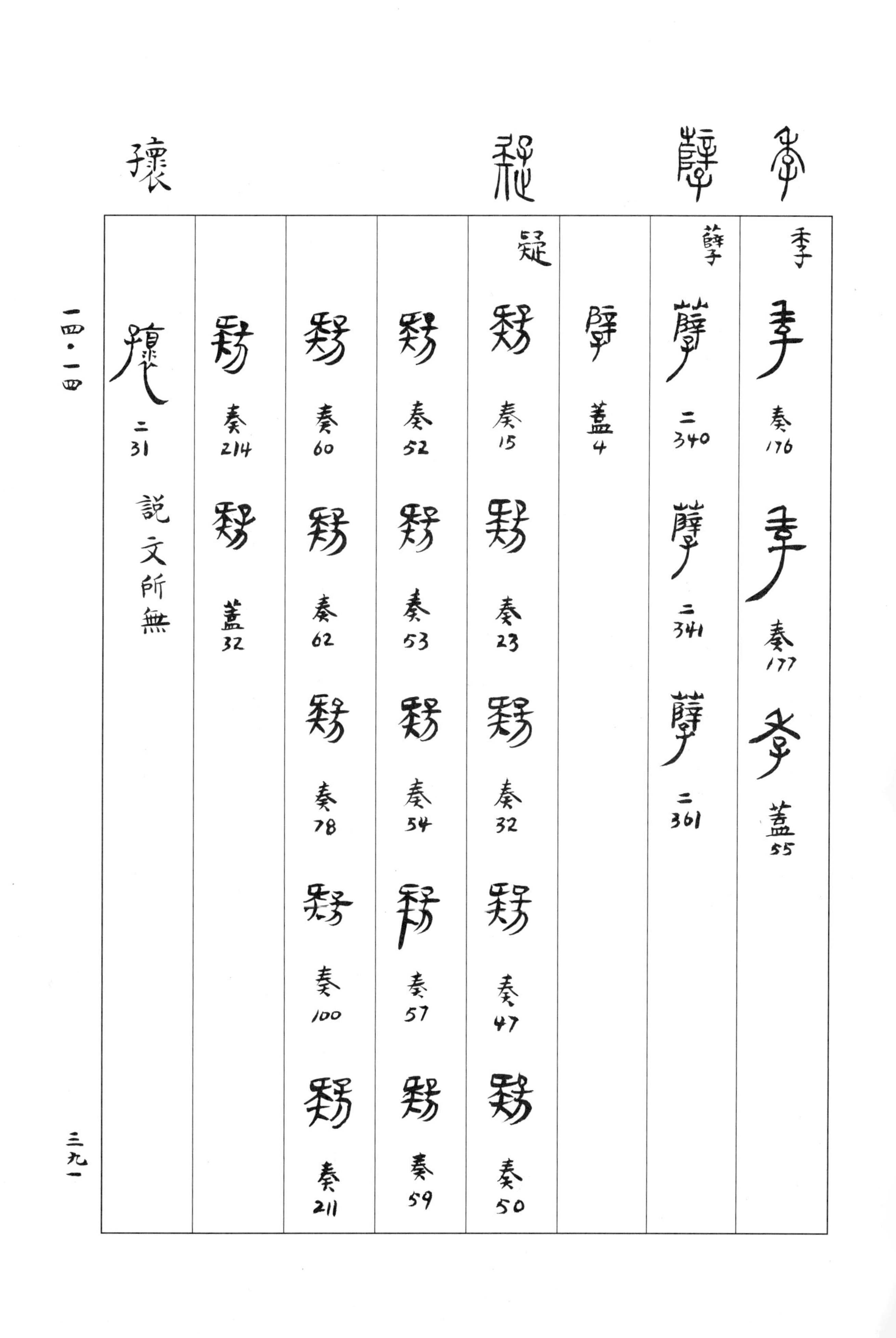

季
秦176
秦177
蓋55

孽
二340
二341
二361
蓋4

疑
秦15
秦23
秦32
秦47
秦50
秦52
秦53
秦54
秦57
秦59
秦60
秦62
秦78
秦100
秦211
秦214
蓋32

⿰子褱
二31
說文所無

孱 疏 丑 寅 卯

孱	疏	丑		寅			卯
二456	二256	曆5	曆12	曆1	曆9	奏36	曆3
	蓋13	曆8	曆14	曆3	曆10	奏121	曆5
	蓋52	曆9	奏1	曆5	曆11	奏125	曆6
	引4	曆11		曆7	曆14		曆7
		曆11		曆8			曆9

一四・一五

辰　巳

辰

卯 曆11
卯 曆12
卯 曆14

卯 奏17
卯 奏36
卯 奏126
卯 奏197

辰 曆5
辰 曆6
辰 曆8
辰 蓋6
辰 蓋20

辰 曆7
辰 奏68
辰 奏77
辰 奏99
辰 奏227

辰 奏125

巳

巳 曆5
巳 曆9
巳 曆11
巳 曆12
巳 曆13

巳 曆14
巳 曆15
巳 曆16
巳 曆17
巳 奏9

巳 奏17
巳 奏68
巳 蓋20

已　　㠯　　午

			以			午	
二115	奏1	奏100	二1	奏18	脈20	曆5	曆13
說文所無	奏33		二15	奏19	脈27	曆8	曆14
二313	算38		二19	奏20	引101	曆9	曆15
二377	引32		二24	奏145		曆11	曆16
二396	引34		二27	奏156		曆12	奏75

未

未 奏126
未 蓋20
未 曆1
未 曆3
未 曆5
未 曆7
未 曆9
未 二22
未 二66
未 二73
未 奏2
未 奏11
未 二115
未 奏18

申

申 奏8
申 奏26
申 奏28
申 奏189
申 算132
申 蓋9
申 蓋11
申 蓋15
申 蓋20
申 蓋29
申 曆1
申 曆5
申 曆7
申 曆9

臾

臾 引32

一四·一六

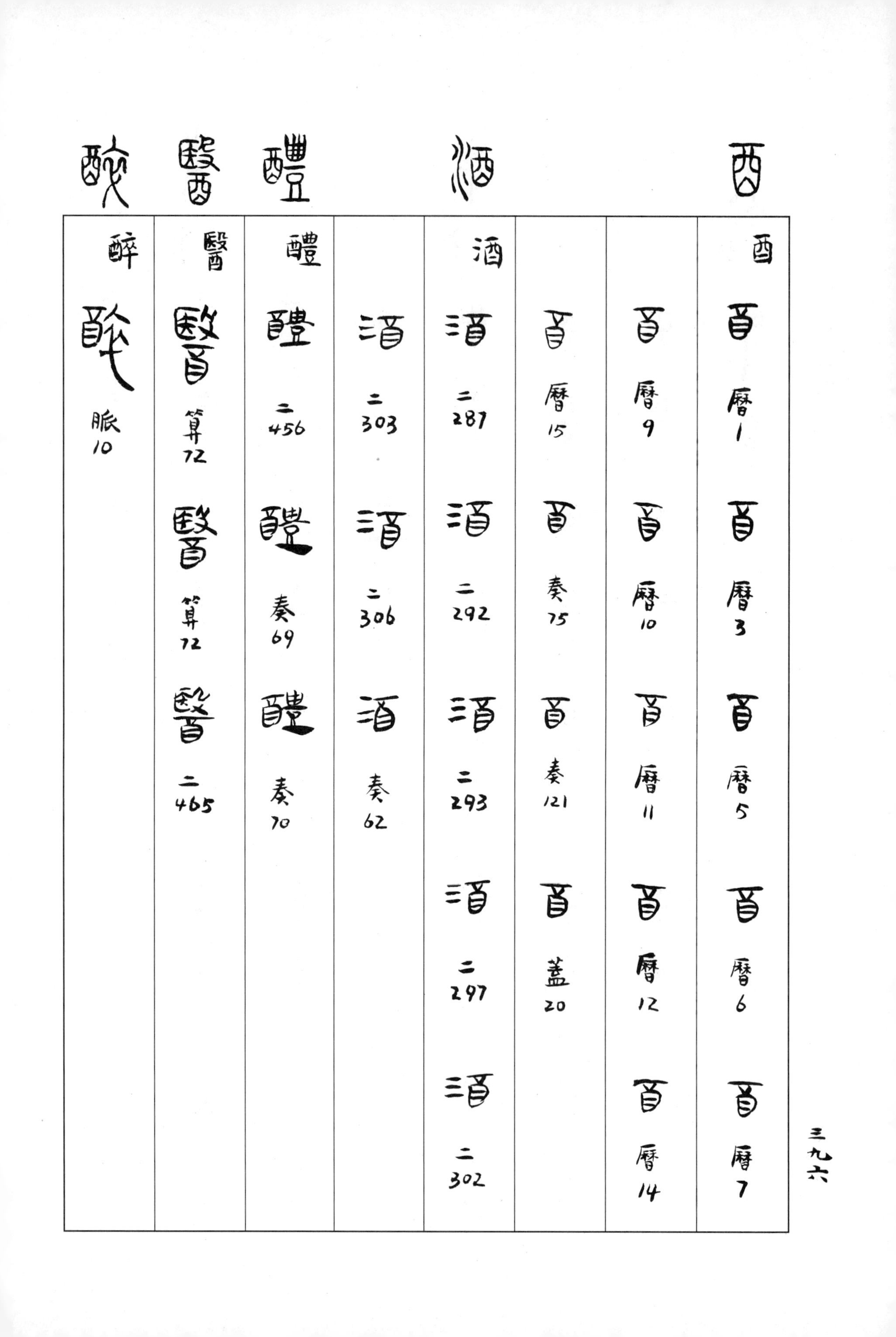

酉　酒　醴　醫　醉

酉			酒		醴	醫	醉
曆1	曆9	曆15	二287	二303	二456	算72	脈10
曆3	曆10	奏75	二292	二306	奏69	算72	
曆5	曆11	奏121	二293	奏62	奏70	二465	
曆6	曆12	蓋20	二297				
曆7	曆14		二302				

酸 醬 莤 ⿰酉圭 尊 戌

字頭	字形出處
酸	酸 二457
醬	醬 二233；醬 二292；醬 二298；醬 二299；醬 遣19
莤	莤 二486
	⿰酉圭 奏121（說文所無）
尊	尊 二302；尊 二302；尊 奏185；尊 奏187
戌	戌 曆5；戌 曆6；戌 曆8；戌 曆9；戌 曆11；戌 曆13；戌 曆14；戌 曆16；戌 曆17；戌 曆18；戌 奏8；戌 奏36

亥

曆8

曆9

曆11

曆12

曆12

曆13

曆14

曆15

曆16

奏26

奏100

奏106

蓋20

文一百四十六　重七百三十八

全書共一千八百八十二文　重七千七百八十六文

合文

大夫

二46

二233

二291

奏53

奏58

奏60

二282

二315

二504

奏61

鳳鳥

蓋4

賣買

算74

十五

 奏8

 奏36

一石

 二241

三石

 奏70

二百

 奏70

五十

 二241

 二312

 二356

 二357

 二431

 奏71

 算57

 引64

六十

 二55

 二217

 二356

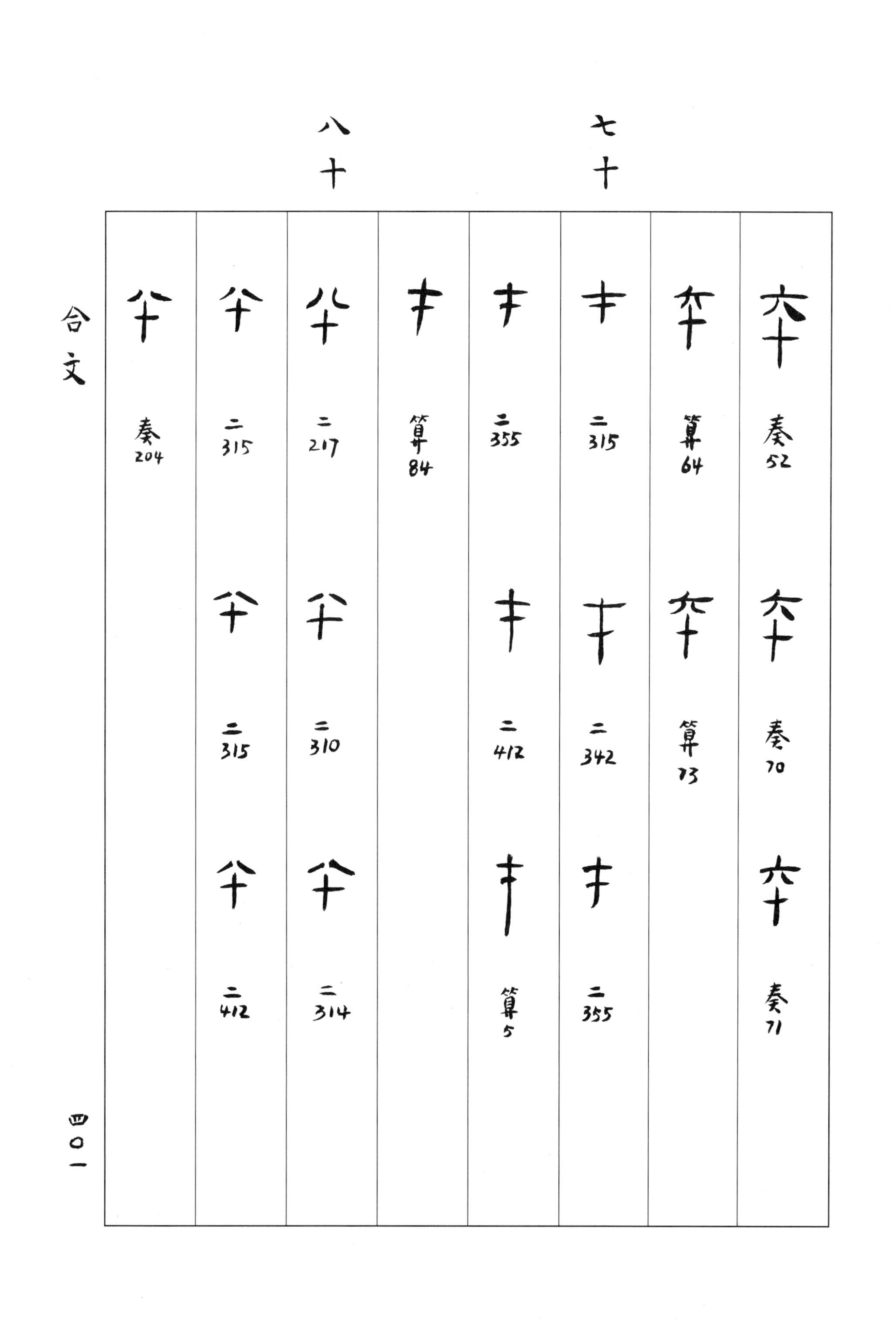

合文

七十

八十

秦52	算64	二315	二355	算84	二217	二315	秦204
秦70	算73	二342	二412		二310	二315	
秦71		二355	算5		二314	二412	

九十

二 310

二 314

二 354

二 354

二 354

算 171

奏 62

一月

算 64

二月

奏 8

奏 106

奏 125

奏 11

三月

二 398

二 422

奏 8

奏 9

四月	五月	六月	七月		八月		
二419	二255	二419	二246	奏75	二256	二345	奏8
奏68	奏82	奏1	奏17	奏77	二328	二474	奏26
		奏75	奏36		二335	奏1	

九月

二 246

二 420

十月

二 255

二 428

秦 63

十一月

二 420

二 422

秦 103

秦 104

秦 106

十二月

二 170

秦 28

秦 105

合文二十四　重七十二

張家山漢簡釋文校勘表

序號	原釋文	簡文字號	校勘改釋
1	歛	斂 蓋50	斂
2	蘩	⿳艹敏示 二455	⿳艹敏示
3	⿱讎十	犨 二457	犨
4	値	⿺辶直 算48	直
5	易	昜 二514 奏104 115 引110 蓋32 38 38	昜
6	⿸广數	⿸疒數 引92	⿸疒數
7	膺	⿸疒⿱隹月 引73	⿸疒⿱隹月

序號	原釋文	簡文字號	校勘改釋
8	知	智 蓋7	智
9	踵	蹱 引14 82	蹱
10	⿸疒應	⿸疒應 引103 112	應
11	⿸疒應	⿸疒應 引72	應
12	⿵門壺	⿵門壹 引103 111 111	⿵門壹
13	⿰亻貣	⿰亻貣 二77	貸 可參見二184 貸
14	⿱灖手	⿱靡手 引56 91	⿱靡手 簡文中有⿱靡手字 見引12 68
15	與	輿 算94 97	輿
16	顏	顴 奏15 脈17 23 24 25 二122 129 135 引83 97	顴

编号	字	出处	释
17	格	二152；奏37、38、39、42、45、46	挌
18	榣	蓋43	搖
19	癵	脈36	[illegible]
20	辭	二116	辤
21	饑	脈40；蓋36	飢
22	活	脈52	沽
23	鞫	奏22	鞠
24	光	遣15	先
25	臬	引16、100	梟
26	菽	算90、109	叔

序號	原釋文	簡文字號	校勘改釋
27	橐	橐 引111	橐
28	橐	橐 脈52 52	橐
29	橐	橐 二436	橐
30	俞	侖 引111	侖
31	虎	渠 引24	渠
32	徵	微 二183 183	微 簡文奏211 226 227有微字與此字形全同
33	索	索 二76 76 154 264 460 500	索
34	珍	均 蓋25	均 簡文二227有均字同此
35	梁	梁 二456	梁

36	37	38	39	40	41	42	43	44	45
救	傒	漱	承	櫱	殺	賞	詐	盧	庫
牧	傒	漱	承	櫱	救	償	詐	廬	庫
算 164 164	奏 215	引 2 4	引 69	算 88	蓋 46	二 401	二 155	奏 125 126	奏 124；奏 129 134 138 139 143 147 149 150 159
牧	傒	漱	拯 拯字簡文中五見于二430 431字形与此同	櫱	救	償	詐	廬	庫

序號	原釋文	簡文 字號	校勘改釋
46	信	 引 100	引
47	命	 二 414	令
48	訾貝	 二 411	訾
49	凰鳥	 二 蓋 4	鳳鳥

檢字表

本表單字按筆畫簡繁排序，筆畫相同的字，按各字首筆之橫豎撇點折五類排序，字右標注頁碼，合文置單字之後。

巴	387	方	241	分	20	日	132	犬	268
		斗	371	公	21	止	32	尤	385
五畫		心	282	父	80	内	144	不	307
示	4	火	271	凶	199	壬	388	五	381
玉	6	户	309	印	229	牛	23	廿	58
刊	120	以	394	氏	329	手	314	卅	58
未	395	比	231	反	81	毛	238	木	153
末	156	夬	80	斤	370	午	394	支	83
正	34	丑	392	乏	35	气	7	切	120
左	130	毋	327	月	185	升	371	屯	9
右	80	尺	239	丹	138	仁	219	匹	333
巧	131	孔	307	勿	261	什	222	巨	131
去	137	引	335	匀	254	化	229	少	19
石	260	水	289	六	381	今	142	中	8
平	133	予	106	文	251	介	21	日	181

六畫

十畫

十一畫

十三畫

十四畫

十五畫

諸	61	辤	388	篋	129	罷	214	遷	39
論	62	膞	115	犙	24	賞	169	遼	41
課	64	膴	117	餘	141	閱	311	歐	244
調	65	䐲	118	歛	245	暴	301	毆	87
諣	67	潼	289	質	171	慮	282	賢	169
誰	69	澆	298	魯	99	劇	121	豎	85
豪	191	濮	302	稼	189	輩	374	踐	51
褒	235	審	22	稷	190	齒	49	踝	51
廢	258	賓	174	稻	191	儈	220	踥	52
厲	259	寫	203	劍	122	債	226	賜	170
慶	285	窯	206	銷	366	德	43	賤	173
瘢	210	窮	207	鋏	367	衛	49	賦	173
瘚	210	談	59	銳	368	徹	232	墨	354
瘛	211	諒	59	鋓	369	篇	125	數	92
羨	245	請	60	牖	188	落	128	遺	40

十七畫

二十畫

犨 24

廿九畫

驪 265

合文

一月 402

一石 400

二月 402

二百 400

十月 404

十一月 404

十二月 404

七十 401

七月 403

八十 401

八月 403

九十 402

九月 404

三月 402

三石 400

大夫 399

士五 400

五十 400

五月 403

六十 400

六月 403

四月 403

鳳鳥 399

賣買 399

後記

本編整理歷經三載，今書稿告竣，相關情況記録如下：

一　新世紀之初文物出版社出版駢宇騫先生編著的《銀雀山漢簡文字編》，今筆者撰集《張家山漢簡文字編》，兩編所選用的素材出土地域不同，但時代相近，字體結構書寫風格相類，二者酷似姐妹編。相信這兩部文字編的先後問世，對西漢簡文的研究將有所助益。

二　本編資料所據《張家山漢墓竹簡》業經竹簡整理小組各位先生

辛勤工作，簡書釋文于二〇〇一年首次公佈，二〇〇六年又出版釋文修訂本，這為本編的整理帶來頗多便利，然而張家山漢簡內容豐富，筆者在撰寫本編過程中，對三萬六千餘字仔細核查，依然發現若干釋文需斟酌訂正。如挌 二152 原釋文作格，今改釋為挌。⿱雝牛 二457 原釋文作⿱雝干，今改為⿱雝牛。光 遣15 原釋文作光，今改為先，如上各例本編改訂釋文共計四十餘處，列出校勘表附後備查。

三 近年来有年輕朋友不時向我問及古文字工具書的編撰方法，要回答這一問題，依我的感受，除具備識篆字懂臨摹外，再就是親自去實踐了，實踐出真知，日久能摸索到撰寫文字編的工作程序。

今以《張家山漢簡文字編》爲例，其工作步驟大略如下：

1. 統計簡文數量　2. 抄録簡文

3. 編制簡文索引　4. 編排單字順序

5. 摘選典型字例　6. 撰寫字編初稿

7. 請專家審稿解疑　8. 編撰定稿

撰寫文字編是一項頗費時日又十分繁瑣的工作，而作者的付出可換來讀者的便利，況且在工作實踐中可以飽臨覽古人手書神韻，提高認知水平，這是我們所獲最為可貴的回報。

四 本編在整理過程中，曾得到李學勤、李均明、蔡敏先生的熱心幫助，李學勤先生撥冗作序，為書增色，在此謹向各位先生表示衷心的感謝。限于作者水平，本編謬誤疏漏之處在所難免，敬希識者不吝匡正。

張守中

二〇一二年三月九日
於河北省文物研究所